普通高等院校"十三五"规划教材

会计学原理

KUAIJIXUE

YUANLI

张　薇　邓英飞　江晓珍◎主　编
吴丽莉　张　丽　陈瑾瑜　张　敏　程　嘉◎副主编
张巍巍◎参　编

清华大学出版社
北　京

内容简介

会计学原理是经济管理学科体系中的基石,主要讲述会计的基本理论、基本知识和专门方法。本书主要论述奠定会计根基的基本方法——复式记账的基本原理和方法,并结合我国最新的《企业会计准则》和国际会计惯例,总结了大量会计实务经验。本书共包括 11 章内容,分别是总论,会计等式,会计科目与会计事项,会计凭证,会计账簿,财产清查,账务处理程序,资产会计,负债会计,收入、费用、利润会计,所有者权益会计,以及财务会计报告。

本书既可作为高等院校会计、财务管理、工商管理、国际贸易、人力资源管理等专业学生学习"会计学原理"等课程的教材,又可作为会计、财务管理实务工作者开展继续教育的参考用书。

本书封面贴有清华大学出版社防伪标签,无标签者不得销售。
版权所有,侵权必究。举报:010-62782989,beiqinquan@tup.tsinghua.edu.cn。

图书在版编目(CIP)数据

会计学原理 / 张薇,邓英飞,江晓珍主编. —北京:清华大学出版社,2018(2023.3重印)
(普通高等院校"十三五"规划教材)
ISBN 978-7-302-49154-5

Ⅰ.①会… Ⅱ.①张… ②邓… ③江… Ⅲ.①会计学-高等学校-教材 Ⅳ.①F230

中国版本图书馆 CIP 数据核字(2017)第 318323 号

责任编辑:刘志彬
封面设计:汉风唐韵
责任校对:宋玉莲
责任印制:刘海龙

出版发行:清华大学出版社
网　　址:http://www.tup.com.cn,http://www.wqbook.com
地　　址:北京清华大学学研大厦 A 座　　邮　编:100084
社 总 机:010-83470000　　邮　购:010-62786544
投稿与读者服务:010-62776969,c-service@tup.tsinghua.edu.cn
质量反馈:010-62772015,zhiliang@tup.tsinghua.edu.cn

印 装 者:北京同文印刷有限责任公司
经　　销:全国新华书店
开　　本:185mm×260mm　　印　张:17.5　　字　数:416 千字
版　　次:2018 年 1 月第 1 版　　印　次:2023 年 3 月第 4 次印刷
定　　价:51.50 元

产品编号:077930-01

前 言

经济越发展，会计越重要。经济的发展离不开会计，会计的发展离不开会计人才的培养，而会计人才的培养又离不开优秀的会计教材。中国经济发展迅速，会计准则体系不断建立与完善，会计相关课程的教材也必须紧跟经济与会计的发展脉搏，与时俱进。

会计学原理是经济管理学科体系中的基石，主要讲述会计的基本理论、基本知识和专门方法。它作为初学者的入门课程，是会计学、财务管理、工商管理、人力资源管理及国际贸易等经济管理相关专业的一门重要基础课。会计是一门古老而年轻的学科，其基本核算方法和原理历经几百年的历史考验，依然生命之树长青；会计也是一个不断发展的学科，从古代会计到近代会计再到现代会计，为适应社会进步和信息需求者的需求，处于不断地丰富和发展之中。与其他会计学原理教材相比，本书的主要内容依然论述奠定会计根基的基本方法——复式记账的基本原理和方法，同时吸收国内外相关教材的精华，并结合我国最新的《企业会计准则》和国际会计惯例，总结了大量会计实务经验。

本书主要特点如下：

第一，既注重企业基本业务处理的理论阐述，又注重与我国现行会计准则及会计实践的结合，以最新的《企业会计准则》为依据，但又不是会计准则的简单解读；

第二，与其他会计学原理教材不同，本书对会计理论的阐述力求精练、简明和通俗易懂，尽量以较直观的表现形式予以展现，使学生一目了然，易于掌握；

第三，注重理论与案例、实践的结合，对每一个理论问题的阐述均配有恰当的案例，每章内容均配有相关案例的分析，便于培养学生的实践能力和发现问题、分析问题与解决问题的能力，有利于提高其实际应用能力；

第四，配备同步检测练习，便于学生进行课后消化、复习与提高。

本书由南京师范大学泰州学院张薇、黄山学院邓英飞和福州外语外贸学院江晓珍任主编，仲恺农业工程学院吴丽莉、山西师范大学张丽、西南科技大学陈瑾瑜、南京师范大学泰州学院张敏和程嘉任副主编，南京师范大学泰州学院张巍巍参与编写。由于编者水平有限，书中疏漏之处在所难免，恳请读者批评指正。

编　者

目 录

第一章　总论　1
 第一节　会计的目标　2
 第二节　会计基本假设与核算基础　3
 第三节　会计要素　5
 第四节　会计信息质量特征　9
 第五节　会计规范　12
 同步检测练习　19

第二章　会计等式、会计科目与会计事项　22
 第一节　会计等式　23
 第二节　会计科目与账户　25
 第三节　会计事项对资产权益的影响　34
 同步检测练习　36

第三章　会计凭证　41
 第一节　会计凭证概述　41
 第二节　原始凭证　42
 第三节　记账凭证　48
 第四节　会计凭证的传递和保管　52
 同步检测练习　54

第四章　会计账簿　60
 第一节　会计账簿概述　61
 第二节　会计账簿的基本内容与登记方法　62
 第三节　对账与结账　67
 第四节　会计账簿的更换与保管　71
 同步检测练习　72

第五章　财产清查　79
 第一节　财产清查概述　80
 第二节　财产物资的盘存制度　82

第三节 财产清查的方法 …………………………………… 86
  第四节 财产清查结果的处理 ………………………………… 91
  同步检测练习 ………………………………………………… 95

第六章 账务处理程序　　　　　　　　　　　　　　　　　100

  第一节 账务处理程序概述 …………………………………… 100
  第二节 记账凭证账务处理程序 ……………………………… 101
  第三节 汇总记账凭证账务处理程序 ………………………… 103
  第四节 科目汇总表账务处理程序 …………………………… 106
  同步检测练习 ………………………………………………… 108

第七章 资产会计　　　　　　　　　　　　　　　　　　　113

  第一节 货币资金 ……………………………………………… 114
  第二节 交易性金融资产 ……………………………………… 119
  第三节 应收款项 ……………………………………………… 121
  第四节 存货 …………………………………………………… 128
  第五节 长期股权投资核算 …………………………………… 136
  第六节 固定资产 ……………………………………………… 150
  第七节 无形资产 ……………………………………………… 160
  同步检测练习 ………………………………………………… 164

第八章 负债会计　　　　　　　　　　　　　　　　　　　169

  第一节 负债概述 ……………………………………………… 170
  第二节 流动负债 ……………………………………………… 172
  第三节 长期负债 ……………………………………………… 181
  同步检测练习 ………………………………………………… 189

第九章 收入、费用、利润会计　　　　　　　　　　　　　195

  第一节 收入会计 ……………………………………………… 195
  第二节 费用会计 ……………………………………………… 205
  第三节 利润会计 ……………………………………………… 207
  同步检测练习 ………………………………………………… 209

第十章 所有者权益会计　　　　　　　　　　　　　　　　214

  第一节 实收资本 ……………………………………………… 214
  第二节 资本公积 ……………………………………………… 218
  第三节 留存收益 ……………………………………………… 224
  同步检测练习 ………………………………………………… 227

第十一章 　财务会计报告　　　231

第一节　资产负债表 …………………………………………………… 232
第二节　利润表 ………………………………………………………… 240
第三节　现金流量表 …………………………………………………… 244
第四节　所有者权益变动表 …………………………………………… 250
同步检测练习 …………………………………………………………… 256

参考文献 ………………………………………………………………… 264

第一章 总 论

引导案例

关于会计的对话

甲、乙、丙、丁是四个好伙伴，有一次在一起聚会，聊起了"什么是会计"这一话题，四人各执一词，谁也说服不了谁。

甲说："什么是会计？这还不简单，会计就是指一个人，比如，我们公司的刘会计是会计人员，这里会计不是人是什么？"

乙说："不对，会计不是指人，会计是指一项工作，比如，我们常常这样问一个人，你在公司做什么？他说，我在公司当会计，这里会计当然是指会计工作。"

丙说："会计不是指一项工作，也不是指一个人，而是指一个部门、一个机构，即会计机构，你们看，每个公司都有一个会计部或者会计处什么的，这里会计就是指会计部门，显然是一个机构。"

丁说："你们都错了，会计既不是一个人，也不是一项工作，更不是指一个机构，而是指一门学科，我弟弟就是在南方大学学会计，他当然是去学一门学科或科学。"

结果，他们谁也说服不了谁。如果让你来谈谈什么是会计的问题，你会怎么说呢？

在日常生活中，会计确实有多种不同的含义。甲、乙、丙、丁四个人的看法都说明了会计含义的一部分，但又都不全面。我们通常所说的会计主要是指会计工作和会计学。会计是一项经济管理工作，一项为生产经营活动服务的社会实践，这里的会计是指会计工作。同时，既然有会计工作的实践，就势必有实践经验的总结和概括，就有会计的理论，就有会计工作赖以进行的指导思想，这里的会计是解释和指导会计实践的知识体系，是一门学科，是指会计学。由此可见，会计既指会计学，也指会计工作；既包括会计理论，也包括会计实践。

讨论与思考：

1. 什么是会计？
2. 会计的目标是什么？
3. 会计的基本假设有几个？

第一节　会计的目标

一、会计目标的通用提法

会计的目标依存于使用者的信息需求。在不同的社会经济环境中，由于信息使用者立场不同，严格地说，不可能有完全一致的目标，因此会计目标很难有统一定位。不过，市场经济毕竟是当前大多数国家的经济体制，这一点决定了在市场经济条件下，应该有一个通用的目标。会计的目标是提供在经济决策中有助于一系列会计信息使用者关于主体财务状况、经营业绩和资产质量的信息，使利益相关者能以此为基础做出投融资决策。利益相关者包括股东、债权人、经营者、政府、员工、证券分析师等。正是由于会计信息需求者的利益出发点不一样，导致我们不能给会计确定一个适合每一个利益相关者的会计目标，而只能最大限度地取其目标交集部分。下面介绍会计目标的两种典型观点。

二、会计目标的两种典型观点

目前，存在两种不同的关于会计目标表述的观点：决策有用观和受托责任观。

决策有用观的基本内涵为：会计应该提供有利于现在的、潜在的投资者、债权人进行合理投资、信贷决策的有用信息；财务报告应有助于利益相关者评估来自销售、偿付到期证券或借款的实得收入金额、时间分布和相关的不确定性信息；投资人、债权人、职工、政府有关部门等都会利用财务报告信息做出相关的决策。

受托责任观的基本内涵为：委托代理的存在是受托责任观的基石；受托方存在如实向委托方报告和说明履行受托资源的使用及其结果的义务，会计的出现为这种义务的履行情况提供了一个载体，它极大地解决了双方信息不对称所导致的不信任，减少了双方的交易成本，划分了双方产权的界限，有利于解除委托受托责任；随着公司治理内涵的丰富和外延的扩大，公司的受托责任者还承担向企业的利益相关者报告社会责任情况的义务。

我国财务会计目标主要包括以下两个方面的内容。

(一) 向财务会计信息使用者提供决策的有用信息

在我国公有制经济占主导地位的情况下，国有企业向政府履行委托代理责任仍是会计的第一要义，政府仍是会计信息的主要使用者，国有企业编制财务会计报告的主要目的是满足政府相关职能部门对会计信息的需求，因此，向会计报告使用者提供决策有用的信息是财务报告的基本目标。同时，由于我国市场经济的建立，涌现出大量优秀的非公有制经济企业，证券业发展也相当迅速，这决定了会计信息的使用者还包括了大量的股东、债权人等。

(二) 反映企业管理层受托责任的履行情况

在现代公司制下，企业所有权和经营权相分离，企业管理层是受委托人之托经营管理企业及其各项资产，负有受托责任，即企业管理层所经营管理的各项资产基本上均为投资者投入的资本（或者留存收益作为再投资）或者向债权人借入的资金所形成的，企业管理层有责任妥善保管并合理、有效地使用这些资产。因此，财务会计应当反映企业管理层受托责任的履行情况，有助于评价企业的经营管理责任及资源使用的有效性。

第二节 会计基本假设与核算基础

组织会计核算工作，需要具备一定的前提条件。在组织核算工作之前，首先要解决并确立与核算主体有关的一系列重要问题，也就是解决会计核算的前提条件是什么，会计运行的基本环境是什么，这是全部会计工作的基础，具有非常重要的作用。

一、会计基本假设

会计基本假设又称会计基本假定，是进行会计核算时必须明确的前提条件。明确会计核算基本前提的目的是当会计实务中出现了一些不确定因素时，能进行正常的会计业务处理。我国《企业会计准则》规定，会计基本假设包括会计主体、持续经营、会计分期和货币计量。

（一）会计主体假设

会计主体是指会计核算和监督的特定单位或者组织，它界定了从事会计工作和提供会计信息的空间范围，是对会计记录的"边界"的界定，也就是对会计记录的空间范围的限定。它的主要作用在于：严格区分本会计主体与其他会计主体，以及会计主体与所有者之间的利益界限；揭示会计核算的明确立场；揭示符合什么条件的会计数据可以进入会计信息系统。例如，A公司的会计人员只记录与本公司经营业务有关的财务数据，A公司股东的其他投融资活动，只要不与本公司有利益往来均不产生会计信息流。

需要指出的是，会计主体不同于法律主体。法律主体是指在政府部门注册登记，有独立的财产，能够承担民事责任的法律实体。会计主体是指独立核算的单位。一般来说，法律主体必然是会计主体，但会计主体不一定都是法律主体（如分公司是会计主体，但不是法律主体）。也就是说，会计主体可以是独立法人，也可以是非法人；可以是一个企业，也可以是企业内部的某一个单位或企业中的一个特定部分；可以是一个单一的企业，也可以是由几个独立企业组成的企业集团。企业集团由若干个具有法人资格的企业组成，各个企业既是独立的会计主体也是法律主体，但为了反映整个集团的财务状况、经营成果及现金流量等情况，还应编制集团的合并会计报表。企业集团是会计主体，但通常不是一个独立的法人。

（二）持续经营假设

会计核算应当以企业持续、正常的生产经营活动为前提。也就是说，在可预见的将来，在不存在明显假设的情况下，企业不会面临破产、清算，企业将会按既定目标持续不断地经营下去。只有在持续经营的前提下，企业的资产和负债才区分为流动的和长期的，企业资产才能以历史成本计价而不以现行成本或清算价格计价，才有必要和可能进行会计分期并为采用权责发生制奠定基础，才能正确区分资本与负债。持续经营的假设是对会计记录时间范围的限定。

(三) 会计分期假设

会计分期又称会计期间，会计核算应当划分会计期间，分期结算账目和编制会计报表，把企业持续不断的生产经营过程划分为若干较短的等距会计期间，一般分为年度和中期。年度和中期均按公历起讫日期确定。自公历每年1月1日起至12月31日止为一个会计年度。中期是指短于一个完整的会计年度的报告期间，包括半年度、季度和月度。明确了会计分期的前提，才产生了本期与非本期的区别，才产生了收付实现制和权责发生制，才能正确贯彻配比原则。现在会计分期越来越短，甚至可以做到实时报出报表。

(四) 货币计量假设

货币计量假设是指会计核算以货币为主要计量单位，同时假定币值不变。除货币量度之外，还有劳务量度、实物量度等计量单位，但会计上以货币计量为主。

我国《企业会计准则》规定：会计在进行会计确认、计量和报告时，通常应选择人民币作为记账本位币。业务收支以人民币以外的货币为主的企业，可以选择人民币以外的一种货币作为记账本位币，但是编制财务会计报告时必须折算为人民币。

上述会计核算的四项基本前提具有相互依存、相互补充的关系。会计主体设定了会计核算的空间范围，持续经营与会计分期设定了会计核算的时间长度，而货币计量提供了会计核算时空上的计量方法。没有会计主体，就不会有持续经营；没有持续经营，就不会有会计分期；没有货币计量就不会有现代会计。

二、会计核算基础

掌握了会计核算的前提之后，现在我们来看会计核算的基础是什么，即会计核算的基本方法是什么，当然也包括对会计资料的质量提出一个基本要求。在会计学中，会计确认、计量和报告的基础一般有权责发生制和收付实现制。在我国，企业应当采用权责发生制作为会计确认、计量和报告的基础，它是编制资产负债表、利润表的基础。收付实现制是编制现金流量表的基础。

(一) 权责发生制

权责发生制是指以收入和费用是否已发生为标准来确认收入和费用归属期的一种会计处理方法。也就是说，权责发生制是以权利和义务的形成标志进行会计处理，而不是以是否收到现金为标志进行会计处理。

在权责发生制下，凡是当期已经实现的收入和已经发生的或应当负担的费用，不论款项是否收付，都应当作为当期的收入和费用；凡是不属于当期的收入和费用，即使款项已在当期收付，也不应作为当期的收入和费用。简单地说，权责发生制下，货币的收付以权利和义务的形成标志进行记录，而不一定是现金的收付。

在企业经营活动中，有时货币收支业务与交易或事项的发生在时间上并不完全一致。例如，款项已经收到，但销售并未实现；或者款项已经支付，但并不是为本期的生产经营活动而发生的。为了明确收入和费用的归属期，真实反映特定期间的财务状况和经营成果，应当以是否取得收款权利和承担付款责任为依据确认收入和费用，即企业在会计核算过程中应当以权责发生制为基础。例如，2017年9月，A公司收到2017年7月的销售收入100 000元，如以权责发生制为基础，这100 000元不能看成是9月的收入而应该看成是7月的收入。

(二) 收付实现制

收付实现制是与权责发生制相对应的一个概念。收付实现制是以实际收到或付出的款项来确认收入和费用归属期的制度。

在收付实现制下,凡是在本期收到的收入和支出的费用,不管其是否应当归属本期,都作为本期的收入和费用来处理;凡是本期尚未收到的收入和尚未支出的费用,即使应当归属本期,也不作为本期的收入和费用处理。简单地说,收付实现制是有钱收付就记录,没钱收付就不记录,不考虑现金的收付是否属于本会计期间。例如,2017年9月收到的2017年7月销售商品收入100 000元,就应该看成是9月的收入,因为9月收到现金100 000元,不应该看成是7月的收入,因为7月虽然卖出商品但没有在当月收到现金。

第三节 会计要素

学习会计确认与计量的基本方法之后,现在我们来看具体的会计处理内容。环境变化对财务会计系统的影响主要涉及会计确认与会计计量两大方面,而会计确认与会计计量均离不开会计要素。经济新体制、经济新方式及经济新类型的出现,首先表现在对会计要素(体系)内容与结构的影响,当然,这种影响是通过会计目标来实施的。就财务会计学本身而言,会计要素及各要素间的内在联系是会计方法建立的基础,其直接关系会计目标的实现。因此,各国会计准则机构都十分重视会计要素问题的研究。

一、会计要素概述

会计要素是对会计对象具体内容按其经济特征所做的基本分类,是会计核算对象即资金运动的初次划分,是会计用于反映会计主体财务状况、确定经营成果的基本单位。会计要素也称为会计报表要素,是会计报表的基本构件。笼统地讲,会计核算对象即是企业的资金运动,但这就像我们说汽车行业全年的汽车产量一样,是一个粗略、广泛的概念。但我们可以把汽车分类,例如分为卡车与轿车两类,这样就对汽车这个行业全年的产量有一个更明确的认识。同样的道理,会计要素就是对笼统的资金运动进行一个粗略的分类,使会计报表使用者能对企业的资金运动有一个更好的认识。

从企业会计来讲,其核算的对象是反映企业生产经营情况的资金活动,实质上是企业各种经济资源的来源与运用,也就是各种经济资源的来龙去脉。我国《企业会计准则——基本会计准则》规定,企业应当按照交易或者事项的经济特征确定会计要素。《企业会计准则》把企业会计要素分为六大类:资产、负债、所有者权益、收入、费用和利润。其中,资产、负债和所有者权益三项会计要素主要反映企业的财务状况及资产的质量,我国2006年2月发布的《企业会计准则》更强调资产负债观,也就是更强调企业的成长性,对这三个会计要素的内容进行了部分修订。另外三项会计要素是收入、费用和利润,主要反映企业的经营成果及盈利能力,主要在利润表中体现,也称为利润表会计要素。

二、反映企业财务状况的会计要素

(一) 资产

▶ 1. 定义

资产是指企业过去的交易或者事项形成的、由企业拥有或者控制的、预期会给企业带来经济利益的经济资源。

▶ 2. 特征

资产的主要特征如下。

(1) 资产是由企业过去的交易或事项形成的。企业过去的交易或事项包括购买、生产、制造行为或者其他交易或事项。预期在未来发生的交易或事项不形成资产,也就是说,资产必须是现实的资产,而不能是预期的资产。未来的交易或事项可能产生的结果不能作为资产确认,谈判中的交易或计划中的经济业务不能确认为资产。

例如,甲企业计划在 10 月购买一批机器设备,5 月与销货方签订了购货合同,但实际的购买行为发生在 10 月,因此,不能在 5 月将这批设备确认为资产。

(2) 资产是由企业拥有或者控制的资源。由企业拥有或者控制,是指企业享有某项资源的所有权,或者虽然不享有某项资源的所有权,但该资源能被企业所控制。其实这一原则就是要求尊重实质重于形式的原则。例如,甲企业有 A、B 两台机器设备,A 设备为融资租入方式获得,B 设备为经营租入方式获得,目前两台设备均投入使用。则企业对经营租入方式获得的 B 设备既没有所有权也没有控制权,因此 B 设备不应确认为甲企业的资产。而企业对融资租入方式获得的 A 设备虽没有所有权,但享有与所有权相关的风险和报酬的权利,即拥有实际控制权。因此,应将 A 设备确认为甲企业的资产。

(3) 资产预期会给企业带来经济利益。预期会给企业带来经济利益,是指直接或间接导致现金和现金等价物流入企业的潜力。那些已经没有经济价值、不能给企业带来经济利益的项目,就不能继续确认为企业的资产。例如,已经盘亏的资产或报废的资产不能再确认为企业的资产,原因是它们无法再为企业带来经济利益的流入。

【例 1-1】下列各项中,不符合资产要素定义的是(　　)。

A. 库存商品　　　　　　B. 委托加工物资
C. 尚待加工的半成品　　D. 盘亏、销毁的材料

【解析】D。盘亏、销毁的材料并不能给企业带来经济利益,因此不符合资产的定义。

▶ 3. 分类

按照资产的变现性也就是资产的流动性分类,资产可分为流动资产和非流动资产。

流动资产是指预计在一个正常营业周期中变现、出售或耗用,或者主要为交易目的而持有,或者预计在资产负债表日起一年内(含一年)变现的资产,以及自资产负债表日起一年内交换其他资产或清偿负债的能力不受限制的现金或现金等价物。流动资产主要包括货币资金、交易性金融资产、应收票据、应收账款、预付款项、应收利息、应收股利、其他应收款、存货等。

非流动资产是指流动资产以外的资产,主要包括长期股权投资、固定资产、在建工程、工程物资、无形资产、开发支出等。

(二) 负债

▶ 1. 定义

负债是指企业过去的交易或者事项形成的、预期会导致经济利益流出企业的现时义务。

▶ 2. 特征

负债的主要特征如下。

(1) 负债是企业过去的交易或事项形成的现时义务。现时义务是指企业在现行条件下已承担的义务。未来发生的交易或事项形成的义务，不属于现时义务，不应当确认为负债。义务是以某种方式行动或办事的职责或责任。作为一种约束性合同或法定要求的结果，义务可能具有法律上的强制性，例如，收到货物或劳务而发生的应付款项通常就是这种情况。然而，义务还可能来自正常的经营实践、习惯和保持良好业务关系或公道行事的愿望。例如，如果企业制定了一条方针，即使产品在保修期期满后才发现缺陷，也决定修理，那么预计在这类已售产品上面将要花费的金额就是负债。需要对当前的义务与未来的承诺做出区别。企业管理当局做出的在将来购买资产的决定，其本身并不会产生当前的义务。只有当资产交付时或者在企业签订了一份购买资产的不可撤销的协议时，通常才会产生义务。在后一种情况下，协议不可撤销的性质意味着不履行义务的经济后果。

(2) 负债的清偿预期会导致经济利益流出企业。对当前义务的结算通常涉及企业交付含有经济利益的资源，以便满足对方的要求。结算当前的义务可以采用若干方式，如支付现金、转让资产、提供劳务、以另一义务替换该项义务、将义务转为权益。义务也可以用其他方式了结，例如，债权人放弃或丧失其权利。

▶ 3. 分类

负债按流动性分类，可分为流动负债和非流动负债。

流动负债是指预计在一个正常营业周期中清偿，或者主要为交易目的而持有，或者自资产负债表日起一年内(含一年)到期应予以清偿，或者企业无权自主地将清偿推迟至资产负债表日后一年以上的负债。流动负债主要包括短期借款、应付票据、应付账款、预收款项、应付职工薪酬、应交税费、应付利息、应付股利、其他应付款等。

非流动负债是指流动负债以外的负债，主要包括长期借款、应付债券等。

(三) 所有者权益

▶ 1. 定义

所有者权益又称为净资产，是指企业资产扣除负债后由所有者享有的剩余权益。公司的所有者权益又称为股东权益。所有者权益是股东或业主凭借其对投入资产的所有权而向公司要求的剩余索取权。它与债权人权益即负债不同的是，所有者权益是最后被清偿的权益，当企业有资产时，先用来还债，剩余部分才归所有者分配。

▶ 2. 分类

所有者权益包括实收资本(或者股本)、资本公积、盈余公积和未分配利润。其中，资本公积包括企业收到投资者出资超过其在注册资本或股本中所占份额的部分，以及直接计入所有者权益的利得和损失等。盈余公积和未分配利润又合称留存收益。

三、利润表会计要素

(一) 收入

▶ 1. 定义

收入是指企业在日常活动中形成的、会导致所有者权益增加的、与所有者投入资本无关的经济利益的总流入。其中，日常活动包括销售商品、提供劳务及让渡资产使用权等。按日常活动在企业所处的地位，可将收入分为主营业务收入和其他业务收入，不包括为第三方或客户代收的款项。在利润表上，收入按重要性分项列示。

▶ 2. 收入的确认条件

会计上对收入的确认条件是很严格的，根据谨慎性原则，收入的确认要满足以下条件。

(1) 企业已将商品所有权上的主要风险和报酬转移给买方。如不满意就退货，规定了时间的，在规定时间内；需要安装的商品，规定了安装期的，在安装期内；代销和寄销的商品；售出的商品在质量、品种、规格等方面不符合合同规定的要求，又未根据正常的保证条款予以弥补，因而仍负有责任的不能作为收入处理。

(2) 企业既没有保留通常与所有权相联系的继续管理权，也没有对已售出的商品实施控制。

(3) 与交易相关的经济利益能够流入企业。商品售出后若估计收回款项的可能性不大，则不能确认为收入。如商品发出后，获悉买方发生重大亏损，资金周转十分困难难以收回款项；或在出口商品时，不能肯定进口企业所在国政府是否允许将款项汇出等。但当判断款项不能收回时，应提供可靠的证据。

(4) 相关的收入和成本能够可靠地计量。根据收入与费用配比原则，与同一项销售有关的收入和成本应在同一会计期间予以确认。因此，成本不能可靠计量，相关的收入也就不能确认，即使其他条件已满足。如已收到价款，收到的价款应确认为一项负债。

(二) 费用

▶ 1. 定义

费用是指企业在日常活动中发生的、会导致所有者权益减少的、与向所有者分配利润无关的经济利益的总流出。经济利益的流出有几种形式，如偿付利息，支付工人工资、生产产品所消耗的原材料，这些都是构成成本费用的内容，都导致经济利益流出企业。而所有者分配利润也是经济利润的流出，但这种流出不增加费用，而是增加负债、减少所有者权益。

▶ 2. 费用的确认条件

费用只有在经济利益很可能流出从而导致企业资产减少或负债增加，且经济利益的流出额能可靠计量时才能予以确认。在利润表上，费用按其性质分项列示。

(三) 利润

▶ 1. 定义

利润是指企业在一定会计期间的经营成果。通常情况下，如果企业实现了利润，表明企业的所有者权益将增加，业绩得到了提升；反之，如果企业发生了亏损（即利润为负数),表明企业的所有者权益将减少,业绩下滑了。利润往往是评价企业管理层业绩的一项重要指标,也是投资者等财务报告使用者进行决策时的重要参考。

▶ 2. 利润的来源构成

利润包括收入减去费用后的净额、直接计入当期利润的利得和损失等。其中,收入减去费用后的净额反映的是企业日常活动的经营业绩,直接计入当期利润的利得和损失反映的是企业非日常活动的业绩。直接计入当期利润的利得和损失,是指应当计入当期损益,最终会引起所有者权益发生增减变动的、与所有者投入资本或者向所有者分配利润无关的利得或者损失。企业应当严格区分收入和利得、费用和损失之间的区别,以更加全面地反映企业的经营业绩。

▶ 3. 利润的确认条件

利润反映的是收入减去费用、利得减去损失后的净额,因此,利润的确认主要依赖于收入和费用及利得和损失的确认,其金额的确定也主要取决于收入、费用、利得、损失金额的计量。

第四节 会计信息质量特征

财务会计的目标是为信息使用者提供需要的信息,以便他们做出合理的决策。会计信息质量特征则规定了提供的这些信息应该达到何种质量标准。这正如汽车要上市必须要达到一定的排放标准,否则不允许上市交易一样,会计信息也是一种产品,只是它是一种无形产品,也必须满足一定的产品质量标准。与有形产品不一样的是,因为它是信息链数据,由于信息产生的不对称性,这使监控它的产生比有形产品更困难,因此,有必要对会计信息质量特征做出统一的规范与要求。

国际会计准则委员会对财务会计信息定义了四项主要的质量特征:可理解性、相关性、可靠性和可比性,提出了对信息质量特征的限制因素,包括及时性、成本效益原则和反馈价值等。

我国根据《企业会计准则——基本准则》的规定,提出了以下质量特征:可靠性、相关性、可比性、可理解性、实质重于形式、重要性、谨慎性和及时性。

一、可靠性

可靠性要求企业应当以实际发生的交易或者事项为依据进行会计确认、计量和报告,反映符合确认和计量要求的各项会计要素及其他相关信息,保证会计信息真实可靠、内容完整。

葛家澍教授曾有一句名言,"宁可不说话,不可说假话",正是在强调会计的可靠性。可靠性背后的经济理论是委托代理理论,一项会计信息是否可靠取决于三个因素:真实性、可核性和中立性。

▶ 1. 真实性

真实性要求会计核算必须以实际发生的经济业务及证明经济业务发生的合法凭证为依

据，如实反映经济活动情况，做到内容真实、数字准确、资料可靠。

▶ 2. 可核性

可核性指信息可经得住复核和验证。

▶ 3. 中立性

中立性指会计信息应不偏不倚、不带主观成分，将真相如实地和盘托出，结论让用户自己去判断。

【例 1-2】 某公司于 2017 年年末发现公司销售萎缩，无法实现年初确定的销售目标，但考虑到在 2018 年春节前后，公司销售可能会出现较大幅度的增长，公司为此提前预计库存商品销售，在 2017 年年末制作了若干存货出库凭证，并确认销售收入实现。

【解析】 公司这种处理不是以其实际发生的交易事项为依据，而是虚构的交易事项，违背了会计信息质量要求的可靠性原则，也违背了我国会计法的规定。

二、相关性

相关性要求企业提供的会计信息应当与财务报告使用者的经济决策需要相关，有助于财务报告使用者对企业过去、现在或将来的情况做出评价或者预测。

在美国财务会计准则委员会会计信息质量的列示中，相关性是排在第一位的。美国财务会计准则委员会认为，会计信息只有相关才有价值，这是从报表使用者的角度来制定会计信息质量要求的。我国之所以首先强调可靠性，是因为我们有很多国有企业，评价受托责任对于国家经济决策是第一位的。相关性背后的经济学理论依据是决策有用论。

相关性要求会计在收集、处理、传递会计信息的过程中，要考虑到信息的使用者对会计信息需要的不同特点，尽可能满足企业内外对会计信息的需要。因此，也可认为相关性指的是在一定程度上的相关决策信息，而决策信息是否具有相关性取决于信息是否具有预测价值和反馈价值。

预测价值要求信息能帮助决策者对过去、现在及将来事项的可能结果进行预测。

反馈价值即信息决策者验证或修正过去的决策和实施方案。

三、可比性

可比性要求企业提供的会计信息应当具有可比性。同一企业不同时期发生的相同或者相似的交易或者事项，应当采用一致的会计政策，不得随意变更。确需变更的，应当在报表附注中说明。不同企业发生的相同或者相似的交易或者事项，应当采用规定的会计政策，确保会计信息口径一致、相互可比。

为保证可比性，需要达到统一性和一贯性。

统一性保证不同企业的信息共性，方便比较。例如，长虹 2017 年的财务数据要能和同一行业的海尔、海信进行对比，即统一性强调的是横向可比。

一贯性保证同一企业在不同会计期间的会计信息具有可比性。例如，长虹 2017 年、2018 年的财务数据要能比较，即一贯性强调的是纵向可比。

四、可理解性

可理解性要求企业提供的会计信息应当清晰明了，便于财务报告使用者理解和使用。也就是说，会计核算所提供的信息能简单明了地反映企业的财务状况和经营成果，并容易为信息使用者所理解和使用。可理解性并不是要求企业披露的信息越多越好，而是所披露的信息不要冲击了财务报表所要反映的主要内容，不能形成"信息冗余"。太多的会计信息会形成信息过剩，反而不利于报表使用者的使用，当然也不能只披露简略的信息，这会造成信息披露不足，这中间有一个度的问题。

五、实质重于形式

实质重于形式要求企业应当按照交易或者事项的经济实质进行会计确认、计量和报告，不应以交易或者事项的法律形式为依据。

这里的形式是指经济活动的法律形式，实质指经济活动的本质。实质重于形式原则指会计核算要看经济活动的本质如何，而不仅仅以其法律的表现形式为依据。例如，融资性租赁、非货币资产交换有无交换实质的判断等。

六、重要性

重要性要求企业提供的会计信息应当反映与企业财务状况、经营成果和现金流量等有关的所有重要交易或者事项。它是对哪些会计信息能进入报表，哪些不能进入会计报表的判断。一般来说，如果一项会计信息进入会计报表和不进入会计报表导致做出的决策不一样，说明这项会计信息是重要的；如果这一信息进入会计报表与不进入会计报表导致做出的决策没有差异，说明这项会计信息是不重要的，可以不收集该信息。

保证重要性原则有利于简化核算，节省人力、物力和财力，提高工作效率。

七、谨慎性

谨慎性要求企业对交易或者事项进行会计确认、计量和报告应当保持应有的谨慎，不应高估资产或者收益，低估负债或者费用。

谨慎性又称稳健性，它要求会计人员在会计处理时要持有谨慎小心的态度，充分估计可能发生的风险和损失，尽量少估计或不估计可能发生的收益，不得高估资产和利润。适当的职业谨慎可以使企业的财务更稳健，降低财务风险，但一定要防止利用此原则人为地进行盈余管理，进行平滑利润的行为。

八、及时性

及时性要求企业对于已经发生的交易或者事项，应当及时进行会计确认、计量和报告，不得提前或者延后。及时性是相关性里面的一个重要组成部分。一个会计信息要相关，首先必须要及时，不及时信息即使是可靠的但对股东、业主、债权人等利益相关者的作用也不大，所以我们强调会计信息要及时，越及时的信息，相关性越高。现代社会，随着会计电算化的应用，很多企业可以做到当天的会计信息当天出报表，这种实时制模式，大大地提高了会计信息的及时性。

第五节 会计规范

简单地讲,"规范"是指"标准或典范",它是调整社会或个人行为的手段。具体来说,则是确定个人和社会相互关系的原则和规则,而且这些原则和规则还在法律及其他法令、风俗习惯等社会要求中固定下来,它们是由社会建立起来的,并由社会加以改变。

在会计领域,会计规范的最基本的含义就是引导和制约进行会计工作的标准,第二层含义是对会计工作进行评价的依据。这种评价可以由会计人员自己来做出,即自我评价;也可以由其他人来做出,即社会评价。此外,会计规范还有第三层的含义,即会计规范是引导会计工作向特定方向发展的一种约束力和吸引力。

会计规范的内容包括会计法律制度和会计职业道德。

一、会计法律制度

(一)会计法律制度的概念

会计法律制度是指国家权力机关和行政机关制定的各种会计规范性文件的总称,包括会计法律、会计行政法规、国家统一的会计制度和地方性会计法规。会计法律制度是我国财经法规的重要组成部分,是调整会计关系的法律规范。

会计机构和会计人员在办理会计事务过程中,以及国家相关部门在行使会计管理职能时所发生的经济关系,称为会计关系。

(二)会计法律制度的构成

我国会计法律制度包括以下四个层次。

▶ 1. 会计法律

会计法律是指由全国人民代表大会及其常务委员会经过一定立法程序制定的有关会计工作的法律。《中华人民共和国会计法》(以下简称《会计法》)是调整我国经济生活中会计工作的总规范,是会计制度中最高层次的法律规范,是指导和规范会计工作的最高准则,也是制定其他会计法规的依据。现行的《会计法》是1999年10月31日经第九次全国人民代表大会常务委员会第十二次会议修订,并规定自2000年7月1日起施行。

《会计法》的立法宗旨是规范会计行为,保证会计资料真实、完整,加强经营管理和财务管理,提高经济效益,维护社会主义市场经济秩序。

我国国家机关、社会团体、公司、企业、事业单位和其他组织都必须依照《会计法》办理会计事务。

▶ 2. 会计行政法规

会计行政法规是指由国务院制定并发布,或者国务院有关部门拟订并经国务院批准发布,调整经济生活中某些方面会计关系的法律规范,如《总会计师条例》《企业财务会计报告条例》等。会计行政法规的制定依据是《会计法》。

▶ 3. 国家统一的会计制度

国家统一的会计制度,是指国务院财政部门根据《中华人民共和国会计法》制定的关于会计核算、会计监督、会计机构、会计人员,以及会计工作管理的制度,包括会计规章和会计规范性文件。国家统一的会计制度的法律效力仅次于《会计法》和会计行政法规。

会计规章,是根据《中华人民共和国立法法》的规定程序,由财政部制定,并有部门首长签署命令予以公布的制度办法,如《财政部门实施会计监督办法》《会计从业资格管理办法》《代理记账管理办法》《企业会计准则——基本会计准则》。

会计规范性文件,是指主管全国会计工作的行政部门即国务院财政部门制定并发布的《企业会计制度》《金融企业会计制度》《小企业会计制度》《会计基础工作规范》,以及财政部与国家档案局联合发布的《企业档案管理办法》,还包括《企业会计准则——具体会计准则》《企业会计准则——应用指南》。

▶ **4. 地方性会计法规**

地方性会计法规,是指省、自治区、直辖市人民代表大会及其常务委员会在与宪法、会计法律、会计行政法规不相抵触的前提下,根据本地区情况制定、发布的会计规范性文件,如《四川省会计管理条例》《深圳市会计条例》。

(三) 会计工作管理体制

会计工作管理体制是划分会计管理工作职责权限关系的制度。我国的会计工作管理体制主要包括明确会计工作的主管部门、明确会计制度的制定权限、明确会计人员的管理和明确单位内部的会计工作管理等内容。

▶ **1. 会计工作的主管部门**

会计工作的主管部门,是指代表国家对会计工作行使管理职能的政府部门。会计工作管理体制遵循的是"统一领导,分级管理"的原则,由国务院财政部门主管全国的会计工作,县级以上地方各级人民政府财政部门管理本行政区域内的会计工作。

▶ **2. 会计制度的制定权限**

国家实行统一的会计制度,统一的会计制度由国务院财政部门根据《会计法》制定并公布。国务院有关部门对会计核算和会计监督有特殊要求的行业,可以依照《会计法》和国家统一的会计制度制定具体办法或者补充规定,报国务院财政部门审核批准。金融行业、石油行业、天然气行业可制定自己的补充规定,但必须报国务院财政部门备案。中国人民解放军实施国家统一的会计制度的具体办法,报国务院财政部门备案。

注意:国务院其他部门没有权利制定国家统一的会计制度,但并不排除国务院财政部门会同其他有关部门联合制定国家统一的会计制度中的具体内容。

▶ **3. 会计人员的管理**

从事会计工作的人员,应当具备从事会计工作所需要的专业能力。担任单位会计机构负责人(会计主管人员)的,还应当具备会计师以上专业技术职务资格或从事会计工作3年以上经历。

财政部门负责会计专业技术职务资格管理、会计人员评优表彰奖惩,以及会计人员继续教育等。

【例1-3】会计人员的会计专业技术职务资格管理应该有人事部门负责。请问这种说法是否正确?并说明理由。

【解析】不正确。根据我国相关会计法律制度的规定,会计人员的管理部门应为财务部门,因此,会计专业技术职务资格管理应由财务部门负责。

▶ 4. 单位内部的会计工作管理

(1) 单位内部会计工作管理的责任主体。单位负责人负责单位内部的会计工作管理，应当保证会计机构、会计人员依法履行职责，不得授意、指使、强令会计机构和会计人员违法办理会计事项，并对本单位的会计工作和会计资料的真实性、完整性负责。

单位负责人是指单位法定代表人或者法律、行政法规规定代表单位行使职权的主要负责人。单位法定代表人(也称法人代表)，是指依法代表法人单位行使职权的负责人，如公司制企业的董事长(执行董事或经理)、国有企业的厂长(经理)、国家机关的最高行政长官等。法律、行政法规规定代表单位行使职权的主要负责人，是指依法代表非法人单位行使职权的负责人，如代表合伙企业执行合伙企业事务的合伙人、个人独资企业的投资人等。

(2) 单位内部会计管理制度。内部会计管理制度，是指单位根据《会计法》和国家统一的会计制度的规定，结合单位类型和内部管理的需要遵循一定的原则制定的，用于规范单位内部会计管理工作和会计行为的具体制度和管理办法。

(3) 单位内部会计管理制度的制定原则。

① 应当执行法律、法规和国家统一的财务会计制度。

② 应当体现本单位的生产经营、业务管理的特点和要求。

③ 应当全面规范本单位的各项会计工作，建立健全会计机构，保证会计工作的有序进行。

(4) 单位内部会计管理制度的内容。

① 建立内部会计管理体系。

② 建立会计人员岗位责任制度。

③ 建立账务处理程序制度。

④ 建立内部牵制制度。

⑤ 建立稽核制度。

⑥ 建立原始记录管理制度。

⑦ 建立定额管理制度。

⑧ 建立计量验收制度。

⑨ 建立财产清查制度。

⑩ 建立财务收支审批制度。

⑪ 实行成本核算的单位应当建立成本核算制度。

⑫ 建立财务会计分析制度。

(四) 会计法律责任

法律责任是指违反法律规定的行为应当承担的法律后果，也就是对违法者的制裁。它是一种通过对违法行为进行惩罚来实施法律规则的要求。为了保证《会计法》的有效实施，《会计法》主要规定了两种责任形式：行政责任和刑事责任。违反《会计法》关于会计核算、会计监督、会计机构和会计人员的有关规定，应当承担法律责任。法律责任包括责令限期改正、罚款、行政处分追究刑事责任。

▶ 1. 行政责任

行政责任是指犯有一般违法行为的单位或个人，依照法律、法规的规定应承担的法律责任。行政责任主要有行政处罚和行政处分两种方式。

（1）行政处罚是指特定的行政主体基于一般行政管理职权，对其认为违反行政法上的强制性义务，违反行政管理程序的行政管理相对人所实施的一种行政制裁措施。行政处罚主要分为八种：警告、罚款、没收违法所得、没收非法财物、责令停产停业、暂扣或者吊销许可证、暂扣或者吊销执照、行政拘留。此外，还有法律、行政法规规定的其他行政处罚。行政处罚由违法行为发生地县级以上地方人民政府具有行政处罚权的行政机关管辖。

（2）行政处分是指国家工作人员违反行政法律规范所应承担的一种行政法律责任，是行政机关对国家工作人员故意或者过失侵犯行政相对人的合法权益所实施的法律制裁。行政处分的形式有警告、记过、记大过、降级、撤职、开除等。

▶ 2. 刑事责任

刑事责任是指犯罪行为应当承担的法律责任，即对犯罪分子依照刑事法律的规定追究的法律责任。刑事责任包括两类问题：犯罪和刑罚。

刑事责任与行政责任不同，两者的主要区别表现在：

（1）追究的违法行为不同。追究行政责任的是一般违法行为，追究刑事责任的是犯罪行为。

（2）追究责任的机关不同。追究行政责任由国家特定的行政机关依照有关法律的规定决定，追究刑事责任只能由司法机关依照《刑法》的规定决定。

（3）承担的法律后果不同。追究刑事责任是最严厉的制裁，可以判处死刑。

二、会计职业道德

（一）职业道德概述

▶ 1. 职业道德的概念

职业道德的概念有广义和狭义之分。广义的职业道德，是指从业人员在职业活动中应该遵循的行为准则，涵盖了从业人员与服务对象、职业与职工、职业与职业之间的关系。狭义的职业道德，是指在一定职业活动中应遵循的、体现一定职业特征的、调整一定职业关系的执业行为准则和规范。其本质表现在：①职业道德是社会经济关系所决定的社会意识形态；②职业道德是职业活动对执业行为的道德要求，与职业活动的要求密切相关；③职业道德是调整职业活动形式的各种职业关系的手段。

▶ 2. 职业道德的特征

（1）职业性。职业道德的内容与职业实践活动密切相关，反映特定职业活动对从业人员的行为要求。一定的职业道德规范只适用于一定的职业活动领域。有些具体的行为道德规范，只适用于本行业，其他行业不完全适用或完全不适用。

（2）实践性。职业道德的作用是调整职业关系，对从业人员职业活动的具体行为进行规范，并解决职业活动中的具体道德冲突，因此职业道德具有较强的实践性。

（3）继承性。无论在何种社会经济环境下，由于同一种职业服务对象、服务手段、职业利益、职业责任和义务相对稳定，因此职业行为的道德要求的核心内容将被继承和发扬，从而形成了被不同社会发展阶段普遍认同的职业道德规范。

▶ 3. 职业道德规范的基本内容

职业道德规范的基本内容包括爱岗敬业、诚实守信、办事公道、服务群众、奉献社会。

(1) 爱岗敬业。爱岗，就是热爱自己的工作岗位。敬业，就是尊重自己所从事的职业。爱岗敬业，就是对自己的工作要专心、认真、负责任，为实现职业目标而努力。爱岗敬业是职业道德的基础，也是社会主义职业道德所倡导的首要规范。人们之间只有社会分工不同，而无贵贱之分。

(2) 诚实守信。诚实就是忠诚老实，不说假话。守信，就是信守诺言，说话算数，讲信誉，重信用，履行自己的义务。诚实守信是做人的基本准则，是企业等社会组织安身立命的根本。因此，诚实守信也是职业道德的精髓。

(3) 办事公道。办事公道，是指处理各种职业事务要站在公正的立场上，按照统一标准和统一原则办理，体现公道正派、客观公正、公平公开、不偏不倚。

(4) 服务群众。服务群众，是指听取群众意见，了解群众需要，端正服务态度，改进服务措施，提高服务质量。服务群众不仅是对各级领导和公务员的要求，而且是对所有从业人员的要求。服务群众是职业道德的核心。

(5) 奉献社会。奉献社会，就是要履行对社会、对他人的义务，自觉、努力地为社会、为他人做出贡献。当社会利益与局部利益、个人利益发生冲突时，要求每一位从业人员把社会利益放在首位。奉献社会是职业道德的出发点和归宿。

(二) 会计职业道德概述

▶ 1. 会计职业道德的概念

会计职业道德，是指在会计职业活动中应当遵守的，体现会计职业特征的，调整会计职业关系的职业行为准则和规范。

理解会计职业道德的概念，应把握以下几点。

(1) 会计职业道德是调整会计职业利益关系的手段。会计职业道德可以配合国家法律制度，调整职业关系中的经济利益关系，维护正常的经济秩序。

(2) 会计职业道德允许个人和各经济主体获得合法的自身利益，但反对通过损害国家和社会公众利益而获得违法利益。

(3) 会计职业道德具有相对稳定性。

(4) 会计职业道德具有广泛的社会性。

▶ 2. 会计职业道德的特征

(1) 具有一定的强制性。法律是具有强制性的，而道德一般不具有强制性。但在我国，为了强化会计职业道德的调整职能，我国会计职业道德中的许多内容都被纳入了会计法律法规。会计职业道德这种独特的强制性，是由会计工作在市场经济活动中的特殊地位所决定的。并非所有的会计职业道德都具有强制性，例如，会计职业道德中的提高技能、强化服务、参与管理、奉献社会等内容都是非强制性要求，但其直接影响到专业能力、会计信息的质量和会计职业的声誉，因此行业要求会计人员遵守。

(2) 较多关注公众利益。会计职业道德的社会公众利益性，要求会计人员客观公正，在会计职业活动中，发生道德冲突时要坚持准则，把国家利益、社会公众利益放在第一位。

▶ 3. 会计职业道德的作用

(1) 会计职业道德是实现会计目标的重要保证。

(2) 会计职业道德是规范会计行为的基础。
(3) 会计职业道德是对会计法律制度的重要补充。
(4) 会计职业道德是会计人员提高素质的内在要求。

▶ **4. 会计职业道德规范的主要内容**

会计职业道德是在一定经济条件下，对会计职业行为及职业活动的系统要求或文明规定，是会计人员在处理执业活动中各种关系的行为准则，是职业道德在会计职业行为和会计职业活动中的具体体现。会计职业道德规范的主要内容为爱岗敬业、诚实守信、廉洁自律、客观公正、坚持准则、提高技能、参与管理和强化服务。

(1) 爱岗敬业。爱岗，就是会计人员热爱本职工作，安心本职岗位，并为做好本职工作尽心尽力，尽职尽责。敬业，是指人们对所从事的会计职业或行为的正确认识和恭敬态度，并用这种严肃恭敬的态度，认真地对待本职工作，将身心与本职工作融为一体。爱岗和敬业互为前提，互相支持，相辅相成。"爱岗"是"敬业"的基石，"敬业"是"爱岗"的升华，"敬"由"爱"生，"爱"由"敬"起。爱岗敬业是会计人员做好本职工作的基础和条件，是其应具备的基本道德素质。

爱岗敬业对会计人员的基本要求是：正确认识会计职业，树立爱岗敬业的精神；热爱会计工作，敬重会计职业；爱心工作，任劳任怨；严肃认真，一丝不苟；忠于职守，尽心尽力，尽职尽责。

(2) 诚实守信。诚实，是指言行跟内心思想一致，不弄虚作假、不欺上瞒下，做老实人、说老实话、办老实事。守信，就是遵守自己所做出的承诺，讲信用，重信用，信守承诺，保守秘密。诚为本，信为用；诚涵内，信显外。

诚实守信对会计人员的基本要求是：做老实人，说老实话，办老实事，不搞虚假；保密守信，不为利益所诱惑；职业谨慎，信誉至上。

(3) 廉洁自律。廉洁，是指不收受贿赂，不贪污钱财。自律，是指会计人员按照一定的标准，自己约束自己，自己控制自己的言行和思想的过程。自律的核心就是用道德观念来自觉抵制自己的不良欲望。

廉洁自律是会计职业道德的前提，这既是会计职业道德的内在要求，也是会计职业声誉的"试金石"。廉洁自律对会计人员的基本要求是：树立正确的人生观和价值观；公私分明，不贪不占；遵纪守法，清正廉洁。

(4) 客观公正。客观，是指按事物的本来面目去反映，不带个人偏见，也不为他人意见所左右。公正，就是公平正直，没有偏失。

客观公正对会计人员的基本要求是：依法办事；实事求是，不偏不倚；保持应有的独立性。

(5) 坚持准则。坚持准则，是指会计人员在处理业务的过程中，严格按照会计法律制度办事，不为主观或他人意志所左右。

坚持准则对会计人员的基本要求是：熟悉业务、遵循准则、坚持准则、妥善解决道德冲突。

(6) 提高技能。会计工作的专业性极强，提高技能就是要求会计人员不断通过学习、培训和实践等途径，持续提高会计专业理论水平和职业技能，以达到和维持足够的专业胜任能力。会计职业技能包括会计理论水平、会计实务能力、职业判断能力、自动更新知识的能力、沟通交流能力及职业经验等。

提高技能对会计人员的基本要求是：具有不断提高会计技能的意识和愿望；具有勤学苦练、刻苦钻研的精神；掌握科学的学习方法。

（7）参与管理。参与管理，简单地说就是间接参加管理活动，为管理者当参谋，为管理活动服务。会计人员或会计工作并不能直接进行企业生产经营活动的管理或决策。会计人员应当树立参与管理的意识，在记账、算账、报账的过程中，积极主动地利用会计数据来分析企业生产经营状况，查找存在的问题，提出合理建议，从而当好参谋。

参与管理对会计人员的基本要求是：会计人员应努力钻研相关业务、会计人员应熟悉服务对象的经营活动和业务流程，使提出的合理化建议更具有针对性和创新性，从而有效地协助领导做出科学决策。

（8）强化服务。强化服务，就是要求会计人员具有文明的服务态度、强烈的服务意识和优良的服务质量。

强化服务对会计人员的基本要求是：强化服务意识，树立文明服务形象，提高服务质量。

三、会计职业道德与会计法律制度的关系

会计职业道德是指在会计职业活动中应当遵循的，体现会计职业特征的，调整会计职业关系的职业行为准则和规范。会计法律制度是由《会计法》及相关法律中有关会计行为的规定共同构成的法律规范体系，是市场经济法律制度体系的重要组成部分。两者既有联系又有区别。

（一）会计职业道德与会计法律制度的联系

会计职业道德与会计法律制度有着共同的目标、相同的调整对象，承担着同样的职责，在作用上相互补充；在内容上相互渗透、相互重叠；在地位上相互转化、相互吸收；在实施上相互作用、相互促进。

▶ 1. 两者在作用上相互补充

在规范会计行为时，我们既需要依赖于会计法律制度的强制功能，又要借助于会计职业道德的教化功能。极端的会计规范行为必须运用会计法律制度来强制和约束，而大量的会计规范则需要会计职业道德来维持。

▶ 2. 两者在内容上相互渗透、相互包容

会计法律制度中含有会计职业道德规范的内容，同时，会计职业道德规范中也包含会计法律制度的某些条款。

▶ 3. 两者在地位上相互转化、相互吸收

最初的会计职业道德规范就是对会计职业行为约定俗成的基本要求，后来有些需要强制实行的规范要求逐渐被吸收到会计法律制度当中，便形成会计法律制度的重要条款。会计法律制度是会计职业道德的最低要求。

▶ 4. 两者在实施上相互作用、相互促进

会计职业道德是会计法律制度正常运行的社会基础和思想基础，会计法律制度则是促进会计职业道德规范形成和遵守的制度保障。

(二) 会计职业道德与会计法律制度的区别

▶ 1. 性质不同

会计法律制度通过国家机器强行执行，具有很强的他律性。会计职业道德主要依靠会计从业人员的自觉性，具有很强的自律性。

▶ 2. 作用范围不同

会计法律侧重于调整会计人员的外在行为和结果的合法化。会计职业道德则不仅要求调整会计人员的外在行为，还要调整会计人员内在的精神世界。

会计法律制度的各种规定是会计职业关系得以维系的最基本条件，是对会计从业人员行为最低限度的要求，用以维持现有的会计职业关系和正常的会计工作秩序。在会计职业活动的实践中，有很多不良会计行为违反了会计法律制度的同时也违反了会计职业道德，但有些不良会计行为只是违反了会计职业道德而没有违反会计法律制度。例如，会计人员不钻研业务，不加强新知识的学习，造成工作上的差错，缺乏胜任工作的能力，对于这种情况，我们可以说没有良好的遵守会计职业道德，但不能说其违反了会计法律制度。

▶ 3. 实现形式不同

会计法律制度是通过一定的程序由国家立法机关或行政管理机关制定的，其表现形式是具体的、明确的、正式形成文字的成文规定。会计职业道德源于会计人员的职业生活和职业实践，其表现形式既有成文的规定，也有不成文的规范，存在于人们的意识和信念中，它依靠社会舆论、道德教育、传统习俗和道德评价来实现。

▶ 4. 实施保障机制不同

会计法律由国家强制保障实施。会计职业道德既有国家法律的相应要求，也需要会计人员的自觉遵守。会计法律制度不仅仅是一种权利和义务的规定，而且为了达到有法必依、执法必严、违法必究的目的，还需要一套实施保障的机制。会计法律制度的这种保障机制不仅体现在其法律规范的内容中具有明确的制裁和处罚条款，而且体现在具有与之相配合的权威的制裁和审判机关。而当人们对会计职业道德上的权利与义务发生争议时，没有权威机构对其中的是非曲直明确做出裁定，即使有裁定也是舆论性质的，缺乏权威机构保障对裁定的执行。

总之，会计职业道德源于职业习惯和约定俗成，它是靠信念、习惯、传统、教育的力量来维持的。会计职业道德主要依据社会舆论、传统习惯和内心信念的力量来调整会计工作中人员之间，以及他们与其他社会成员之间的利益关系。

会计法律制度要求的是"必须"，评价使用的范畴是对和错，通常对违反会计法律制度的后果进行禁止性追究，并视情节轻重对责任人予以不同惩处。会计职业道德要求的是"应该"，评价使用的范畴是善和恶，是一个价值判断。

---| 同步检测练习 |---

一、名词解释

会计 权责发生制 资产 负债 所有者权益 收入 费用 利润 会计基本假设 会计职业道德

二、单项选择题

1. 会计主要利用的计量单位是（　　）。
   A. 实物计量　　　　　　　　　　B. 货币计量
   C. 劳动计量　　　　　　　　　　D. 工时计量
2. 对各项资产应按经济业务的实际交易价格计量，而不考虑随后市场价格变动的影响，其所遵循的会计核算原则是（　　）。
   A. 客观性原则　　　　　　　　　B. 相关性原则
   C. 历史成本原则　　　　　　　　D. 权责发生制原则
3. 确定会计核算空间范围和界限的基本假设是（　　）。
   A. 会计主体　　　　　　　　　　B. 持续经营
   C. 会计分期　　　　　　　　　　D. 货币计量
4. 要求企业的会计处理程序和方法前后各期应当一致，不得随意变更的会计原则是（　　）。
   A. 可比性原则　　　　　　　　　B. 谨慎性原则
   C. 一贯性原则　　　　　　　　　D. 配比性原则
5. 企业将融资租入固定资产视同自有固定资产核算，所体现的会计核算的一般原则是（　　）。
   A. 重要性原则　　　　　　　　　B. 实质重于形式原则
   C. 客观性原则　　　　　　　　　D. 及时性原则

三、多项选择题

1. 会计的基本程序包括（　　）。
   A. 确认　　　　　　　　　　　　B. 计量
   C. 记录　　　　　　　　　　　　D. 报告
2. 会计基本假设有（　　）。
   A. 会计主体　　　　　　　　　　B. 会计分期
   C. 货币计量　　　　　　　　　　D. 持续经营
3. 以下各项中，会计职能具有（　　）功能。
   A. 反映经济活动　　　　　　　　B. 控制经济活动
   C. 评价经济职能　　　　　　　　D. 参与预测和决策
4. 下列会计核算方法中，体现谨慎性原则的有（　　）。
   A. 坏账准备的备抵法　　　　　　B. 固定资产加速折旧法
   C. 存货计价的后进先出法　　　　D. 存货计价的先进先出法
5. 根据权责发生制原则，应计入本期收入和费用的有（　　）。
   A. 本期实现的收入，并已收款　　B. 本期实现的收入，尚未收款
   C. 属于本期的费用，尚未支付　　D. 属于以后各期费用，但已支付

四、判断题

1. 会计核算以人民币作为记账本位币。业务收支以外币为主的企业，也可选择某种外币作为记账本位币，但编报的财务会计报告应折算为人民币反映。（　　）
2. 会计的方法实质上就是指记账、算账和报账的方法。（　　）

3. 企业采用的会计政策前后各期应当保持一致，一经选定则不得变更。（   ）

4. 谨慎性原则是指在会计核算中应尽量低估企业的资产和可能发生的损失、费用。
（   ）

5. 会计主体与法律主体不完全对等，法律主体可作为会计主体，但会计主体不一定是法律主体。（   ）

6. 权责发生制原则是解决跨期收入和费用的归属期间问题。（   ）

五、简答题

1. 什么是会计核算的基本假设？会计核算的基本假设有哪些？
2. 如何理解权责发生制原则？
3. 什么是会计要素？试说明会计要素的内容。
4. 简述会计职业道德规范的基本内容。

第二章
会计等式、会计科目与会计事项

引导案例

大学生用 400 元创办一个企业

你能够用 400 元或不足 400 元成功地创办一个企业吗？不管你相信与否，这的确能够做到。刘月娟是某师范大学美术学院的学生，最早，她想购买一台具有特别设计功能的计算机，但她手头仅有 400 元钱。她花费 120 元在一家餐厅请朋友吃饭帮她出主意，又结合自己曾经在一家美术培训班服务兼讲课的经验，决定创办一个美术培训部。她首先向一个师姐借款 4 000 元，用于租房等使用，购置了一些讲课必备的书籍、教具，并支出一部分钱用于装修画室。她为她的美术培训部取名为"周围"。美术培训部开办后，她花费 100 元印刷了 500 份广告传单，另外花费 100 元购置了信封、邮票等，用于广告宣传。

8 天后，她已经招收了 17 名学员，每人每月收学费 1 800 元，并且找到了一位较有能力的同学做合伙人。她与合伙人分别为"周围"的发展担当着不同的角色（合伙人兼作"周围"的会计和讲课教师）。2 个月后，"周围"已经招收了 50 名学员。她归还了师姐的借款本金和利息计 5 000 元，用剩余的钱又继续租房，扩大了画室的面积。为了扩大"周围"的知名度，她们甚至聘请了有经验的教授、留学归国学者做了两次免费讲座，为下一步"周围"的发展奠定了非常好的基础。

4 个月下来，"周围"平均每月招收学员 39 名，除去房租等各项费用，共获利 67 800 元，这笔钱足够她们各自购买一台非常满意的计算机并且还有一笔不小的结余。更重要的是，她们通过四个月来的锻炼，掌握了许多营销的技巧，学到了不少财务上的知识，获取了比金钱更为宝贵的工作经验。

讨论与思考：
1. 会计在大学生创业过程中扮演了什么样的角色？
2. 会计等式能起什么作用？
3. 复式记账的基本原理是什么？

第一节 会计等式

一、会计等式的含义

会计等式又称为会计恒等式,是指表明各会计要素之间基本关系的恒等式,是资产与权益之间客观存在的数量上的平衡关系,且这种平衡关系不受经济业务多变的影响,是资产与权益之间相互依存、相互制约关系的表现形式。

会计等式:资产=权益,左边表示资产的使用形式,右边表示资金的来源渠道。

二、会计等式的具体内容

会计等式按经济业务的性质分为静态会计等式、动态会计等式和综合会计等式。

（一）静态会计等式

$$资产=负债+所有者权益$$

该等式表明了企业在某个时间点上的财务状况,它是设置账户、复式记账和编制资产负债表的理论基础,也称为会计第一等式。

（二）动态会计等式

$$利润=收入-费用$$

该等式反映了企业某一时期收入、费用和利润的关系,表明了企业某一期间的经营成果,是编制利润表的理论依据。

（三）综合会计等式

$$资产=负债+所有者权益+（收入-费用）$$
$$资产=负债+所有者权益+利润$$

该等式是企业未结账之前的会计等式。取得收入,使资产增加或负债减少;发生费用,使资产减少或负债增加。会计期末计算出利润或亏损,并进行分配,剩余的全归入所有者权益,综合会计等式又恢复为静态会计等式。

综合会计等式体现了六项会计要素之间的相互联系,表明企业的经营成果最终要影响到企业的财务状况,利润或亏损是企业所有者权益增减的一个重要因素。

三、会计等式与经济业务的关系

在具体从事会计业务处理的时候都要牢记会计的基本处理原则"有借必有贷,借贷必相等",即任何一笔经济业务的记录都涉及借贷两方,而且借贷两方的数据要相等,不满足任何一条都说明记录错误。

具体来说,会计要素之间有以下几种增减对应关系:

(1) 资产与权益同增,增加的金额相等;

(2) 资产与权益同减,减少的金额相等;

(3) 资产内部有增有减,增减金额相等;

(4)权益内部有增有减,增减金额相等。

(一)资产与权益同增业务

资产与权益同增业务包括:一项资产和一项负债同增;一项资产和一项所有者权益同增。

【例 2-1】 向供货单位购入 50 000 元的原材料,款项未付。

【解析】 首先分析此项经济业务,买入原材料,原材料增加,而原材料属于资产要素,资产要素的增加在借方,减少在贷方,此题属于资产增加,因此写借方。同时,此项业务企业未付款,说明欠供货单位钱,又形成一项负债,说明企业负债在增加,而负债会计要素总的性质是借方记减少,贷方记增加,此题属于负债增加,写贷方。

借:原材料　　　　　　　　　　　　　　　　　　　　　　　50 000
　　应交税费——应交增值税(进项税额)　　　　　　　　　　 8 500
　　贷:应付账款　　　　　　　　　　　　　　　　　　　　　58 500

【例 2-2】 2017 年 2 月 10 日,前进工厂接受外单位投资机器设备一台,价值 5 000 元。

【解析】 该企业接受投资设备一台,一方面企业固定资产增加,而固定资产属于资产的内容,资产的增加在借方,因此为"借:固定资产";另一方面根据"有借必有贷,借贷必相等"的原则,有了借方还没有结束,还应该有贷方。在本业务中,对方公司是对我方企业进行投资,我方企业的资产增加,对方以投资出现,也就是形成股东,所以,所有者权益也在增加,具体来说,就是所有者权益里的"实收资本"科目在增加,而所有者权益的增加在贷方。

借:固定资产　　　　　　　　　　　　　　　　　　　　　　5 000
　　贷:实收资本　　　　　　　　　　　　　　　　　　　　　5 000

(二)资产与权益同减业务

资产与权益同减业务包括:一项资产和一项负债同减;一项资产和一项所有者权益同减。

【例 2-3】 以银行存款归还短期借款 20 000 元。

【解析】 此项经济业务中,公司用钱还债,一方面公司的银行存款在减少,而资产的减少在贷方,也就是"贷:银行存款";另一方面根据"有借必有贷,借贷必相等"的原则,有了贷方,经济业务并未反映完整,需要分析借方是什么。此题中用钱还债,银行存款在减少,但同时负债也在减少,而根据以前学过的会计要素的性质,负债的减少正好在借方,即

借:短期借款
　　贷:银行存款

(三)权益内部有增有减业务

权益内部有增有减业务包括:一项负债减少,另一项负债增加;一项所有者权益减少,另一项所有者权益增加;一项负债减少,一项所有者权益增加;一项所有者权益减少,一项负债增加。

(四)会计等式恒等归纳

(1)每一项经济业务的发生必然要引起两个(或两个以上)资产项目或负债与所有者权益项目发生增减变动。

(2) 每一项经济业务的发生所引起资产或负债与所有者权益项目增减变动的金额必然相等。

(3) 经济业务发生前的资产总额和负债与所有者权益总额是相等的，经济业务发生后的资产总额和负债与所有者权益总额也必然相等。

第二节 会计科目与账户

一、会计科目

(一) 会计科目的概念

下面学习会计科目的内容。例如，将汽车分成卡车与轿车可以比作会计要素的分类，但信息依然比较模糊，如果再进一步将轿车分为进口与国产，将卡车分为重型和轻型，则对汽车的认识就更清楚了。同样的道理，有了会计要素，会计信息清楚了一些，但如果能对会计要素本身再分类，对会计信息的认识就会清楚很多，对会计要素的分类也就是对资金运动进行再次细分，形成会计科目。会计科目是设置账户、进行处理账务必须遵守的规则和依据，是一种基本的会计核算方法，它是会计账户的名称。

(二) 会计科目的意义

▶ 1. 会计科目是复式记账的基础

复式记账要求每一笔经济业务在两个或两个以上相互联系的账户中进行登记，以反映资金运动的来龙去脉。

▶ 2. 会计科目是记账凭证的基础

记账凭证是确定所发生的经济业务应该如何运用会计科目，以及分门别类登记账簿的凭证。

▶ 3. 会计科目为成本计算与财产清查提供了前提条件

通过会计科目的设置，有助于成本核算，使各种成本会计成为可能。而通过账面记录与实际结存的核对，又为财产清查、保证账实相符提供了必要条件。

▶ 4. 会计科目为编制会计报表提供了方便

会计报表是提供会计信息的主要手段，为了保证会计信息的质量及其提供的及时性，会计报表中的许多项目与会计科目是一致的，并根据会计科目的本期发生额或余额填列。

(三) 会计科目的分类

▶ 1. 按会计科目反映的经济内容分类

与会计要素具体内容的分类基本一致，会计科目可以分为资产类、负债类、所有者权益类、收入类、费用类和利润类六大类。

(1) 资产类科目。按照资产的流动性，资产类科目可分为以下两类：

① 反映流动资产的科目，满足下列条件之一的可归为流动资产：

a. 预计在一个正常营业周期中变现、出售或耗用；

b. 主要为交易目的而持有；

c. 预计在资产负债表日起一年内(含一年)变现；

d. 自资产负债表日起一年内，交换其他资产或清偿负债的能力不受限制的现金或现货等，包括库存现金、银行存款、交易性金融资产、应收票据、应收账款、预付账款、其他应收款、原材料、库存商品等。

② 反映非流动资产的科目，包括可供出售金融资产、长期股权投资、持有至到期投资、固定资产、累计折旧、无形资产、长期待摊费用等。

(2) 负债类科目。负债是企业承担的，以货币计量的，在将来需要以资产或劳务偿还的债务。它代表企业偿债责任和债权人对资产的求索权。按照负债的偿还期，负债类科目可分为以下两类。

① 反映流动资产的科目，满足下列条件之一的可归为流动负债：

a. 预计在一个正常营业周期中清偿；

b. 主要为交易目的而持有；

c. 无权自主地将清偿推迟至资产负债表日后一年以上；

d. 自资产负债表日起一年内到期予以清偿，包括短期借款、应付票据、应付账款、预收账款、其他应付款、应付职工薪酬、应交税费、应付股利、应付利息等。

② 反映长期负债的科目，包括长期借款、应付债券、长期应付款等。

(3) 所有者权益类科目。所有者权益的来源包括所有者投入的资本、直接计入所有者权益的利得和损失、留存收益等。

按其形成的方式，所有者权益类科目可分为投资人投入的资本、企业内部滋生的盈余公积金和未分配利润等留存收益。

按照来源和构成的不同，所有者权益类科目可以分为投入资本类所有者权益账户和资本积累类所有者权益账户。投入资本类所有者权益账户主要有实收资本、资本公积等；资本积累类所有者权益账户主要有盈余公积、本年利润、利润分配等。

其中，留存收益是企业从经营活动所得税后利润的留存部分，分为盈余公积和未分配利润。盈余公积是企业从本期税后利润中按照法律规定或公司章程规定的计提比例提取的利润留成部分。盈余公积有专门用途，可用于填补以后会计期间产生的亏损，或转增资本金，甚至用于向投资者分配。未分配利润是税后利润扣除盈余公积之后，投资人分配的利润留存部分。

(4) 收入类科目。收入不包括为第三方或客户代收的款项。企业日常生产经营活动所取得的收入抵偿了为取得收入所发生的消耗，即为盈利，具体表现为企业净资产的增加。按照收入的性质，可将收入类科目分为以下两类。

① 反映业务收入的科目，包括主营业务收入和其他业务收入。主营业务收入指企业为完成经营目标而从事的主要或主体业务活动中所取得的收入，如企业销售商品收入、提供工业性劳务收入等。其他业务收入指企业在次要或附带的业务活动中所取得的收入，如企业销售材料收入、提供非工业性劳务收入等。

② 反映财务收益的科目，包括投资收益和营业外收入等。

（5）费用类科目。按费用是否计入损益，费用类科目分为以下几类。

① 不计入损益的费用科目，包括生产成本和制造费用等。

② 计入损益的费用科目，包括主营业务成本、其他业务成本、营业税金及附加、销售费用、财务费用、所得税费用、营业外支出等。销售费用是企业在销售商品、提供劳务等日常活动中发生的除营业成本以外的各项费用及专设销售机构的各项经费。财务费用是企业筹集所需要的资金而发生的费用。管理费用是指企业行政管理部门为组织和管理生产经营活动而发生的各种费用。

（6）利润类科目。净资产在数量上等于企业全部资产减去全部负债后的余额，这可以通过对会计恒等式的变形来表示，即

$$资产－负债＝所有者权益$$

反映利润的科目有本年利润、利润分配等。

▶ 2. 按会计科目反映信息的详细程度分类

总分类科目，是对会计要素不同经济内容做总括分类反映的科目，如固定资产、原材料、应付账款等均为总分类科目，也就是一级会计科目。总分类科目是设置总分类账户的依据。

明细分类科目，是对总分类科目所含内容做进一步分类，反映详细具体情况的科目。明细科目一般可以分为二级、三级乃至四级明细科目，具体分级根据企业内部需要而定。如"应付账款"科目下按具体单位设明细科目，具体反映应付哪个单位的货款。明细科目是设置明细账户的依据。例如，明细分类相当于是一级科目"进口轿车"里面再分"本田"二级科目，"本田"下面可再分"1.8 升""2.0 升"等三级科目。

二、会计科目设置的原则

▶ 1. 合法性原则

会计科目的设置应当符合国家统一的会计制度的规定。特别是一级会计科目，这是国家有关部门设计好的，企业不能改动。当然，每一个企业都有它的特殊需要，可以在不改动一级科目的情况之下，设置自己需要的二级会计科目。

▶ 2. 相关性原则

会计科目的设置，应为有关各方提供所需要的会计信息服务，满足对外报告与对内管理的要求。

▶ 3. 实用性原则

会计科目的设置，应当在符合合法性原则的前提下适应企业自身的特点，满足企业的实际需要。过多地设置会计科目会浪费资源。

三、账户的含义

账户是根据会计科目设置的，具有一定格式和结构，用于分类、系统、连续地记录经济业务的户头。设置账户是分类记录和反映会计要素增减变动及其结果的一种专门方法。账户用会计科目作为名称，然后再配上一个"丁"字形的结构，它是会计核算的基本方法。账户的对应关系，是指按照借贷记账法的记账规则记录经济业务时，在两个或两个以上有关账户之间形成的应借、应贷的相互对照关系。

四、账户的基本结构

(一) 账户的分类

▶ 1. 按照反映信息的详细程度分类

账户的开设应与会计科目的设置相适应,会计科目按其反映信息的详细程度分为总分类科目和明细分类科目,会计账户相应地分为总分类账户和明细分类账户。总分类账户简称总账账户或总账,用于对会计要素具体内容进行总括分类核算的账户。明细分类账户,简称明细账,用来对会计要素具体内容进行明细分类核算的账户。

▶ 2. 按照反映的经济内容不同分类

账户按所反映的经济内容不同,可分为资产类账户、负债类账户、共同类账户、所有者权益类账户、成本类账户和损益类账户六大类。要注意的是,损益类是我们教材上的分类方式,它包括费用和收入类,损代表费用,益代表是收入类,因此损益类里,借方记增加还是贷方记增加取决于会计科目是费用还是收入,因为这两大类会计要素的增减方向不一致。表 2-1 是完整的会计科目表,可以在每一大类要素前标明其增减方向,以巩固自身的学习,大部分的会计科目以后做会计分录都会用上。

表 2-1　会计科目表

序号	编号	会计科目名称	序号	编号	会计科目名称
		一、资产类(借增贷减)	22	1303	贷款
1	1001	库存现金	23	1304	贷款损失准备
2	1002	银行存款	24	1311	代理兑付证券
3	1003	存放中央银行款项	25	1321	代理业务资产
4	1011	存放同业	26	1401	材料采购
5	1012	其他货币资金	27	1402	在途物资
6	1021	结算备付金	28	1403	原材料
7	1031	存出保证金	29	1404	材料成本差异
8	1101	交易性金融资产	30	1405	库存商品
9	1111	买入返售金融资产	31	1406	发出商品
10	1121	应收票据	32	1407	商品进销差价
11	1122	应收账款	33	1408	委托加工物资
12	1123	预付账款	34	1411	周转材料
13	1131	应收股利	35	1421	消耗性生物资产
14	1132	应收利息	36	1431	贵金属
15	1201	应收代位追偿款	37	1441	抵债资产
16	1211	应收分保账款	38	1451	损余物资
17	1212	应收分保合同准备金	39	1461	融资租赁资产
18	1221	其他应收款	40	1471	存货跌价准备
19	1231	坏账准备	41	1501	持有至到期投资
20	1301	贴现资产	42	1502	持有至到期投资减值准备
21	1302	拆出资金	43	1503	可供出售金融资产

续表

序号	编号	会计科目名称	序号	编号	会计科目名称
44	1511	长期股权投资	83	2221	应交税费
45	1512	长期股权投资减值准备	84	2231	应付利息
46	1521	投资性房地产	85	2232	应付股利
47	1531	长期应收款	86	2241	其他应付款
48	1532	未实现融资收益	87	2251	应付保单红利
49	1541	存出资本保证金	88	2261	应付分保账款
50	1601	固定资产	89	2311	代理买卖证券款
51	1602	累计折旧	90	2312	代理承销证券款
52	1603	固定资产减值准备	91	2313	代理兑付证券款
53	1604	在建工程	92	2314	代理业务负债
54	1605	工程物资	93	2401	递延收益
55	1606	固定资产清理	94	2501	长期借款
56	1611	未担保余值	95	2502	应付债券
57	1621	生产性生物资产	96	2601	未到期责任准备金
58	1622	生产性生物资产累计折旧	97	2602	保险责任准备金
59	1623	公益性生物资产	98	2611	保户储金
60	1631	油气资产	99	2621	独立账户负债
61	1632	累计折耗	100	2701	长期应付款
62	1701	无形资产	101	2702	未确认融资费用
63	1702	累计摊销	102	2711	专项应付款
64	1703	无形资产减值准备	103	2801	预计负债
65	1711	商誉	104	2901	递延所得税负债
66	1801	长期待摊费用			三、共同类（不定）
67	1811	递延所得税资产	105	3001	清算资金往来
68	1821	独立账户资产	106	3002	货币兑换
69	1901	待处理财产损溢	107	3101	衍生工具
		二、负债类（借减贷增）	108	3201	套期工具
70	2001	短期借款	109	3202	被套期项目
71	2002	存入保证金			四、所有者权益类（借减贷增）
72	2003	拆入资金	110	4001	实收资本
73	2004	向中央银行借款	111	4002	资本公积
74	2011	吸收存款	112	4101	盈余公积
75	2012	同业存放	113	4102	一般风险准备
76	2021	贴现负债	114	4103	本年利润
77	2101	交易性金融负债	115	4104	利润分配
78	2111	卖出回购金融资产款	116	4201	库存股
79	2201	应付票据			五、成本类（借增贷减）
80	2202	应付账款	117	5001	生产成本
81	2203	预收账款	118	5101	制造费用
82	2211	应付职工薪酬	119	5201	劳务成本

续表

序号	编号	会计科目名称	序号	编号	会计科目名称
120	5301	研发支出	138	6402	其他业务成本
121	5401	工程施工	139	6403	营业税金及附加
122	5402	工程结算	140	6411	利息支出
123	5403	机械作业	141	6421	手续费及佣金支出
六、损益类（不定）			142	6501	提取未到期责任准备金
124	6001	主营业务收入	143	6502	提取保险责任准备金
125	6011	利息收入	144	6511	赔付支出
126	6021	手续费及佣金收入	145	6521	保单红利支出
127	6031	保费收入	146	6531	退保金
128	6041	租赁收入	147	6541	分出保费
129	6051	其他业务收入	148	6542	分保费用
130	6061	汇兑损益	149	6601	销售费用
131	6101	公允价值变动损益	150	6602	管理费用
132	6111	投资收益	151	6603	财务费用
133	6201	摊回保险责任准备金	152	6604	勘探费用
134	6202	摊回赔付支出	153	6701	资产减值损失
135	6203	摊回分保费用	154	6711	营业外支出
136	6301	营业外收入	155	6801	所得税费用
137	6401	主营业务成本	156	6901	以前年度损益调整

▶ **3. 按照用途和结构的不同分类**

按照账户用途和结构的不同，可以分为盘存类账户、结算类账户、资本类账户、调整类账户、集合分配类账户、成本费用类账户、集合配比类账户和财务成果类账户等八类。账户按用途和结构分类的实质是账户在会计核算中所起的作用和账户在使用中能够反映的经济指标的种类进行的分类。

（1）盘存类账户。盘存类账户是指可以通过实物盘点进行核算和监督的各种资产类账户，主要有现金、银行存款、原材料、库存商品、固定资产等。盘存类账户的期初如果有余额在借方，本期发生额的增加数在借方，本期发生额的减少数在贷方，期末如果有余额在借方。

（2）结算类账户。结算类账户是指用来核算和监督一个经济组织与其他经济组织或个人，以及经济组织内部各单位之间债权债务往来结算关系的账户。按照结算性质的不同，结算类账户可以分为债权结算账户、债务结算账户和债权债务结算账户等三种。

① 债权结算账户主要有应收账款、应收票据、预付账款、其他应收款等，债权结算账户的基本格式及运用同盘存类账户，即期初如果有余额在借方，本期发生额的增加数在借方，本期发生额的减少数在贷方，期末如果有余额在借方。

② 债务结算账户主要有应付账款、应付票据、预收账款、其他应付款、应交税费等。债务结算账户的期初如果有余额在贷方，本期发生额的增加数在贷方，本期发生额的减少数在借方，期末如果有余额在贷方。

③ 债权债务结算账户是一类比较特殊的结算类账户，它是对经济组织在与其他经济组织或个人之间同时具有债权又有债权结算情况，需要在同一账户进行核算与监督而运用

的一种账户。债权债务结算账户的期初余额可能在借方(表示债权大于债务的差额),也可能在贷方(表示债务大于债权的差额);本期借方发生额表示债权的增加或债务的减少;本期贷方发生额表示债务的增加或债权的减少;期末如果是借方余额表示债权大于债务的差额,如果是贷方余额则表示债务大于债权的差额。

(3) 资本类账户。资本类账户是指用来核算和监督经济组织从外部取得的或内部形成的资本金增加变动情况及其实有数的账户,主要有实收资本(或股本)、资本公积、盈余公积、利润分配等。资本类账户期初如果有余额在贷方,本期发生额的增加数在贷方,本期发生额的减少数在借方,期末如果有余额在贷方。

(4) 调整类账户。调整类账户是指用来调节和整理相关账户的账面金额,并表示被调整账户的实际余额数的账户。按照调整方式的不同,调整类账户可以分为备抵调整账户、附加调整账户和备抵附加调整账户等三类。

① 备抵调整账户是指用来抵减被调整账户余额,以取得被调整账户实际余额的账户。按照被调整账户性质的不同,备抵调整账户又可以分为资产类备抵调整账户和权益类备抵调整账户。资产类备抵调整账户与其被调整的资产类账户的运用方向相反,与负债类账户相同。

② 附加调整账户是指用来增加被调整账户余额,以取得被调整账户实际余额的账户。

③ 备抵附加调整账户是指既具有备抵又具有附加调整功能的账户。比较典型的备抵附加调整账户是"材料成本差异"账户。

(5) 集合分配类账户。集合分配类账户是指用来归集和分配经济组织经营过程中某个阶段所发生的相关费用的账户,主要有制造费用等。集合分配类账户的结构和运用方法基本与盘存类账户相同,其区别在于它所记录的费用属于当期的开支,应当在当期分配完毕,因此这类账户没有期末和期初余额。

(6) 成本费用类账户。成本费用类账户是指用来归集经营过程中某个阶段所发生的全部费用,并据以计算和确定出各个对象成本的账户,主要有生产成本、物资采购、在建工程等。

(7) 集合配比类账户。集合配比类账户是指用来核算和监督经营过程中发生的损益,并借以在期末计算和确定其财务成果的账户。按照账户性质的不同,集合配比类账户又可以分为收入类账户和成本类账户、费用类账户、支出类账户。

① 收入类账户主要有主营业务收入、其他业务收入、营业外收入、投资收益等。收入类账户的结构和运用方法与权益类账户相同,但是由于其核算内容属于当期结转的经济业务,故期末没有余额。

② 成本类账户、费用类账户、支出类账户主要有主营业务成本、其他业务成本、营业外支出、营业费用、管理费用、财务费用、所得税等。成本类、费用类、支出类账户的结构和运用与集合分配类账户相同。

(8) 财务成果类账户。财务成果类账户是指用来核算和监督经济组织在一定时期内财务成果形成,并确定最终成果的账户。典型的财务成果类账户是"本年利润"。

(二) 账户格式

账户的左方和右方分别记录增加额和减少数,增减相抵后的差额即为余额。账户的左右两方是按相反方向来记录增加额和减少数的,哪一方记增加额,哪一方记减少额取决于所采用的记账方法和账户所记录的经济内容,账户余额一般与记录增加额在同一方。丁字账户的左方叫借方,右方叫贷方,"借""贷"在会计学中只表示方向的增加或减少,没有借钱或贷款的意思,它就是会计的运算符号,正如数学里面的＋、—、*、/一样。具体是借方记增加还是贷方记增加,还要根据会计科目的性质来决定。

账户的基本结构如下。

账户的基本结构是对现实生活中复杂的账户结构的简化和抽象,借贷记账法下的一般格式如表2-2所示。

表2-2 账户名称(会计科目)

| 年 | | 凭证编号 | 摘 要 | 借方金额 | 贷方金额 | 借或贷 | 余 额 |
月	日						

▶ 1. 资产类账户

资产类账户或者科目的性质是借方记增加,贷方记减少,期末余额在借方。期末余额反映期末时资产的实有数额。

借	账户名称(会计科目)	贷
期初余额		
本期增加额		本期减少额
本期借方发生额		本期贷方发生额
期末余额		

期末余额＝期初余额＋本期借方发生额－本期贷方发生额

▶ 2. 负债和所有者权益类账户

负债和所有者权益两类账户借方记减少,贷方记增加,期末余额在贷方。期末余额反映期末时负债的实有数额和所有者权益的实有数。

借	账户名称(会计科目)	贷
		期初余额
本期减少额		本期增加额
本期借方发生额		本期贷方发生额
		期末余额

期末余额＝期初余额＋本期贷方发生额－本期借方发生额

▶ 3. 费用类账户

费用类账户借方记增加，贷方记减少，由于费用类账户期末数据要结转到"本年利润"会计科目，所以费用类账户期末余额一般是0。

借	账户名称（会计科目）	贷
本期增加额 本期发生额合计		本期减少额 （净支出结转走） 本期发生额合计
期末余额：0		

▶ 4. 收入类账户

收入类账户借方记减少，贷方记增加，由于收入类账户期末数据也要结转到"本年利润"会计科目中去结算利润，因此该类型的会计科目期末余额是0。

借	账户名称（会计科目）	贷
本期减少额 （净收入结转走） 本期发生额合计		本期增加额 本期发生额合计
		期末余额：0

▶ 5. 利润类账户

利润类账户借方记减少，贷方记增加，期末余额在贷方。

借	账户名称（会计科目）	贷
本期减少额 本期发生额合计		期初余额 本期增加额 本期发生额合计
		期末余额

(三) 会计账户归纳

会计账户归纳如下。

借	贷
资产的增加	资产的减少
负债的减少	负债的增加
所有者权益的减少	所有者权益的增加
收入的减少	收入的增加
费用的增加	费用的减少
利润的减少	利润的增加
资产余额	负债和所有者权益余额

五、账户与会计科目的联系与区别

（一）账户与会计科目的共同点

账户与会计科目的共同点是它们所反映的会计对象的具体内容是相同的，都是对经济业务的分类，都说明一定的经济业务内容。

（二）账户与会计科目的联系

会计账户是根据会计科目设置的，是会计科目的具体运用。会计科目是设置账户的依据，是会计账户的名称。

（三）会计账户与会计科目的区别

(1) 会计账户中，除了有会计科目外，还有一定的格式、结构，具体表现为若干账页，是用来记录经济业务的载体。账户是经济业务发生后，进行分类连续登记的一种手段。

(2) 会计科目仅指账户的名称，会计科目是会计核算前，事先确定的对经济业务分类核算的项目。

第三节 会计事项对资产权益的影响

一、会计事项的概念

会计事项也叫交易事项或经济业务，是指会计主体与信息用户相关，并且导致经营实体的各项资产和权益发生变化的经济事项。会计人员需要处理的不是企业发生的所有事项，而仅仅指交易事项，即会计事项。会计上所称的交易与通常讲的交易略有不同。就会计观点而言，凡足以使企业资产、负债、所有者权益、收入、费用、利润等要素增减变化的事项或行为称为会计交易事项。

二、会计事项的特点

会计事项的特点如下。
(1) 会计事项是能够以货币计量的经济事项；
(2) 会计事项是能引起企业（会计主体）资产、负债、所有者权益增减变动的经济事项。

三、会计事项的分类

▶ 1. 第一种类型

经济业务发生，引起资产与权益同时增加，增加的金额相等，即会计等式两方等额增加：

(1) 资产与权益等额增加;
(2) 资产与所有者权益等额增加。

▶ 2. 第二种类型

经济业务发生,引起资产与权益同时减少,减少的金额相等,即会计等式两方等额减少:

(1) 资产与负债等额减少;
(2) 资产与所有者权益等额减少。

▶ 3. 第三种类型

经济业务发生,引起资产内部一增一减,增减的金额相等,即等式的左方一增一减相互抵销。

▶ 4. 第四种类型

经济业务发生,引起权益内部一增一减,增减的金额相等,即等式的右方一增一减相互抵销:

(1) 负债内部一增一减,相互抵销;
(2) 所有者权益内部一增一减,相互抵销;
(3) 负债减少,所有者权益增加,相互抵销;
(4) 负债增加,所有者权益减少,相互抵销。

经济业务与资产权益的关系如表2-3所示。

表 2-3　经济业务与资产权益的关系

经济业务类型	序号	资产	=	负债	+	所有者权益
第一种类型	1	增加		增加		
	2	增加				增加
第二种类型	3	减少		减少		
	4	减少				减少
第三种类型	5	增加/减少				
第四种类型	6			增加/减少		
	7					增加/减少
	8			增加		减少
	9			减少		增加

四、各类经济业务对资产和权益总额的影响

企业的经济业务多种多样,所发生的每项经济业务都必然伴随着资金运动,必然引起资产、负债、所有者权益等会计要素发生增减变动。

尽管一个企业的经济业务纷繁复杂,千变万化,但归结起来就上述几种会计事项类型,会计事项被纳入会计信息系统内反映时,任何一个会计事项可能对资产权益产生影

响,但无论从企业某一静态时点还是从一段时期来看,企业的资产总额始终等于债权人权益(负债)加上所有者权益,即不会改变会计恒等式。

知识拓展

资产权益总额不变的原因

(1) 一个企业所有的资产与权益(负债和所有者权益,下同)是同一资金的两个侧面,是从两个不同角度去观察和分析的结果。

(2) 有一定数额的资产,就必然有一定数额的权益;反之,有一定的权益,也必然有一定数额的资产。

(3) 资产与权益是相互依存的。权益是债权人和投资者对于一个企业所拥有的资产的要求权,没有资产,也就没有有效的权益;同样,一个企业所拥有的资产也绝不能脱离权益而独立存在。

如何确定资产和权益同增或同减?思考以下例题。

1. 投资者 A 缴入资本 200 万元。
2. 取得产品销售收入 130 万元。
3. 购入某公司债券 15 万元,拟于两个月后售出。
4. 支付管理费用 12 万元。
5. 银行存款支付应付股利 12 万元入账。
6. 归还银行借款 30 万元。
7. 向 B 工厂投资 50 万元。
8. 提取盈余公积 40 万元。
9. 提取现金后发放职工工资 18 万元。
10. 收回上月销售货款 20 万元。

要求:编制以上经济业务的会计分录,并分类填入各项。

资产权益同增＝

资产权益同减＝

资产有增有减＝

权益有增有减＝

同步检测练习

一、名词解释

会计等式　复式记账法　账户　总分类账户　明细分类账户　会计科目

二、单项选择题

1. 会计科目和账户之间的区别在于(　　)。

A. 记录资产和权益的增减变动情况不同　　B. 记录资产和负债的结果不同

C. 反映的经济内容不同　　D. 账户有结构而会计科目无结构

2. 用来记录费用的账户期末（　　）。
  A. 无余额   B. 余额在借方
  C. 余额在贷方   D. 余额不固定
3. 账户借方登记增加额的有（　　）。
  A. 所有者权益   B. 负债
  C. 成本   D. 收入
4. 从金额来看，总分类账户与明细分类账户之间的关系是（　　）。
  A. 总分类账户的期初余额＝所属各明细分类账户的期初余额之和
  B. 总分类账户的本期发生额＝全部明细分类账户的本期发生额之和
  C. 全部总分类账户的期末余额＝明细分类账户的期末余额之和
  D. 全部总分类账户的期末余额之和＝全部明细分类账户的期末余额之和

三、多项选择题
1. 关于"从银行提取现金1 000元"这项经济业务，下列各观点中正确的有（　　）。
  A. "现金"和"银行存款"两个账户互为对应账户
  B. 应在"现金"账户借方登记1 000元，同时在"银行存款"账户贷方登记1 000元
  C. 这项经济业务不会引起企业的资产和权益总额发生增减变化
  D. "现金"账户的余额一般在借方，"银行存款"账户的余额一般在贷方
2. 在借贷记账法下，账户借方登记的内容有（　　）
  A. 资产的增加   B. 资产的减少
  C. 负债及所有者权益的增加   D. 负债及所有者权益的减少
3. 在借贷记账法下，账户贷方登记的内容有（　　）
  A. 资产的增加   B. 负债及所有者权益的增加
  C. 收入的减少   D. 费用的增加
4. 会计科目的设置原则有（　　）
  A. 合法性   B. 合理性
  C. 相关性   D. 实用性

四、判断题
1. 企业在不违反国家统一会计制度的前提下，可以根据实际情况自行增设、减少或合并某些会计科目。　　　　　　　　　　　　　　　　　　　　　　　　（　　）
2. 借贷记账法中的"借""贷"分别表示债权和债务。　　　　　　　　　　（　　）
3. 只要实现了期初余额、本期发生额和期末余额的平衡关系，就说明账户记录正确。
　　　　　　　　　　　　　　　　　　　　　　　　　　　　　　　　　（　　）
4. 借贷记账法下，账户的借方记录资产的增加或权益的减少，贷方记录资产的减少或权益的增加。　　　　　　　　　　　　　　　　　　　　　　　　　（　　）
5. 收入类账户期末无余额。　　　　　　　　　　　　　　　　　　　　（　　）
6. 反映未分配利润的账户为"本年利润""利润分配"账户。　　　　　　　（　　）
7. "预收账款"属于资产类账户，"预付账款"属于负债类账户。　　　　　（　　）

8. 企业、事业、机关等单位一般都应单独设置会计机构，但一些规模较小，业务简单的单位，也可以不单独设置会计机构。（   ）

五、简答题

1. 简述会计等式。

2. 简述会计科目与账户之间的关系。

3. 为什么一笔经济业务必须同时在两个或者两个以上的账户中相互联系地进行登记？

六、业务处理题

1. 填写下列账户的本期发生额和期末余额。

（1）

原材料

期初余额	258 000		
	470 000		
	342 000		650 000
	96 000		120 000
本期发生额	（ ）	本期发生额	（ ）
期末余额	（ ）		

（2）

短期借款

		期初余额	400 000
	400 000		200 000
	200 000		300 000
本期发生额	（ ）	本期发生额	（ ）
		期末余额	（ ）

（3）

主营业务收入

			150 000
			300 000
	900 000		450 000
本期发生额	（ ）	本期发生额	（ ）
期末余额	（ ）		

2. 运用总账与明细账平行登记的原理，将有关账户中的空缺数字填列齐全。

总分类账户：

原材料

期初余额	480 000		
本期发生额	（ ）	本期发生额	860 000
期末余额	310 000		

明细分类账：

(1)

原材料——A材料

期初余额　　　　176 000	
本期发生额　　　320 000	本期发生额　（　　　）
期末余额　（　　　）	

(2)

原材料——B材料

期初余额　（　　　）	
本期发生额　　　213 000	本期发生额　　298 000
期末余额　（　　　）	

(3)

原材料——C材料

期初余额　　　　115 000	
本期发生额　（　　　）	本期发生额　（　　　）
期末余额　　　　76 000	

3. 南方公司2017年8月31日调整前有关账户的余额如表2-4所示。

表2-4　南方公司有关账户余额表　　　　　　　　　　单位：元

账户名称	余额	账户名称	余额
现金	7 500	累计折旧	40 000
银行存款	150 000	应付账款	120 500
原材料	130 000	短期借款	120 000
固定资产	560 000	应交税金	1 200
产成品	70 000	实收资本	380 000
管理费用	58 000	主营业务收入	1 800 000
主营业务成本	1 400 000	利润分配——未分配利润	20 000
营业费用——广告费	105 000	待摊费用——预付保险费	1200

2017年8月末调整事项如下。

(1) 1月份预付的财产保险费2 400元，本月应负担200元。

(2) 本月应负担仓库租金8 000元。

(3) 本月应收银行存款利息6 200元。

(4) 本月企业管理部门应提折旧15 000元。

(5) 应计本月借款利息6 000元。

要求：

（1）用以上给出的余额开设丁字账户。

（2）编制调整分录，并计入丁字账户。

（3）编制有关结账分录，计入丁字账户，并结出每个账户的发生额和余额。

第三章 会计凭证

引导案例

我们身边关于会计凭证的案例

开学了,你缴纳学费后,学校会给你一张收款发票。如果你将学费交到银行,需取回一张缴款回单。你为参加学校运动会的同学购买运动衣,要取得购货发票,交给负责记账的同学来记账。

讨论与思考:

1. 什么是会计凭证?
2. 在日常生活中,我们还看到什么凭证?
3. 会计凭证能起哪些作用?

第一节 会计凭证概述

一、会计凭证的含义

会计凭证是用来记录经济业务,明确经济责任,并作为登记账簿依据的书面证明文件,是重要的会计资料。填制和审核会计凭证,是会计工作的开始,也是会计对经济业务进行监督的重要环节。

为了保证会计信息的真实性、可靠性和可稽核性,任何单位在发生任何经济业务时,都必须由执行和完成该项经纪业务的有关人员从外单位取得或自行填制有关凭证,以书面形式记录和证明所发生经济业务的性质、内容、金额等,并在凭证上签名或盖章。

在实际工作中,购买物品时由供货单位开出的发票、支付款项时由收款单位开给的收据、财产收发时由经办人员开出的收货单和发货单等,都属于会计凭证。

二、会计凭证的作用

会计凭证是会计信息的载体之一,会计核算工作程序主要包括"凭证—账簿—报表"三个步骤,会计凭证则是其中的起点和基础。也就是说,填制、取得并审核会计凭证是会计循环全过程中的初始阶段和最基本的环节,这个环节的工作正确与否,直接关系到会计循环中其他步骤内容的正确性。所以,在会计核算过程中,会计凭证具有非常重要的作用。

▶ 1. 填制、取得会计凭证,可以及时、正确地反映各项经济业务的完成情况

通过会计凭证的填制,可以将日常所发生的大量的经济业务真实地记录下来,通过分类与汇总,作为登记账簿的依据,同时会计凭证也是经济活动分析和会计检查的重要原始依据。

▶ 2. 审核会计凭证,可以更有力地发挥会计的监督作用,使会计记录合理合法

通过会计凭证的审核,可以检查单位的各项经济业务是否符合国家的法规、制度和计划;是否具有最好的经济效益;有无铺张、浪费、贪污、盗窃等损害公共财产的行为发生;有无违反财经纪律的现象。可以及时发现经济管理中存在的问题,从而可以防止违法乱纪、损害公共利益的行为发生,改善经营管理,提高经济效益。

▶ 3. 填制和审核会计凭证,可以加强经济管理中的责任制

由于会计凭证载明了经济业务的内容、发生的时间及经办人员的签章,可以确定经办单位及经办人员的责任。即使发生了问题,也易于弄清情况,区分责任,做出正确的裁决。

三、会计凭证的种类

会计凭证按照编制程序和用途的不同,可分为原始凭证和记账凭证。

第二节 原 始 凭 证

一、原始凭证的含义

所谓原始凭证,是在经济业务发生时填制或取得的,用以记录或证明经济业务的发生或完成情况的文字凭据。

原始凭证是进行会计核算的原始资料和重要依据,一切经济业务的发生都应由经办部门或经办人员向会计部门提供能够证明该项经济业务已经发生或已经完成的书面单据,以明确经济责任,并作为编制记账凭证的原始依据。原始凭证不仅是一切会计事项的入账根据,而且也是企业单位加强内部控制所常使用的手段之一。

二、原始凭证的分类

原始凭证的分类如图 3-1 所示。

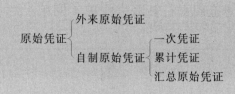

图 3-1 原始凭证的分类

按照取得的来源不同,原始凭证可以分为外来原始凭证和自制原始凭证。

(一)外来原始凭证

外来原始凭证是指在同外单位发生经济业务往来时,从外单位取得的凭证,外来原始凭证一般都属于一次凭证。例如,从供应单位取得的购货增值税专用发票(见图 3-2)、上缴税金的收据、乘坐交通工具的票据、银行转账进账单(见图 3-3)等。

增值税专用发票

开票日期:

购货单位	名　　称:		密码区	(略)	第三联:发票联 购货方记账凭证
	纳税人识别号:				
	地　址、电　话:				
	开户行及账号:				
货物或应税劳务名称	规格型号	单位	数量	单价	金额	税率	税额
合　计							
价税合计(大写)	⊗		(小写)	
销货单位	名　　称:		备注	
	纳税人识别号:			
	地　址、电　话:			
	开户行及账号:			

收款人:　　　　　　复核:　　　　　　开票人:　　　　　　销货单位:(章)

图 3-2 增值税专用发票

(二)自制原始凭证

自制原始凭证是指由本单位内部经办业务的部门或人员,在办理某项经济业务时自行填制的凭证,如领料单(见表 3-1)、收料单(见表 3-2)和产品入库单等。

表 3-1 领 料 单

领料单位:　　　　　　　　　　　年 月 日　　　　　　　　　　　编号:
用途:　　　　　　　　　　　　　　　　　　　　　　　　　　　　　仓库:

材料编号	材料名称及规格	计量单位	数量		价格		备注
			请领	实领	单价	金额	

领料单位负责人:　　　　领料人:　　　　发料人:　　　　制单:

中国工商银行转账进账单（回单）

年　月　日

收款人	全　称		付款人	全　称												此联是收款人开户银行交给收款人的回单或收账通知
	账　号			账　号												
	开户银行			开户银行												
人民币（大写）						千	百	十	万	千	百	十	元	角	分	
票据种类																
票据张数																
单位主管　　会计　　复核　　记账								收款人开户行盖章								

图 3-3　银行转账进账单

表 3-2　收　料　单

供货单位：
发票号码：　　　　　　　　　　年　月　日　　　　　　　　编号：

材料编号	材料名称及规格	计量单位	数　量		价　格		备注
			应收	实收	单价	金额	

领料人：　　　　　　　　　　　　　　　　　　　　　　　　　　交料人：

按照填制手续和完成情况的不同，自制原始凭证可以分为一次凭证、累计凭证和汇总原始凭证。

▶ 1. 一次凭证

一次凭证是指一次填制完成、只记录一笔经济业务的原始凭证。例如，企业购进材料验收入库时，由仓库保管人员填制的收料单，车间、班组等向仓库领料时填制的领料单等都是一次凭证。

▶ 2. 累计凭证

累计凭证是指在一定时期内多次记载若干项同类性质的经济业务，其填制手续是随着经济业务发生而分次（多次）完成的凭证，如限额领料单（见表3-3）等。

表 3-3　限额领料单

领料部门：　　　　　　　　　　　　　　　　　　　　　　　　　　　发料仓库：
用　　途：　　　　　　　　　　　年　月　　　　　　　　　　　　　编　　号：

材料类别	材料编号	材料名称及规格	计量单位	领料限额	实际领用	单价	金额	备注

日期	请领		实发			限额结余	退库	
	数量	签章	数量	发料人	领料人		数量	退库单
合计								

供应部门负责人：　　　　　　　　生产计划部门负责人：　　　　　　　　仓库负责人：

▶ 3. 汇总原始凭证

汇总原始凭证是指在会计核算工作中，为简化记账凭证的编制工作，将一定时期内若干份记录同类经济业务的原始凭证加以汇总，用以集中反映某项经济业务总括发生情况的会计凭证，如发料凭证汇总表（见表3-4）、工资结算汇总表、差旅费报销单等。编制汇总原始凭证可以简化编制凭证的手续，但它本身不具备法律效力。

表 3-4　发料凭证汇总表
年　月　日

会计科目	领料部门	领用材料			
		原材料	包装物	低值易耗品	合计
生产部门	一车间				
	二车间				
	小计				
	供电车间				
	供水车间				
	小计				
制造费用	一车间				
	二车间				
	小计				
管理费用	行政部门				

三、原始凭证的基本内容

经济业务是多种多样的,因此记录经济业务的各种原始凭证也不尽相同。但是无论哪一种原始凭证,其在会计核算中的作用都是一样的。一般来说,原始凭证必须包括以下基本内容。

(1)原始凭证的名称,如增值税专用发票、限额领料单等。通过原始凭证的名称,能基本体现该凭证所反映的经济业务类型。

(2)原始凭证的日期和编号。

(3)填制原始凭证的单位或个人名称。

(4)接受原始凭证的单位名称。

(5)经济业务的内容。原始凭证对经济业务内容的反映,可以通过原始凭证内专设的"内容摘要"栏进行,如收据、通用发票等;也可以通过原始凭证本身来体现,如飞机票等。

(6)经济业务的数量、单价和金额。这是完整地反映经济活动所必需的,也是会计记录所要求的。

(7)经办人员的签字或盖章。如果是外来的原始凭证,还要有填制单位的财务专用章或公章。

(8)凭证附件。

四、原始凭证的填制要求

各种原始凭证所反映的基本内容是进行会计信息加工处理过程中所涉及的最基本的原始资料,所以填制或取得原始凭证这个环节的工作正确与否,是至关重要的。为了保证整个会计信息系统所产生的相关资料的真实性、正确性和及时性,必须按要求填制或取得原始凭证。由于原始凭证的具体内容、格式不同,产生的渠道也不同,因此其填制或取得的具体要求也有一定的区别,但从总体要求来看,按照《中华人民共和国会计法》和《会计基础工作规范》的规定,原始凭证的填制或取得必须符合下述几项基本要求。

(一)原始凭证反映的具体内容要真实可靠

填写原始凭证,必须符合真实性会计原则的要求,原始凭证上所记载的内容必须与实际发生的经济业务内容相一致,实事求是、严肃认真地进行填写,为了保证原始凭证的记录真实、可靠,经办业务的部门或人员都要在原始凭证上签字或盖章,对凭证的真实性和正确性负责。

(二)原始凭证所反映的内容要完整,项目要齐全,手续要完备

原始凭证上有很多具体内容,所以,在填写原始凭证时,对于其基本内容和补充资料都要按照规定的格式、内容逐项填写齐全,不得漏填或省略不填。特别是有关签字盖章部分,自制的原始凭证必须有经办部门负责人或指定人员的签字或盖章,从外单位或个人取得的原始凭证,必须有填制单位公章或个人签字盖章,对外开出的原始凭证必须加盖本单位公章。

（三）原始凭证的书写要简洁、清楚，符合会计基础规范的要求

原始凭证上的文字，要按规定要求书写，字迹要工整、清晰，易于辨认，不得使用未经国务院颁布的简化字。合计的小写金额前要冠以人民币"¥"（用外币计价、结算的凭证，金额前要加注外币符号，如"HK＄""US＄"等），币值符号与阿拉伯数字之间不得留有空白；所有以"元"为单位的阿拉伯数字，除表示单价等情况外，一律填写到角分，无角分的要以"0"补位。汉字大写金额数字，一律用正楷或行书写就，如壹、贰、叁、肆、伍、陆、柒、捌、玖、拾、佰、仟、万、亿、元（圆）、角、分、零、整（正）。大写金额最后为"元"的应加写"整"（或"正"）字断尾。

（1）阿拉伯金额数字中间有"0"时，汉字大写金额要写"零"字，如¥5 407.30，汉字大写金额应写成"人民币伍仟肆佰零柒元叁角"。

（2）阿拉伯金额数字中间连续有几个"0"时，汉字大写金额中可以只写一个"零"字，如¥6 004.15，汉字大写金额应写成"人民币陆仟零肆元壹角伍分"。

（3）阿拉伯金额数字万位或元位是"0"，或者数字中间连续有几个"0"，元位也是"0"，但千位、角位不是"0"时，汉字大写金额中可以只写一个"零"字，也可以不写"零"字，如¥8 150.32，应写成"人民币捌仟壹佰伍拾元零叁角贰分"或者写成"人民币捌仟壹佰伍拾元叁角贰分"；又如¥701 000.53，应写成"人民币柒拾万壹仟元零伍角叁分"或者写成"人民币柒拾万零壹仟元伍角叁分"。

（4）阿拉伯金额数字角位是"0"，而分位不是"0"时，汉字大写金额"元"后面应写"零"字，如¥61 409.02，应写成"人民币陆万壹仟肆佰零玖元零贰分"。

在填写原始凭证的过程中，如果发生错误，应采用正确的方法予以更正，不得随意涂改、刮擦凭证。如果原始凭证上的金额发生错误，则不得在原始凭证上更改，而应由出具单位重开。如果支票等重要的原始凭证填写错误，一律不得在凭证上更正，应按规定的手续注销留存，另行重新填写。

（四）原始凭证要及时填制并按照规定的程序进行传递

按照及时性会计原则的要求，企业经办业务的部门或人员应根据经济业务的发生或完成情况，在有关制度规定的范围内，及时地填制或取得原始凭证，并按照规定的程序及时送交会计部门，经过会计部门审核之后，据以编制记账凭证。

五、原始凭证的审核

原始凭证在填制或取得的过程中，由于种种原因，难免会出现各种错误。为了保证原始凭证的真实性、完整性和合法性，充分发挥会计的监督职能，会计机构、会计人员必须对原始凭证进行严格的审核，只有经过严格审核合格的原始凭证，才能作为编制记账凭证和登记账簿的依据。

《会计法》第14条规定："会计机构、会计人员必须按照国家统一的会计制度的规定对原始凭证进行审核，对不真实、不合法的原始凭证有权不予接受，并向单位负责人报告；对记载不准确、不完整的原始凭证予以退回，并要求按照国家统一的会计制度的规定更正、补充。"《会计法》的这条规定赋予了会计人员相应的监督权限，为企业会计人员严肃、认真地审核原始凭证提供了法律上的依据。原始凭证的审核，主要包括审核原始凭证的真实性、完整性和合法性三个方面。

（一）审核原始凭证的真实性

按照会计真实性原则的要求，原始凭证所记载的内容必须与实际发生的经济业务内容相一致，所以，审核原始凭证的真实性，就是要审核原始凭证所记载的与经济业务有关的当事单位和当事人是否真实，原始凭证的填制日期、经济业务内容、数量及金额是否与实际情况相符等。

（二）审核原始凭证的完整性

原始凭证所反映的内容包括很多项目，所以，在审核时要注意审核原始凭证填制的内容是否完整，应该填列的项目有无遗漏，有关手续是否齐全，金额的大小写是否相符，特别是有关签字或盖章是否都已具备等。

（三）审核原始凭证的合法性

审核原始凭证的合法性就是审核原始凭证所反映的经济业务内容是否符合国家政策、法律法规、财务制度和计划的规定，成本费用列支的范围、标准是否按规定执行，有无违反财经纪律、贪污盗窃、虚报冒领、伪造凭证等违法乱纪行为。

会计机构、会计人员在审核原始凭证时，对于不真实、不合法的原始凭证，如伪造或涂改的原始凭证等，有权不予受理，并向单位负责人报告，请求查明原因，追究当事人的责任，进行严肃处理；对于不合法、不合规定的一切开支，会计人员有权拒绝付款和报销；对于记载不准确、不完整的原始凭证，应予以退回，并要求经办人员按照国家统一的会计制度的规定进行更正、补充。

第三节 记账凭证

一、记账凭证的含义

记账凭证是会计人员根据审核无误的原始凭证及有关资料按记账的要求归类整理而编制的，是登记账簿的直接依据。

二、记账凭证的分类

记账凭证按照不同的分类标准可以分为不同类别。

（一）记账凭证按其反映的经济业务内容的不同分类

记账凭证按其反映的经济业务内容的不同，可以分为收款凭证、付款凭证和转账凭证三种。

▶ 1. 收款凭证

收款凭证是用来反映货币资金增加的经济业务而编制的记账凭证，也就是记录现金和银行存款等收款业务的凭证。例如，2017年12月30日收到银行通知，收到南平公司汇来的上月销货欠款 125 000 元,编制收款凭证如表 3-5 所示。

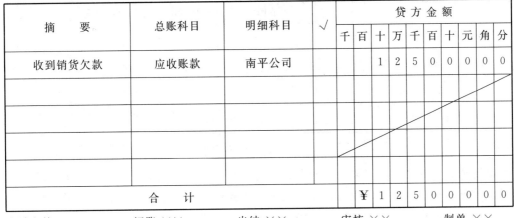

表 3-5　收 款 凭 证

借方科目:银行存款　　　　2017 年 12 月 30 日　　　　银收字第 30 号

摘要	总账科目	明细科目	√	贷方金额 千 百 十 万 千 百 十 元 角 分	
收到销货欠款	应收账款	南平公司		1 2 5 0 0 0 0 0	附单据1张
合　　计				¥ 　1 2 5 0 0 0 0 0	

会计主管 ××　　　记账 ××　　　出纳 ××　　　审核 ××　　　制单 ××

▶ 2. 付款凭证

付款凭证是用来反映货币资金减少的经济业务而编制的记账凭证,也就是记录现金和银行存款等付款业务的凭证。例如,用现金购买办公用品 1 200 元,编制现金付款凭证如表 3-6 所示。

表 3-6　付 款 凭 证

贷方科目:库存现金　　　　2017 年 10 月 15 日　　　　现付字第 16 号

摘要	借方		金额	
	总账科目	明细科目	千 百 十 万 千 百 十 元 角 分	
购买办公用品	管理费用	办公用费	1 2 0 0 0 0	
合　　计			1 2 0 0 0 0	

会计主管 ××　　　记账 ××　　　出纳 ××　　　审核 ××　　　制单 ××

收款凭证、付款凭证既是登记现金、银行存款日记账和有关明细账的依据,也是出纳员办理收、付款项的依据。

▶ 3. 转账凭证

转账凭证是用来反映不涉及货币资金增减变动的经济业务而编制的记账凭证,也就是记录与现金、银行存款的收付款业务没有关系的转账业务的凭证。例如,计提固定资产折旧 10 000 元,车间固定资产折旧 7 000 元,行政管理部门固定资产折旧 3 000 元,编制转账凭证如表 3-7 所示。

表 3-7　转 账 凭 证

2017 年 10 月 31 日　　　　　　　　　　　　　　　　　　转字第 110 号

摘要	总账科目	明细科目	✓	借方金额 千 百 十 万 千 百 十 元 角 分	✓	贷方金额 千 百 十 万 千 百 十 元 角 分
计提本月折旧	制造费用			7 0 0 0 0 0		
	管理费用			3 0 0 0 0 0		
	累计折旧					1 0 0 0 0 0 0
合　　计				1 0 0 0 0 0 0		1 0 0 0 0 0 0

会计主管 ××　　　　记账 ××　　　　审核 ××　　　　制单 ××

收款凭证、付款凭证、转账凭证的划分，有利于区分不同经济业务进行分类管理，有利于经济业务的检查，适用于规模较大、收付款业务较多的单位。对于经济业务较少的单位可以采用通用记账凭证来记录所有经济业务，具体格式如表 3-8 所示。

表 3-8　通用记账凭证

2017 年 10 月 31 日　　　　　　　　　　　　　　　　　　记字第 110 号

摘要	总账科目	明细科目	✓	借方金额 千 百 十 万 千 百 十 元 角 分	✓	贷方金额 千 百 十 万 千 百 十 元 角 分
销售产品	银行存款			2 3 4 0 0 0		
	主营业务收入					2 0 0 0 0 0
	应交税金	应交增值税				3 4 0 0 0
合　　计				2 3 4 0 0 0		2 3 4 0 0 0

会计主管 ××　　记账 ××　　出纳 ××　　审核 ××　　制单 ××

（二）记账凭证按其是否需要经过汇总分类

记账凭证按其是否需要经过汇总分类，可以分为汇总记账凭证和非汇总记账凭证。

▶ 1. 汇总记账凭证

汇总记账凭证，是根据一定时期内单一的记账凭证按一定的方法加以汇总而重新填制的凭证，包括分类汇总记账凭证和全部汇总记账凭证。分类汇总记账凭证是按照收款、付款和转账凭证分别加以汇总编制出汇总收款凭证、汇总付款凭证和汇总转账凭证；全部汇总记账凭证是根据平时编制的全部记账凭证按照相同科目归类汇总其借、贷方发生额而编制的，一般称为科目汇总表或记账凭证汇总表。无论是分类汇总记账凭证还是全部汇总记账凭证，其目的都是简化登记总账的工作。

▶ 2. 非汇总记账凭证

非汇总记账凭证，是根据原始凭证编制的只反映某项经济业务会计分录而没有经过汇总的记账凭证。前面介绍的收款凭证、付款凭证、转账凭证和通用记账凭证等均属于非汇总记账凭证。

(三) 记账凭证按其包括的会计科目是否单一分类

记账凭证按其包括的会计科目是否单一分类,可以分为单式记账凭证和复式记账凭证。

▶ 1. 单式记账凭证

单式记账凭证,又称单科目凭证,是指每张记账凭证只填列一个会计科目,其对方科目只供参考,不凭以记账的凭证。填列借方科目的称为借项记账凭证,填列贷方科目的称为贷项记账凭证。采用单式记账凭证,由于一张凭证只填列一个会计科目,因此,使用单式记账凭证便于汇总每个会计科目的发生额和进行分工记账,但在一张凭证上反映不出经济业务的全貌,也不便于查账。

▶ 2. 复式记账凭证

复式记账凭证,是指将每一笔经济业务事项所涉及的全部会计科目及其发生额均在同一张记账凭证中反映的一种凭证。

三、记账凭证的基本内容

记账凭证的一个重要作用就在于将审核无误的原始凭证中所载有的原始数据通过编制会计分录而转换为会计账簿所能接受的专有语言,从而成为登记账簿的直接依据,完成第一次会计确认。因此,虽然记账凭证种类不同,格式各异,但一般要包括以下基本内容。

(1) 记账凭证的名称,如收款凭证、付款凭证、转账凭证等。

(2) 记账凭证的填制日期,一般用年、月、日表示。要注意的是,记账凭证的填制日期不一定就是经济业务发生的日期。

(3) 记账凭证的编号。

(4) 经济业务的内容摘要。由于记账凭证是对原始凭证直接处理的结果,所以只需将原始凭证上的内容简明扼要地在记账凭证中予以说明即可。

(5) 经济业务所涉及的会计科目、借贷方向及金额,这是记账凭证中所要反映的主要内容。

(6) 所附原始凭证的张数,以便日后查证。

(7) 有关人员的签字或盖章。

四、记账凭证的填制要求

在填制记账凭证时,必须做到真实可靠、内容完整、格式统一、编制及时、会计科目运用正确。除此之外,记账凭证的填制还要符合以下几项特殊要求。

(1) 必须根据审核无误的原始凭证填制记账凭证。除填制更正错账、编制结账分录和按权责发生制要求编制的调整分录的记账凭证可以不附原始凭证以外,其余的记账凭证一般都应该附有原始凭证,同时,还应在记账凭证中注明所附原始凭证的张数,以便日后查阅。如果一张原始凭证同时涉及几张记账凭证,应将其附在一张主要的记账凭证的后面,并在其他原始凭证中予以说明。

(2) 必须采用科学的方法对记账凭证进行编号。编号的目的是分清记账凭证的先后顺序,便于登记账簿和日后记账凭证与会计账簿之间的核对,并防止散失。在使用通用记账凭证的企业里,可按经济业务发生的先后顺序分月按自然数1、2、3…的顺序编号。在使用收款凭证、付款凭证和转账凭证的企业里，可以采用字号编号法，即按照专用记账凭证的类别顺序分别进行编号，例如，收字第×号、付字第×号、转字第×号等；也可采用双重编号法，即按总字顺序编号与按类别顺序编号相结合，例如，某收款凭证为"总字第×号，收字第×号"。一笔经济业务，如果需要编制多张专用记账凭证时，可采用分数编号法，例如，一笔经济业务需要编制两张转账凭证，凭证的顺序号为 10 号时，其编号可为转字第 $10\frac{1}{2}$ 号、转字第 $10\frac{2}{2}$ 号，前面的整数表示业务顺序，后面的分数分别表示两张中的第一张和第二张。不论采用哪种凭证编号方法，每月末最后一张记账凭证的编号旁边要加注"全"字，以免凭证散失。

（3）在采用专用记账凭证的企业中，对于从银行提取现金或将现金存入银行等货币资金内部相互划转的经济业务，为了避免重复记账，按照惯例一般只编制付款凭证，不编制收款凭证。也就是说，从银行提取现金，只编制银行存款的付款凭证；将现金存入银行，只编制现金的付款凭证；在同一项经济业务中，如果既有现金或银行存款的收付内容，又有转账内容时，应分别填制收款凭证、付款凭证和转账凭证。

（4）记账凭证填制完毕，应进行复核与检查，并按所使用的方法进行试算平衡。实行会计电算化的企业单位，其机制记账凭证应当符合记账凭证的一般要求。无论是印刷的记账凭证，还是机制记账凭证，都要加盖制单人员、审核人员、记账人员、会计机构负责人等的印章或签字，以明确各自的责任。

五、记账凭证的审核

为了正确登记账簿和监督经济业务，除了在记账凭证的编制过程中，有关人员应认真负责、正确填制、加强自审之外，还要对记账凭证建立综合审核制度。记账凭证审核的主要内容如下。

（1）记账凭证是否附有原始凭证；原始凭证是否齐全，记账凭证上填写的附件张数与实际原始凭证张数是否相符；记账凭证的内容与所附原始凭证的内容是否相符。

（2）会计科目的应用是否正确；二级科目或明细科目是否齐全；会计科目的对应关系是否清晰；金额的计算是否正确。

（3）审核记账凭证的各项目填写是否齐全，如日期、凭证编号、摘要、会计科目、金额、附原始凭证张数及有关人员签章等。

在记账凭证的审核过程中，如果发现差错，应查明原因，按照规定的办法及时处理和更正。只有经过审核无误的记账凭证，才能作为登记账簿的直接依据。

第四节 会计凭证的传递和保管

一、会计凭证的传递

会计凭证的传递，是指凭证从取得或填制时起，经过审核、记账、装订到归档保管时止，在单位内部各有关部门和人员之间按规定的时间、路线办理业务手续和进行处理的过程。

正确、合理地组织会计凭证的传递，对于及时处理和登记经济业务，协调单位内部各部门、各环节的工作，加强经营管理的岗位责任制，实行会计监督，具有重要作用。

会计凭证的传递主要包括传递路线、传递时间和传递手续三个方面的内容。

▶ 1. 会计凭证的传递路线

各单位应根据经济业务的特点、机构设置、人员分工情况，以及经营管理上的需要，明确规定会计凭证的传递及其流程。既要使会计凭证经过必要的环节进行审核和处理，又要避免会计凭证在不必要的环节停留，从而保证会计凭证沿着最简捷、最合理的路线传递。

▶ 2. 会计凭证的传递时间

会计凭证的传递时间，是指各种凭证在各经办部门、环节所停留的最长时间。它应考虑各部门和有关人员在正常情况下办理经济业务所需时间来合理确定。明确会计凭证的传递时间，能防止拖延处理和积压凭证，保证会计工作的正常秩序，提高工作效率。一切会计凭证的传递和处理，都应在报告期内完成。否则，将会影响会计核算的及时性。

▶ 3. 会计凭证的传递手续

会计凭证的传递手续，是指在凭证传递过程中的衔接手续。应该做到既完备严密，又简便易行。凭证的收发、交接都应按一定的手续制度办理，以保证会计凭证的安全和完整。

为了确保会计凭证的传递工作正常有序，以更好地发挥会计凭证的作用，企业内部应制定出一套合理的会计凭证传递制度，使凭证传递的整个过程环环相扣，从而加速经济业务的处理进程，保证会计部门迅速、及时地取得和处理会计凭证，提高各项工作的效率，充分发挥会计监督作用。

二、会计凭证的保管

会计凭证的保管，是指会计凭证登账后的整理、装订和归档存查。会计凭证是记账的依据，是重要的经济档案和历史资料，所以对会计凭证必须妥善整理和保管，不得丢失或任意销毁。为了保管好会计凭证，更好地发挥会计凭证的作用，《会计基础工作规范》第55条对此做了明确的规定，具体可归纳为以下几点。

（一）会计凭证的整理归类

会计部门在记账以后，应定期（一般为每月）将会计凭证加以归类整理，即把记账凭证及其所附原始凭证，按记账凭证的编号顺序进行整理，在确保记账凭证及其所附原始凭证完整无缺后，将其折叠整齐，加上封面、封底，装订成册，并在装订线上加贴封签，以防散失和任意拆装。封面上要注明单位名称、凭证种类、所属年月和起讫日期、起讫号码、凭证张数等。会计主管或指定装订人员要在装订线封签处签名或盖章，然后入档保管。

对于数量过多或各种随时需要查阅的原始凭证，可以单独装订保管，在封面上注明记账凭证的日期、编号、种类，同时在记账凭证上注明"附件另订"字样。各种经济合同和重要的涉外文件等凭证，应另编目录，单独登记保管，并在有关记账凭证和原始凭证上注明。

（二）会计凭证的造册归档

每年的会计凭证都应由会计部门按照归档的要求，负责整理立卷或装订成册。当年的会计凭证，在会计年度终了后，可暂由会计部门保管一年，期满后，原则上应由会计部门编造清册移交本单位档案部门保管。档案部门接收的会计凭证，原则上要保持原卷册的封装，个别需要拆封重新整理的，应由会计部门和经办人员共同拆封整理，以明确责任。会计凭证必须做到妥善保管、存放有序、查找方便，并要严防毁损、丢失和泄密。

（三）会计凭证的借阅

会计凭证原则上不得借出，如有特殊需要，须报请批准，但不得拆散原卷册，并应限期归还。需要查阅已入档的会计凭证时，必须办理借阅手续。其他单位因特殊原因需要使用原始凭证时，经本单位负责人批准，可以复制。但向外单位提供的原始凭证复印件，应在专设的登记簿上登记，并由提供人员和收取人员共同签名或盖章。

（四）会计凭证的销毁

会计凭证的保管期限一般为 15 年。保管期未满，任何人都不得随意销毁会计凭证。按规定销毁会计凭证时，必须开列清单，报经批准后，由档案部门和会计部门共同派员监销。在销毁会计凭证前，监督销毁人员应认真清点核对，销毁后，在销毁清册上签名或盖章，并将监销情况报本单位负责人。

同步检测练习

一、名词解释

原始凭证　记账凭证　一次凭证　累计凭证　收款凭证　付款凭证　转账凭证　外来凭证　自制凭证　会计凭证的传递

二、单项选择题

1. 下列凭证中，（　　）属于外来原始凭证。

   A. 购货发票　　　　　　　　　　　　B. 领料单

   C. 销货发票　　　　　　　　　　　　D. 工资结算单

2. 下列凭证中，（　　）属于自制原始凭证。

   A. 银行付款通知单　　　　　　　　　B. 购货发票

   C. 销货发票　　　　　　　　　　　　D. 上缴税金收据

3. 下列单据中，不能作为原始凭证的是（　　）。

   A. 发票　　　　　　　　　　　　　　B. 领料单

C. 银行存款余额调节表　　　　　　　D. 工资结算汇总表

4. 一张单式记账凭证一般填列（　　）会计科目的凭证。

A. 1个　　　　　　　　　　　　　　B. 2个

C. 3个　　　　　　　　　　　　　　D. 2个以上

5. 将现金存入银行，应该填制（　　）。

A. 银收字记账凭证　　　　　　　　　B. 现付字记账凭证

C. 转账凭证　　　　　　　　　　　　D. 单式凭证

6. 销售产品收到商业汇票一张，应该填制（　　）。

A. 银收字记账凭证　　　　　　　　　B. 现付字记账凭证

C. 转账凭证　　　　　　　　　　　　D. 单式凭证

7. 审核记账凭证时，一般不包括（　　）。

A. 记账凭证是否附有原始凭证，是否同所附原始凭证的内容相符合

B. 记账凭证的时间是否与原始凭证的时间一致

C. 根据原始凭证所做的会计科目和金额是否正确

D. 规定的项目是否填列齐全，有关负责人是否签名或盖章

8. 下列不能作为会计核算的原始凭证的是（　　）。

A. 发货票　　　　　　　　　　　　　B. 合同书

C. 入库单　　　　　　　　　　　　　D. 领料单

9. 货币资金之间的划转业务只编制（　　）。

A. 付款凭证　　　　　　　　　　　　B. 收款凭证

C. 转账凭证　　　　　　　　　　　　D. 记账凭证

10. 原始凭证是在（　　）时取得的。

A. 经济业务发生　　　　　　　　　　B. 填制记账凭证

C. 登记总账　　　　　　　　　　　　D. 登记明细账

三、多项选择题

1. 收料单属于（　　）。

A. 外来原始凭证　　B. 自制原始凭证

C. 一次凭证　　　　D. 累计凭证　　　E. 记账凭证

2. 限额领料单属于（　　）。

A. 外来原始凭证　　B. 自制原始凭证

C. 一次凭证　　　　D. 累计凭证　　　E. 转账凭证

3. 原始凭证应具备的基本内容有（　　）。

A. 原始凭证的名称和填制日期　　　　B. 接受凭证单位名称

C. 经济业务的内容　　　　　　　　　D. 数量、单价和大小写金额

E. 填制单位和有关人员的签章

4. 记账凭证必须具备的基本内容有（　　）。

A. 记账凭证的名称　　　　　　　　　B. 填制日期和编号

C. 经济业务的简要说明　　　　　　D. 会计分录
E. 有关人员的签名和盖章

5. 单式记账凭证一般有（　　）。
A. 通用凭证　　　　B. 转账凭证
C. 借项凭证　　　　D. 贷项凭证　　　E. 汇总收款凭证

6. 如果某一笔经济业务需填制两张记账凭证，该凭证的顺序号为70号，则此两张记账凭证的编号应为（　　）。
A. 70(1)号　　　　B. 70(2)号
C. $70\frac{1}{2}$号　　　D. $70\frac{2}{2}$号　　　E. 均为70号

7. 汇总记账凭证有（　　）。
A. 汇总收款凭证　　B. 汇总付款凭证
C. 汇总转账凭证　　D. 科目汇总表　　E. 累计凭证

8. 下列经济业务中，应填制转账凭证的有（　　）。
A. 国家以厂房对企业投资　　　　B. 外商以货币资金对企业投资
C. 购买材料未付款　　　　　　　D. 销售商品收到商业汇票一张
E. 支付前欠某单位账款

9. 下列经济业务中，应填制付款凭证的有（　　）。
A. 提现金备用　　　　　　　　　B. 购买材料预付定金
C. 购买材料未付款　　　　　　　D. 以存款支付前欠某单位账款
E. 将现金存入银行

10. 下列说法中，正确的有（　　）。
A. 原始凭证必须记录真实，内容完整
B. 一般原始凭证发生错误，必须按规定办法更正
C. 有关现金和银行存款的收支凭证，如果填写错误，必须作废
D. 购买实物的原始凭证，必须有验收证明
E. 一式几联的原始凭证，应当注明各联的用途，只能用一联作为报销凭证

四、判断题

1. 原始凭证的填制不得使用圆珠笔填写。　　　　　　　　　　　　　　（　）
2. 转账业务即银行存款在不同企业单位的银行户之间的划转。　　　　（　）
3. 原始凭证和记账凭证都是具有法律效力的证明文件。　　　　　　　（　）
4. 采用累计原始凭证可以减少凭证的数量和记账的次数。　　　　　　（　）
5. 一张累计凭证可连续记录所发生的经济业务。　　　　　　　　　　（　）
6. 收款业务是指销售产品收取货款的业务。　　　　　　　　　　　　（　）
7. 记账凭证的编制依据是审核无误的原始凭证。　　　　　　　　　　（　）
8. 记账凭证的"过账"栏内用"√"表示已审核完毕。　　　　　　　　（　）
9. 汇总记账凭证即记账凭证汇总表，两者的编制方法相同。　　　　　（　）

10. 会计凭证的保管期满以后,企业可自行进行处理。   (   )

五、简答题

1. 什么是会计凭证?它有什么作用?

2. 什么是原始凭证?它的基本内容有哪些?填制原始凭证有什么要求?

3. 怎样审核原始凭证?发现有问题的原始凭证应如何进行处理?

4. 什么是记账凭证?它的基本内容有哪些?怎样填制记账凭证?

5. 记账凭证有哪些种类?各有何特点?

6. 怎样对记账凭证进行审核?

7. 什么是一次凭证、累计凭证?举例说明它们的特点。

8. 审核会计凭证主要应从哪些方面着手进行?

六、业务处理题

1. 某工厂第二车间生产需要42毫米普通圆钢,根据生产耗用定额及生产计划确定全月领用限额为26 000千克,购进单价为3.50元,本月实际领用情况如下:

(1) 4月1日,领用6 000千克。

(2) 4月8日,领用7 000千克。

(3) 4月15日,领用5 000千克。

(4) 4月26日,领用8 000千克。

要求:根据以上资料填制限额领料表(见表3-9)。

表3-9　限额领料单

领料部门:　　　　　　　　　　　　　　　　　　　　　　　　　　　　　发料仓库:
用　　途:　　　　　　　　　　　　　年　月　　　　　　　　　　　　　　编　号:

材料类别	材料编号	材料名称及规格	计量单位	领料限额	实际领用	单价	金额	备注

日期	请领		实发			限额结余	退库	
	数量	签章	数量	发料人	领料人		数量	退库单
合计								

供应部门负责人:　　　　　　　生产计划部门负责人:　　　　　　　仓库负责人:

2. 某企业5月发生如下经济业务:

(1) 2日,从银行提取现金2 000元以备零用。(银付501号)

(2) 4日,通过银行向华美公司预付材料款14 200元。(银付502号)

(3) 5日,采购员王峰预借差旅费1 000元,以现金付讫。(现付501号)

(4) 6日，向华兴工厂购入 A 材料一批，货款 54 000 元、增值税 9 180 元和运杂费 800 元已通过银行存款支付，材料已验收入库。（银付 503 号）

(5) 9日，领用 A 材料一批，其中生产甲产品耗用 27 000 元，管理部门一般耗用 12 000元。（转 501 号）

(6) 12日，计算职工工资。其中，生产工人工资 21 000 元，管理人员工资 14 000 元。（转 502 号）

(7) 18日，从银行提取现金 35 000 元，以备发工资。（银付 504 号）

(8) 18日，以现金 35 000 元发放职工工资。（现付 502 号）

(9) 20日，签发现金支票 500 元，供管理部门日常办公费用零星开支。（银付 505 号）

(10) 21日，采购员王峰回厂报销差旅费 760 元，余款以现金交回。（转 503 号，现收 501 号）

(11) 22日，收到华荣公司上月欠购货款 28 000 元，存入银行。（银收 501 号）

(12) 23日，向兴农公司销售甲产品一批，货款 46 000 元、增值税 7 820 元，款已从银行收讫。（银收 502 号）

(13) 24日，以 800 元银行存款支付销售产品的费用。（银付 506 号）

(14) 25日，按规定预提固定资产修理费，其中生产车间修理费 1 000 元，行政管理部门修理费 500 元。（转 504 号）

(15) 30日，按规定比例计提固定资产折旧额，其中生产车间应提折旧 4 000 元，企业行政管理部门应提折旧 1 200 元。（转 505 号）

(16) 30日，结转本月完工产品成本 40 000 元。（转 506 号）

(17) 30日，计算应交主营业务税金 11 000 元。（转 507 号）

(18) 30日，结转已售产品的制造成本 30 500 元。（转 508 号）

(19) 30日，结转主营业务收入 74 000 元，主营业务成本 39 500 元，管理费用 3 890 元，营业费用 1 000 元。（转 509 号及转 510 号）

要求：试根据以上资料编制专用记账凭证。

3. 天宁公司 2017 年发生以下经济业务：

(1) 收到银行通知，用银行存款支付到期的商业承兑汇票 100 000 元。

(2) 购入原材料一批，用银行存款支付货款 150 000 元及增值税 25 500 元，材料未到。

(3) 收到原材料一批，成本 100 000 元，材料已验收入库，货款已于上月支付。

(4) 销售产品一批，销售价款 300 000 元，增值税销项税按 17％ 的税率计算，该批产品的实际成本 180 000 元，产品已发出，货款及增值税款尚未收到。

(5) 公司将短期投资（全部为股票投资）15 000 元兑现，收到本金 15 000 元，投资收益 1 500 元，均存入银行。

(6) 购入不需要安装的设备 1 台，价款 85 470 元，支付的增值税 14 530 元，支付包装费、运杂费 1 000 元，价款及包装费、运杂费均以银行存款支付，设备已交付使用。

(7) 购入工程物资一批，价款 150 000 元（含已缴纳的增值税），已用银行存款支付。

（8）工程应付工资 200 000 元，应付职工福利费 28 000 元，其他应交款 100 000 元。

（9）一项工程完工，交付生产使用，已办理竣工手续，固定资产价值 1 400 000 元。

（10）从银行借入 3 年期借款 400 000 元，借款已入银行账户，该项借款用于购建固定资产。

要求：根据上述资料填制有关的自制原始凭证和编制有关的记账凭证。

第四章 会计账簿

引导案例

奥林巴斯承认做假账　丑闻惊动日本朝野

2011年11月8日,日本医用设备及数码相机制造商奥林巴斯公司承认,公司3名高管通过向咨询机构支付天价费用等方式来掩盖20世纪80年代以来投资证券所造成的亏损。这是该公司前首席执行官伍德福德一个月前披露天价咨询费丑闻以来,奥林巴斯首次承认违规行为。

此消息公布后,奥林巴斯在东京证交所挂牌交易的股票价格当日大幅下挫29%,最终收盘报734日元,创16年来收盘新低。自10月公司丑闻爆发以来,公司股价已经跌去约70%,市值蒸发约60亿美元。

奥林巴斯总裁高山修一8日在新闻发布会上对各界表示道歉。他说,公司前董事长菊川刚参与了掩盖亏损的行为。当天被解雇的执行副总裁森久志和主动辞职的当时审计部门领导人山田秀雄也参与其中。他表示,必要时公司将考虑对上述三人采取法律行动。

10月26日,菊川刚迫于压力宣布辞职。而揭露丑闻的伍德福德则于当月14日被解雇。

奥林巴斯在2008年收购英国医疗设备厂商Gyrus时,支付给咨询公司的咨询费高达660亿日元。2006—2008年,该公司还斥资734亿日元增持了国内三家公司的股份,借此掩盖亏损。公司2011年10月19日的公告显示,奥林巴斯于2009年减记了其中557亿日元资产,相当于上述并购总额的76%。股市日经225指数受奥林巴斯丑闻影响下跌1.27%。

目前,奥林巴斯已经组建了由6人组成的独立专家组,对公司会计造假丑闻进行调查。该专家组包括两名法官和一名退休检察官。不过,亡羊补牢之举明显未能平息各界对该公司"迟来认错"的怒火,同时也未能阻止事态的进一步恶化。

据彭博社8日报道,伍德福德表示,美国联邦调查局正在调查此事。而调查的核心集中于奥林巴斯支付给AXAM投资公司的巨额费用。这家公司在开曼群岛注册,虽然目前已经注销,但却与位于美国的一名日本银行家存在联系。

奥林巴斯丑闻还惊动了日本朝野。据路透社报道，日本执政党民主党高级官员久保努大8日表示，民主党已组建一个特别工作组，以重新评估日本的公司管理和资本市场，保证将采取一切措施避免类似会计造假丑闻再度发生。

伍德福德被解职后，公开表达了对奥林巴斯上述不当行为的质疑。但是奥林巴斯此前一直否认存在不当行为，并称尽管被收购的三家日本公司与该公司主营业务没有关系，但收购这些企业的目的是拓展盈利渠道。

日本富国互助生命保险公司表示，奥林巴斯在重蹈美国安然公司的覆辙，这一丑闻表明日本在会计领域缺乏透明度，且会拖累整体市场的表现。日本伊藤忠投资公司认为："奥林巴斯事件后果将十分严重。该公司既然承认了掩盖亏损数十年，那么这数十年来与此事相关的所有人员都应该负责。"该公司还称："奥林巴斯股票有被摘牌的严峻危险，该公司的前景非常暗淡。"此前，东京证交所表示，考虑将奥林巴斯列入退市观察名单。

资料来源：中国证券报，2011-11-09.

讨论与思考：
1. 什么是会计账簿？
2. 会计账簿由哪些内容组成？
3. 登记会计账簿的规则有哪些？

第一节 会计账簿概述

一、会计账簿的概念和作用

会计账簿是由一定格式相互联系的账页组成的，以经过审核的会计凭证为依据，全面、系统、连续地记录经济业务的簿籍。各单位应按照国家统一的会计制度的规定和会计业务的需要设置会计账簿。

设置和登记会计账簿，是会计循环的主要环节，是编制会计报表的基础，是连接会计凭证与会计报表的关键环节，是提供系统、全面的会计信息资料的重要手段，在会计核算过程中具有重要的作用。

（1）账簿记录可以全面、连续、系统地反映经济活动，提供全面、系统的会计信息。在会计核算中，通过会计凭证的填制和审核，能反映每一笔经济业务的发生、执行和完成情况。但是根据每笔经济业务填制的会计凭证对经济业务的反映是零散的、片面的，不能系统、完整地反映经济活动的变化和结果。通过设置账簿，可以将会计凭证所提供的大量分散的核算资料，加以归类整理，以便全面、连续、系统地反映经济活动情况。

（2）账簿记录是编制会计报表的依据，通过设置和登记账簿，可以将分散的会计凭证归类汇总，既能提供各类经济业务的总括核算资料，又能提供某类经济业务的明细核算资料；既能提供动态的核算资料，又能提供静态的核算资料。

（3）账簿记录是重要的经济档案，账簿是各单位会计档案的主要资料，也是经济档案的重要组成部分。

（4）账簿记录可以为经济监督提供依据。

二、会计账簿的种类

(一) 会计账簿按用途分类

会计账簿按用途分类，可以分为序时账簿、分类账簿和备查账簿。

▶ 1. 序时账簿

序时账簿也称日记账，是按照经济业务发生或完成的先后顺序逐笔逐日连续登记的账簿。目前，我国企业等单位设置的日记账一般有现金日记账、银行存款日记账。

▶ 2. 分类账簿

分类账簿，是对各项经济业务按照所涉及的账户进行分类登记的账簿。分类账簿按其提供的核算资料的详细程度不同，又可分为总分类账簿和明细分类账簿两种。总分类账簿是根据总分类科目开设的账户，用来分类登记全部经济业务，提供总括核算资料的分类账簿。明细分类账簿是根据总账科目设置，按其所属的二级科目或明细科目设置的账户，用来分类登记某一类经济业务，提供明细核算资料的分类账簿。

▶ 3. 备查账簿

备查账簿又称辅助账簿，是对序时账簿和分类账簿等主要账簿未能记载的或记载不全的经济业务进行补充登记的账簿，如委托加工材料登记簿、租入固定资产登记簿。

(二) 会计账簿按外表形式分类

会计账簿按外表形式分类，可分为订本式账簿、活页账簿和卡片账簿。

▶ 1. 订本式账簿

订本式账簿，是指在启用前就将若干账页顺序编号并固定装订成册的账簿。使用订本式账簿可以避免账页散失和被抽换，从而保证账簿记录的安全性。但由于账页是固定的，不能根据记账需要随时进行增减，也不便于记账分工。总分类账、现金日记账、银行存款日记账必须采用订本账。

▶ 2. 活页账簿

活页账簿，是将分散的账页装存在账夹内而不固定，可以随时取放账页的账簿。采用活页式账簿便于记账分工，可根据需要增减账页，也有利于记账工作的电算化，但容易造成账页的失散和抽换。在会计实务中，活页式账簿主要用于各种明细分类账。

▶ 3. 卡片账簿

卡片账簿，是由许多具有一定格式的卡片组成，放在卡片箱中，可以根据需要随时增添的账簿。其优缺点与活页账相同。

第二节 会计账簿的基本内容与登记方法

一、账簿的基本内容

由于管理的要求不同，所设置的账簿也不同，各种账簿所记录的经济业务也不同，其形式也多种多样,但从会计账簿的构造来看,一般由三大部分组成。

(1)封面,标明账簿名称和记账单位名称。

(2)扉页,填明启用日期和停用日期、页数、册次、经管账簿人员一览表和签章、会计主管签章、账户目录等。账簿扉页上的"账簿使用登记表"的格式如表4-1所示。

表4-1 账簿使用登记表

单位名称				
账簿名称				
册次及起讫页	自　　　页起至　　　页止共　　　页			
启用日期	年　　月　　日			
停用日期	年　　月　　日			
经管人员姓名	接管日期	交出日期	经管人员盖章	会计主管盖章
	年　月　日	年　月　日		
	年　月　日	年　月　日		
	年　月　日	年　月　日		
备　　注			单位公章	

(3)账页,基本内容包括账户的名称(一级科目、二级或明细科目)、记账日期、凭证种类和号数栏、摘要栏、金额栏、总页次和分户页次等。

二、会计账簿的格式和登记方法

不同的会计账簿由于反映的经济业务内容和详细程度不同,其账页格式也有一定的区别。下面分别介绍序时账簿、总分类账簿、明细分类账簿和备查账簿的格式和登记方法。

(一)序时账簿的格式和登记方法

这里所说的序时账簿主要是指特种日记账。企业通常设置的特种日记账主要有库存现金日记账和银行存款日记账。

▶ 1. 库存现金日记账的格式和登记方法

库存现金日记账是用来核算和监督现金日常收、付、结存情况的序时账簿,通过库存现金日记账可以全面、连续地了解和掌握企业单位每日现金的收支动态和库存余额,为日常分析、检查企业单位的现金收支活动提供资料。库存现金日记账的格式主要有三栏式和多栏式两种。

三栏式库存现金日记账,通常设置收入、支出、结余或借方、贷方、余额三个主要栏目,用来登记现金的增减变动及结果。三栏式库存现金日记账是由现金出纳员根据现金收款凭证、现金付款凭证及银行存款的付款凭证(反映从银行提取现金业务),按照现金收款、付款业务和银行存款付款业务发生时间的先后顺序逐日、逐笔登记。三栏式库存现金日记账的一般格式如表4-2所示。

表 4-2　三栏式库存现金日记账　　　　　　　　　第　　页

年		凭证号		摘　要	对方科目	收　入	支　出	结　余
月	日	现收	现付					

为了更清晰地反映账户之间的对应关系，了解现金变化的来龙去脉，还可以在三栏式日记账中"收入"和"支出"两个栏目下，按照现金收、付的对方科目设置专栏，形成多栏式库存现金日记账。多栏式库存现金日记账的格式如表4-3和表4-4所示。

表 4-3　多栏式库存现金收入日记账

年		凭证号		摘要	贷方科目				支出合计	结余
月	日	种类	编号		主营业务收入	银行存款	…	合计		

表 4-4　多栏式库存现金支出日记账

年		凭证号		摘要	借方科目				支出合计	结余
月	日	种类	编号		银行存款	其他应收款	管理费用	…		

▶2. 银行存款日记账的格式和登记方法

银行存款日记账是用来核算和监督银行存款每日的收入、支出和结余情况的账簿，是由出纳员根据银行存款的收款凭证、付款凭证及现金的付款凭证（从银行提取现金业务）序时登记的。银行存款日记账的格式与库存现金日记账基本相同，可以采用三栏式，也可以采用多栏式。三栏式银行存款日记账的具体格式如表4-5所示。

表 4-5　三栏式银行存款日记账

年		凭证号		摘要	对方科目	收　入	支　出	结　余
月	日	种类	编号					

(二) 总分类账簿的格式和登记方法

总分类账是按照一级会计科目的编号顺序分类开设并登记全部经济业务的账簿。总分类账的格式有三栏式(即借方、贷方、余额三个主要栏目)和多栏式两种,其中三栏式又区分为不反映对应科目的三栏式和反映对应科目的三栏式。总分类账的登记依据和方法主要取决于所采用的会计核算组织程序,可以直接根据记账凭证逐笔登记,也可以先把记账凭证汇总,编制成汇总记账凭证或科目汇总表,再根据汇总的记账凭证定期登记。三栏式(不反映对应科目)总分类账的格式如表4-6所示。

表4-6 总 分 类 账

年		凭证号		摘 要	借 方	贷 方	核对号	借或贷	余额
月	日	种类	编号						

不管哪种格式的总分类账,每月都应将本月已完成的经济业务全部登记入账,并于月末结出总账中各总分类账户的本期发生额和期末余额,与其他有关账簿核对相符之后,作为编制会计报表的主要依据。

(三) 明细分类账簿的格式和登记方法

明细分类账是根据二级会计科目或明细科目设置账户,并根据审核无误后的会计凭证登记某一具体经济业务的账簿。各种明细分类账可根据实际需要,分别按照二级会计科目和明细科目开设账户,进行明细分类核算,以便提供资产、负债、所有者权益、收入、费用和利润等详细信息。这些信息也是进一步加工成会计报表信息的依据。因此,各企业单位在设置总分类账的基础上,还应按照总账科目下设若干必要的明细分类账,作为总分类账的必要补充说明。这样,既能根据总分类账了解该类经济业务的总括情况,又能根据明细分类账进一步了解该类经济业务的具体情况和详细情况。明细分类账一般采用活页账簿,也可采用卡片账簿(如固定资产明细账)和订本式账簿等。

根据管理的要求和各种明细分类账所记录经济业务的特点,明细分类账主要分为三栏式明细分类账、数量金额式明细分类账和多栏式明细分类账三种。

▶ 1. 三栏式明细分类账的格式和登记方法

三栏式明细分类账的格式和三栏式总分类账的格式相同,即账页只设有"借方""贷方"和"余额"三个金额栏目。这种格式的明细账适用于只要求提供货币信息而不需要提供非货币信息(实物量指标等)的账户,一般适用于记载债权债务类经济业务,如应付账款、应收账款、其他应收款、其他应付款等内容。其账页格式与总分类账账页格式相同,如表4-7所示。

表 4-7　三栏式明细分类账

会计科目：
明细科目：

年		凭证号		摘　要	借　方	贷　方	借或贷	余　额
月	日	种类	编号					

▶ 2. 数量金额式明细账的格式和登记方法

数量金额式明细账要求在账页上对借方、贷方、余额栏下分别设置数量栏和金额栏，以便同时提供货币信息和实物量信息。这一类的明细账适用于既要进行金额核算又要进行实物量核算的财产物资类科目，如原材料、库存商品等科目的明细账。数量金额式明细账的格式如表 4-8 所示。

表 4-8　数量金额式明细账

类　别：　　　　　　　　　　　　　　　　　　　　　　　　　　　编　号：
品　名：　　　　　　　　　　　　　　　　　　　　　　　　　　　存放地点：
储备定额：　　　　　　　　　　　　　　　　　　　　　　　　　　计量单位：

年		凭证号		摘　要	借方（收入）			贷方（发出）			余额（结存）		
月	日	种类	编号		数量	单价	金额	数量	单价	金额	数量	单价	金额

▶ 3. 多栏式明细分类账的格式和登记方法

多栏式明细分类账是根据经济业务的特点和经营管理的需要，在一张账页内按有关明细科目或项目分设若干专栏的账簿。按照登记经济业务内容的不同，多栏式明细分类账又分为借方多栏式（如物资采购明细账、生产成本明细账、制造费用明细账等），贷方多栏式（如主营业务收入明细账等）和借方、贷方多栏式（如本年利润明细账、应交增值税明细账等）。这里仅列举借方多栏式明细分类账（生产成本明细账）的格式如表 4-9 所示。

表 4-9　生产成本明细账

产品名称：

年		凭证号数	摘　要	借方发生额				贷方	余额
月	日			直接材料	直接工资	制造费用	合计		

(四)备查账簿的格式和登记方法

备查账簿是对主要账簿起补充说明作用的账簿。它没有固定的格式，一般是根据各单位会计核算和经营管理的实际需要而设置的。备查账簿主要包括租借设备、物资的辅助登记簿，有关应收、应付款项的备查簿，担保、抵押品的备查簿等。

第三节 对账与结账

为了总结某一会计期间的经济活动情况，考核经营成果，便于编制会计报表，必须定期进行对账和结账工作。

一、对账

(一)对账的概念

如实地反映企业单位日常发生的经济活动，提供真实的会计信息，是会计核算的一个基本原则。在会计核算工作中，由于种种原因，有时难免会发生各种差错，如填制记账凭证的差错，记账或过账的差错，数量或金额计算的差错，以及财产物资收发计量的差错等。为了确保各种账簿记录的完整和正确，如实地反映和监督经济活动的状况，以便为编制会计报表提供真实可靠的数据资料，在记账以后结账之前，必须核对各种账簿记录，做好对账工作。

所谓对账，就是核对账目，定期将各类账簿记录进行核对，以做到账证相符、账账相符和账实相符。

对账工作一般是在会计期末进行的，如果遇到特殊情况，如有关人员办理调动时或发生非常事件后，应随时进行对账。

(二)对账的内容

对账的内容一般包括以下几个方面。

▶ 1. 账证核对，做到账证相符

账证核对就是将各种账簿(包括总分类账、明细分类账，以及库存现金日记账和银行存款日记账等)记录与有关的会计凭证(包括记账凭证及其所附的原始凭证)进行核对，做到账证相符。

▶ 2. 账账核对，做到账账相符

账账核对是在账证核对相符的基础上，对各种账簿记录的内容所进行的核对工作，做到账账相符。账账核对的具体内容如下。

(1)核对所有总分类账中各账户的本期借方、贷方发生额合计数是否相符，期末借方、贷方余额合计数是否相符。其核对方法是通过编制"总分类账户发生额及余额试算表"来进行核对。

(2)库存现金日记账、银行存款日记账的本期发生额合计数及期末余额合计数，分别与总分类账中的库存现金账户、银行存款账户的记录核对相符，以检查日记账的登记是否正确。

（3）总分类账户本期借、贷双方发生额及余额与所属明细分类账户本期借方、贷方发生额合计数及余额合计数核对相符，以检查总分类账户和明细分类账户登记是否正确。其核对方法一般是通过编制总分类账户与明细分类账户发生额及余额表来进行核对。

（4）会计部门登记的各种财产物资明细分类账的结存数，与财产物资保管或使用部门的有关保管账的结存数核对相符，以检查双方登记是否正确。

▶ 3. 账实核对，做到账实相符

账实核对是在账账核对的基础上，将各种账簿记录余额与各项财产物资、库存现金、银行存款及各种往来款项的实存数核对，做到账实相符。账实核对的具体内容如下。

（1）库存现金日记账的余额与库存现金实际库存数核对相符。

（2）银行存款日记账的发生额及余额与银行对账单核对相符。

（3）财产物资明细账的结存数，分别与财产物资的实存数核对相符。

（4）各种债权、债务的账面记录应定期与有关债务、债权单位或个人核对相符。

二、错账的查找与更正

会计人员在记账过程中，由于种种原因可能会产生凭证的编制错误或账簿的登记错误，从而影响会计信息的准确性，应及时找出差错，并予以更正。

（一）错账的基本类型

（1）记账凭证正确，但依据正确的记账凭证登记账簿时发生记账错误。

（2）记账凭证错误，导致账簿登记也发生错误。这种类型的错误又包括三种情况：一是由于记账凭证上的会计科目用错而引发的错账；二是记账凭证上金额多写而引发的错账；三是记账凭证上金额少写而引发的错账。

（二）错账的查找方法

会计账簿的日常登记是一项细致的工作，稍有不慎就会发生错误。为了及时更正这些错误，就需要对账簿记录进行检查以便发现错误。账簿错误的查找方法主要有以下几种。

▶ 1. 顺查法

顺查法，即按照"经济业务→原始凭证→记账凭证→会计账簿→试算表"的会计核算程序进行顺序查找。在哪个环节发现错误，分析错误的原因及性质，然后采取正确的方法进行更正。

▶ 2. 逆查法

逆查法，即按照"试算表→会计账簿→记账凭证→原始凭证→经济业务"与会计核算程序相反的步骤，逐步缩小错误的范围，直到找出错误为止。

▶ 3. 技术方法

技术方法，即根据错账的数字，结合数字之间的某些规律运用数学知识来查找错误的方法。技术方法又具体分为差数法、除2法和除9法三种。

（1）差数法就是记账人员首先确定错账的差数（即借方和贷方的合计金额的差额），再根据差数去查找错误的方法。这种方法对于发现漏记账目比较有效，也很简便。

（2）除2法，首先算出借方和贷方的差额，再将差额除以2得出商数，查找账户记录中有无与商数相同的金额的方法。

例如，企业会计编制的试算表上的借、贷双方的金额如下：

用2除得商数为8 050，查找业务中有无8 050的金额在账户中误记、漏记或重记。

（3）除9法就是先算出借方与贷方的差额，再除以9来查找错误的方法，如能除尽，则可能有两种情况，即数字位移或数字颠倒。

数字位移，例如，将4 000误记为400，差数为3 600，用9除得400，将百位数前进一位即可。

数字颠倒，例如，将15 800误写为18 500，差数为2 700，用9除得300，商数中的非零数字3即为被颠倒的相邻数字8和5的差额。这种情况下，凡商数为百位数者，则是百位数与千位数的颠倒；凡商数为千位数者，则是千位数与万位数的颠倒，依此类推。

当然，以上所述只是一些查找简单错账的方法，并不能"包查百错"，实际上某些错误可能是由几个错误共同造成的，所以，最有效的办法还是加强责任感，认真、细致地做好记账工作。一旦发生了错误，在查找出来的基础上，要采用相应的方法进行更正。

（三）错账的更正方法

如果账簿记录发生错误，不得任意使用刮擦、挖补、涂改等方法更改字迹，而应该根据错误的具体情况，采用正确的方法予以更正。根据《会计基础工作规范》的要求，更正错账的方法一般有三种：画线更正法、红字更正法和补充登记法。

▶ 1. 画线更正法

在结账前，如果发现账簿记录有错误，而记账凭证没有错误，即纯属账簿记录中的文字或数字的笔误，可用画线更正法予以更正。

更正的方法是：首先在账页上错误的文字或数字上画一条红线，以表示予以注销，然后将正确的文字或数字用蓝字写在被注销的文字或数字的上方，并由记账人员在更正处盖章。应当注意的是，更正时，必须将错误数字全部划销，而不能只划销、更正其中个别错误的数码，并应保持原有字迹仍可辨认，以备查考。

【例4-1】国泰公司用银行存款4 000元购买办公用品。会计人员在根据记账凭证（记账凭证正确）记账时，误将总账中银行存款贷方的4 000元误写成3 700元。

【解析】采用画线更正法更正的具体办法是：应将总账中银行存款账户贷方的错误数字3 700元用一条红线划销（注意：不能只划销个别错误的数字），然后在其上方写出正确的数字4 000元，并在更正处盖章或签名，以明确责任。

▶ 2. 红字更正法

红字更正法适用于以下两种错误的更正。

（1）根据记账凭证所记录的内容登记账簿以后，发现记账凭证的应借、应贷会计科目或记账方向有错误，但金额正确，应采用红字更正法。更正的具体办法是：先用红字填制一张与错误记账凭证内容完全相同的记账凭证，并据以红字登记入账，冲销原有错误的账簿记录；然后，再用蓝字填制一张正确的记账凭证，据以用蓝字或黑字登记入账。

【例 4-2】国泰公司管理部门领用材料 3 000 元，这项经济业务编制的会计分录应为借记"管理费用"科目，贷记"原材料"科目，但会计人员在填制记账凭证时，误将"管理费用"记为"制造费用"，并已登记入账。

【解析】更正时，先用红字（以下用 ☐ 表示红字）填制一张会计分录与原错误记账凭证相同的记账凭证，并据以用红字登记入账，冲销原有错误的账簿记录：

借：制造费用　　　　　　　　　　　　　　　　　　　　　　3 000
　　贷：原材料　　　　　　　　　　　　　　　　　　　　　　　3 000

然后，再用蓝字填制一张正确的记账凭证并据以登记入账：

借：管理费用　　　　　　　　　　　　　　　　　　　　　　3 000
　　贷：原材料　　　　　　　　　　　　　　　　　　　　　　　3000

（2）根据记账凭证所记录的内容记账以后，发现记账凭证中应借、应贷的会计科目、记账方向正确，只是金额发生错误，而且所记金额大于应记的正确金额，对于这种错误应采用红字更正法予以更正。更正的具体办法是：将多记的金额用红字填制一张与原错误凭证中科目、借贷方向相同的记账凭证，其金额是错误金额与正确金额两者的差额，登记入账。

【例 4-3】国泰公司用银行存款归还购料款 30 000 元，会计人员在编制会计分录时，误将 30 000 元记为 300 000 元并已记账。

【解析】这个错误应采用红字更正法进行更正。更正的具体办法是：用红字编制一张与原错误凭证中科目、方向相同的记账凭证，其金额为 270 000（300 000－30 000）元，据以用红字登记入账，以冲销多记的金额：

借：应交税费　　　　　　　　　　　　　　　　　　　　　270 000
　　贷：银行存款　　　　　　　　　　　　　　　　　　　　　270 000

▶ 3. 补充登记法

记账以后，如果发现记账凭证和账簿的所记金额小于应记金额，而应借、应贷的会计科目并无错误时，那么应采用补充登记的方法予以更正。更正的具体办法是：按少记的金额用蓝字填制一张应借、应贷会计科目与原错误记账凭证相同的记账凭证，并据以登记入账，以补充少记的金额。

【例 4-4】国泰公司用银行存款提取现金 2 000 元。会计人员在编制会计分录时，误将 2 000 元记为 200 元。

借：库存现金　　　　　　　　　　　　　　　　　　　　　　　200
　　贷：银行存款　　　　　　　　　　　　　　　　　　　　　　　200

【解析】这属于金额少记的错误，应采用补充登记的方法予以更正。更正的具体办法是：用蓝字编制一张与原错误凭证应借科目、应贷科目、记账方向相同的记账凭证，其金额为1 800(2 000－200)元，据以蓝字登记入账即可。

借：库存现金　　　　　　　　　　　　　　　　　　　　　　　　　1 800
　　贷：银行存款　　　　　　　　　　　　　　　　　　　　　　　　1 800

采用红字更正法和补充登记法更正错账时，都要在凭证的摘要栏注明原错误凭证号数、日期和错误原因，便于日后核对。

三、结账

（一）结账的概念

所谓结账，是在将本期内所发生的经济业务全部登记入账的基础上，按照规定的方法对该期内的账簿记录进行小结，结算出本期发生额合计和期末余额，并将其余额结转下期或者转入新账的过程。

（二）结账的步骤及内容

结账工作的步骤及具体内容如下。

（1）结账前，必须将本期发生的全部经济业务登记入账，所以，在结账时，就要首先查明这些经济业务是否已全部登记入账。

（2）在本期经济业务全面入账的基础上，按照权责发生制原则的要求，将收入和费用归属于各个相应的会计期间，即编制调整分录。

（3）编制结账分录。对于各种收入、费用类账户的余额，应在有关账户之间进行结转，从而结束各有关收入和费用类账户。也就是将这些反映损益的收入和费用类账户如"主营业务收入""主营业务成本""主营业务税金及附加""管理费用""财务费用""营业费用"等损益类账户的余额转入"本年利润"账户。

（4）计算各账户的本期发生额合计和期末余额。按照《会计工作基础规范》的要求，结账时，应当结出各个账户的期末余额，需要结出当月发生额的，应当在摘要栏内注明"本月合计"字样，并在下面通栏画单红线。需要结出本年累计发生额的，应当在摘要栏内注明"本年累计"字样，并全年累计发生额下面通栏画双红线。本年各实账户的年末余额转入下年，应在摘要栏注明"结转下年"及"上年结转"字样。

通过结账，使已记录和储存的会计信息进一步提高清晰性、可靠性和相关性，便于通过会计报表输出并加以充分利用。

第四节　会计账簿的更换与保管

一、会计账簿的更换

为了反映每个会计年度的财务状况和经营成果情况，保持会计资料的连续性，保证不同年度会计资料的独立性、可辨认性和可检查性，企业应按照会计制度的规定在适当的时间进行账簿的更换。

所谓账簿的更换，是指在会计年度终了时，将上年度的账簿更换为次年度的新账簿的工作。在每一会计年度结束，新一会计年度开始时，应按会计制度的规定，更换一次总账、日记账和大部分明细账。少部分明细账还可以继续使用，年初可以不必更换账簿，如固定资产明细账等。

更换账簿时，应将上年度各账户的余额直接计入新年度相应的账簿中，并在旧账簿中各账户年终余额的摘要栏内加盖"结转下年"戳记。同时，在新账簿中相关账户的第一行摘要栏内加盖"上年结转"戳记，并在余额栏内计入上年余额。新旧账簿有关账户，进行年度之间的余额结转时，不需要编制记账凭证。

二、会计账簿的保管

会计账簿是会计工作的重要历史资料，也是重要的经济档案，在经营管理工作中具有重要作用。因此，每一个企业、单位都应按照国家有关规定，加强对会计账簿的管理，做好账簿的保管工作。

账簿的保管，应该明确责任，保证账簿的安全和会计资料的完整，防止交接手续不清和可能发生的舞弊行为。在账簿交接保管时，应将该账簿的页数、记账人员姓名、启用日期、交接日期等列表附在账簿的扉页上，并由有关方面签字盖章。账簿要定期（一般为年终）收集，审查核对，整理立卷，装订成册，专人保管，严防丢失和损坏。

账簿应按照《会计档案管理办法》规定的期限进行保管。各账簿的保管期限分别为：日记账一般为15年，其中，库存现金日记账和银行存款日记账为25年；固定资产卡片在固定资产报废清理后应继续保存5年；其他总分类账、明细分类账和辅助账簿应保存15年。保管期满后，要按照《会计档案管理办法》的规定，由财会部门和档案部门共同鉴定，报经批准后进行处理。

合并、撤销单位的会计账簿，要根据不同情况，分别移交给并入单位、上级主管部门或主管部门指定的其他单位接受保管，并由交接双方在移交清册上签名盖章。

账簿日常应由各自分管的记账人员专门保管，未经领导和会计负责人或有关人员批准，不许非经管人员翻阅、查看、摘抄和复制。会计账簿除非特殊需要或司法介入要求，一般不允许携带外出。

新会计年度对更换下来的旧账簿应进行整理、分类，对有些缺少手续的账簿，应补办必要的手续，然后装订成册并编制目录，办理移交手续，按期归档保管。

对会计账簿的保管既是会计人员应尽的职责，又是会计工作的重要组成部分。

同步检测练习

一、名词解释

账簿　对账　结账　总分类账　明细分类账　数量金额式明细账
三栏式明细分类账　画线更正法　红字更正法　补充登记法

二、单项选择题

1. 必须逐日逐笔登记的账簿是（　　）。

A. 明细账　　　　　　　　　　　　B. 总账
C. 日记账　　　　　　　　　　　　D. 备查账

2. 记账以后，发现记账凭证中科目正确，但所记金额小于应记的金额，应采用（　）进行更正。
   A. 红字更正法　　　　　　　　　　B. 平行登记法
   C. 补充登记法　　　　　　　　　　D. 画线更正法
3. 下列账簿中，不能采用多栏式账页的是（　）。
   A. 总账　　　　　　　　　　　　　B. 管理费用明细账
   C. 现金日记账　　　　　　　　　　D. 银行存款日记账
4. 不能作为银行存款日记账登记依据的是（　）。
   A. 现金收款凭证　　　　　　　　　B. 部分现金付款凭证
   C. 银行存款收款凭证　　　　　　　D. 银行存款付款凭证
5. 产成品明细账通常采用（　）账簿。
   A. 多栏式　　　　　　　　　　　　B. 三栏式
   C. 数量金额式　　　　　　　　　　D. 卡片式
6. 记账凭证上记账栏中"√"记号表示（　）。
   A. 已经登记入账　　　　　　　　　B. 已经审核
   C. 此凭证作废　　　　　　　　　　D. 此凭证编制正确
7. 可以采用三栏式的明细账是（　）。
   A. 产成品明细账　　　　　　　　　B. 制造费用明细账
   C. 固定资产明细账　　　　　　　　D. 债权债务明细账
8. 结账前发现账簿或凭证的文字或数字发生错误时可以采用的错账更正方法是（　）。
   A. 画线更正法　　　　　　　　　　B. 红字更正法
   C. 补充登记法　　　　　　　　　　D. 更换凭证法
9. 以下属于对账中账证核对的内容是（　）。
   A. 银行存款日记账账面余额与开户银行账目定期核对
   B. 总分类账户各账户期末余额与银行存款日记账期末余额核对
   C. 现金日记账与某日收款凭证核对
   D. 总分类账户各账户期末余额与明细分类账的期末余额核对
10. 会计分录中错用了会计科目，查找错误的方法是（　）。
    A. 除 2 法　　　　　　　　　　　B. 除 9 法
    C. 比较记账凭证合计数与总账发生额及余额对照表中的本期发生额合计数
    D. 重新审核每张记账凭证中的账户对应关系

三、多项选择题
1. 下列各项中，属于对账内容的有（　）。
   A. 明细账与总账核对　　　　　　　B. 库存商品账与实物核对
   C. 往来账与业务合同核对　　　　　D. 记账凭证与原始凭证核对
   E. 库存现金与现金账核对
2. 下列账簿中，必须采用订本式账簿的有（　）。
   A. 明细账簿　　　　B. 总账簿　　　　C. 现金日记账簿
   D. 银行存款日记账簿　　　　　　　E. 备查账簿

3. 下列各项中，可以采用多栏式明细账簿的有（　　）。
   A. 生产成本　　　　　B. 管理费用
   C. 原材料　　　　　　D. 应收账款　　　　　E. 制造费用
4. 现金日记账的登记依据有（　　）。
   A. 现金收款凭证　　　　　　　　　　　B. 现金付款凭证
   C. 转账凭证　　　　　　　　　　　　　D. 银行存款收款凭证
   E. 部分银行存款付款凭证
5. 明细分类账可采用的格式有（　　）。
   A. 三栏式　　　　　　B. 多栏式
   C. 数量金额式　　　　D. 订本式　　　　　　E. 联合式
6. 明细分类账可以直接根据（　　）登记。
   A. 记账凭证　　　　　B. 原始凭证
   C. 科目汇总表　　　　D. 汇总原始凭证　　　E. 备查账
7. 下列情况中，可以使用红字记账的有（　　）。
   A. 按照红字冲账的记账凭证，冲销错误记录
   B. 在不设借贷的多栏式账页中，登记减少数
   C. 在三栏式账户的余额前，如未印明余额方向的，在余额栏内登记负数余额
   D. 进行年结、月结时画线
   E. 补充登记时
8. 下列情况中，可以使用红字更正法的有（　　）。
   A. 记账凭证中所记金额大于原始凭证中的应记金额，且已入账
   B. 记账凭证中所记金额小于原始凭证中的应记金额，且已入账
   C. 记账凭证中的应借、应贷科目错误，且已入账
   D. 记账凭证中的应借、应贷金额错误，且已入账
   E. 记账凭证无误，登账时发生数字错误
9. 银行存款日记账登记的依据有（　　）。
   A. 银行存款收款凭证　　　　　　　　　B. 银行存款付款凭证
   C. 部分现金收款凭证　　　　　　　　　D. 部分现金付款凭证
   E. 转账凭证
10. 下列有关债权债务明细分类账的说法中，正确的有（　　）。
    A. 为了详细反映结算情况而采用多栏式　B. 根据有关收款凭证记账
    C. 根据有关付款凭证记账　　　　　　　D. 根据有关转账凭证记账
    E. 采用三栏式格式

四、判断题
1. 总分类账和明细分类账一律都是根据记账凭证登记的。（　　）
2. 记账以后，发现所记金额小于应记金额，但记账凭证正确，应采用红字更正法进行更正。（　　）
3. 备查账簿是对某些在日记账和分类账中未能记录的事项进行补充登记的账簿，因此，各单位必须设置。（　　）

4. 在整个账簿体系中,序时账簿和分类账簿是主要账簿,备查账簿为辅助账簿。（   ）

5. 库存现金日记账和银行存款日记账必须采用订本式账簿,但企业可以用银行对账单代替日记账。（   ）

6. 结账之前,如果发现账簿中所记的文字或数字错误有过账笔误,而记账凭证并没有错,应采用画线更正法进行更正。（   ）

7. 登记账簿必须用蓝、黑墨水书写,不得使用圆珠笔或铅笔书写。（   ）

8. 多栏式现金日记账的登记方法与三栏式一样,区别在于现金收入和现金支出分别反映在两本账上。（   ）

9. 总分类账采用订本式账簿,账页格式为多栏式。（   ）

10. 账簿中书写的文字和数字上面要留有适当的空格,不要写满格,一般应占格距的1/2。（   ）

五、简答题

1. 什么是账簿？账簿的作用是什么？
2. 账簿应具备的基本内容有哪些？
3. 可能存在的错账有哪些？如何改正？不同的错账更正方法各适用于什么情况下形成的错账更正？
4. 什么是对账？对账的内容和方法有哪些？
5. 什么是结账？如何进行结账？

六、业务处理题

1. 某企业 2017 年 5 月查账时发现下列错账。

（1）从银行提取现金 3 500 元,过账后,原记账凭证没错,账簿错将金额记为 5 300 元。

（2）接受某企业投资固定资产,价值 70 000 元。查账时发现凭证与账簿均记为：

借：固定资产　　　　　　　　　　　　　　　　　　　　70 000
　　贷：资本公积　　　　　　　　　　　　　　　　　　　　70 000

（3）用银行存款 5 000 元购入 5 台小型计算器,查账时发现凭证与账簿均记为：

借：固定资产　　　　　　　　　　　　　　　　　　　　5 000
　　贷：银行存款　　　　　　　　　　　　　　　　　　　　5 000

（4）用银行存款 2 400 元预付明年财产保险费,查账时发现凭证与账簿均将"待摊费用"账户错记为"预提费用"账户。

（5）以银行存款偿还短期借款 4 000 元,查账时发现凭证与账簿中科目没有记错,但金额均记为 40 000 元；

（6）以一张商业承兑汇票抵付应付账款,查账时发现科目没错,但凭证与账簿均多记 54 000 元；

（7）将一部分盈余公积金按规定程序转为实收资本,查账时发现凭证与账簿均将金额少记 72 000 元。

要求：按正确的方法更正以上错账。

2. 某企业将账簿记录与记账凭证进行核对时,发现下列经济业务内容的账簿记录有误。

(1) 签发转账支票3 000元预付本季度办公用房租金。原记账凭证的会计分录为：
借：预提费用　　　　　　　　　　　　　　　　　　　　　　　　3 000
　　贷：银行存款　　　　　　　　　　　　　　　　　　　　　　　　3 000
(2) 结转本月实际完工产品的生产成本49 000元。原记账凭证的会计分录为：
借：库存商品　　　　　　　　　　　　　　　　　　　　　　　　94 000
　　贷：生产成本　　　　　　　　　　　　　　　　　　　　　　　94 000
(3) 购入材料一批，计货款7 600元(含增值税17%)。原记账凭证的会计分录为：
借：物资采购　　　　　　　　　　　　　　　　　　　　　　　　7 600
　　贷：银行存款　　　　　　　　　　　　　　　　　　　　　　　7 600
(4) 计提本月固定资产折旧费4 100元。原记账凭证的会计分录为：
借：管理费用　　　　　　　　　　　　　　　　　　　　　　　　1 400
　　贷：预提费用　　　　　　　　　　　　　　　　　　　　　　　1 400
(5) 结算本月应付职工工资，其中，生产工人工资为14 000元，管理人员工资为3 400元。原记账凭证的会计分录为：
借：生产成本　　　　　　　　　　　　　　　　　　　　　　　　1 400
　　管理费用　　　　　　　　　　　　　　　　　　　　　　　　　340
　　贷：应付职工薪酬　　　　　　　　　　　　　　　　　　　　　1 740
(6) 结转本期商品销售收入480 000。原记账凭证会计分录为：
借：本年利润　　　　　　　　　　　　　　　　　　　　　　　　450 000
　　贷：主营业务收入　　　　　　　　　　　　　　　　　　　　　450 000
(7) 用银行存款支付所欠供货单位货款7 600元。原记账凭证会计分录为：
借：应付账款　　　　　　　　　　　　　　　　　　　　　　　　6 700
　　贷：银行存款　　　　　　　　　　　　　　　　　　　　　　　6 700
(8) 以现金支付采购人员差旅费2 000元。原记账凭证的会计分录为：
借：其他应付款　　　　　　　　　　　　　　　　　　　　　　　2 000
　　贷：库存现金　　　　　　　　　　　　　　　　　　　　　　　2 000
(9) 车间管理人员出差回来报销差旅费1 900元，交回现金100元，予以转账。原记账凭证的会计分录为：
借：管理费用　　　　　　　　　　　　　　　　　　　　　　　　1 900
　　库存现金　　　　　　　　　　　　　　　　　　　　　　　　　100
　　贷：其他应收款　　　　　　　　　　　　　　　　　　　　　　2 000
要求：将上列各项经济业务的错误记录分别以适当的更正错账方法予以更正。

3. 华发公司2017年12月发生以下经济业务。
(1) 1日，收到大生公司上月所欠货款120 000元，存入银行。
(2) 2日，支付银行手续费420元。
(3) 3日，从银行提取现金800元备用。
(4) 4日，从银行提取现金70 000元，备发职工工资。
(5) 5日，购入办公用品450元，用现金支付。
(6) 6日，出售给大生公司甲产品100件，单价200元；乙产品500件，单价300元，增值税率为17%，货款尚未收到。

（7）7日，职工张林因公出差预支现金200元。

（8）9日，以银行存款归还短期借款1 840元，并支付利息180元。

（9）10日，摊销应由本月负担的财产保险费1 000元。

（10）12日，购入设备一台，用银行存款支付15 000元。

（11）13日，出售给东方公司甲产品800件，单价200元；乙产品400件，单价300元，增值税率为17%，货款已存入银行。

（12）15日，用现金支付零星业务费用100元。

（13）16日，张林出差归来，报销差旅费180元，余款以现金归还。

（14）18日，采购A材料200吨，买价80 000元，进项税额为13 600元，运费200元，以银行存款支付，材料已验收入库。

（15）20日，以银行存款支付上月水电费170元。

（16）22日，收到本月6日销售给大生公司甲、乙产品的货款及增值税的销项税额，存入银行。

（17）31日，结转本月已销甲、乙产品的实际生产成本，甲产品单位成本为150元，乙产品单位成本为250元。

要求：

（1）根据上述经济业务编制会计分录并登记三栏式的库存现金日记账和银行存款日记账；

（2）根据上述经济业务登记多栏式"管理费用"明细账、"财务费用"明细账和"主营业务收入"明细账；

（3）根据上述经济业务和会计分录登记"应收账款"明细账、"其他应收款"明细账、"库存商品"明细账和"原材料"明细账；

（4）根据上述经济业务和会计分录登记"主营业务收入""主营业务成本"和"本年利润"总分类账。

4. 某公司2017年12月发生以下业务。

（1）开出转账支票4 500元，偿还上月未付大方公司的货款。编制的记账凭证为：

借：应付账款——大方公司　　　　　　　　　　　　　　4 800
　　贷：银行存款　　　　　　　　　　　　　　　　　　　　　　4 800

该凭证已登记入账。

（2）收到购货单位暂存的包装物押金760元。编制的记账凭证为：

借：银行存款　　　　　　　　　　　　　　　　　　　　7 600
　　贷：其他应收款　　　　　　　　　　　　　　　　　　　　　7 600

该凭证已登记入账。

（3）签发转账支票4 000元，预付本季度固定资产租金。编制的记账凭证为：

借：预提费用　　　　　　　　　　　　　　　　　　　　4 000
　　贷：银行存款　　　　　　　　　　　　　　　　　　　　　　4 000

该凭证已登记入账。

（4）收到外单位原欠账款6 800元，存入银行。编制的记账凭证为：

借：银行存款　　　　　　　　　　　　　　　　　　　　　　5 800
　　贷：应收账款　　　　　　　　　　　　　　　　　　　　　　　5 800
该凭证已登记入账。
要求：指出上述会计处理错误所在，并予以更正。

第五章 财产清查

引导案例

出纳沉迷赌球　私刻业务章挪用公款150多万

胡某，1987年出生。2009年，胡某从大学毕业后考进福州市公路局系统，后经考核被分配至福州市公路局福清分局担任出纳，并于2012年6月起兼任单位工会出纳。

至此，胡某的生活可谓一帆风顺。但是2012年10月份，胡某在同学的怂恿下，开始接触网上赌球，并一发不可收拾。在很短的时间内，胡某不仅将自己近20万元的积蓄输个精光，还欠了朋友不少钱。

"赌球有输有赢，总有一天我能把输的本钱全捞回来"。这时，已经失去理智的胡某输红了眼，非但没有收手，为了"回本"还铤而走险，从2012年12月开始将黑手伸向公款。

"当时想先借公款用一下，一旦赢钱了，马上把钱还给单位"。但是现实打乱了胡某的如意算盘，挪用公款后，胡某一次次赌球，一次次输钱。

2013年1月初，胡某原本应当提供单位账户去年12月份的银行对账单给会计陈某核对，因担心挪用公款的事情败露，胡某找到路边非法办证人员制作虚假银行对账单和银行业务章。在炮制的"银行对账单"中，被胡某挪用的款项被删除，账户余额也调整到与会计账证上的数字相一致，胡某得以瞒天过海。

侥幸躲过一劫的胡某非但没有醒悟，反而更迫切地想要大赢一笔，以填补公款缺口。

"一直输钱，我脑子很乱，就一门心思要把钱赢回来"。为此，胡某更加频繁地参与赌球，赌注从3万元、5万元，提高到10万元，但最后都打了水漂。至案发时，被胡某挪用的公款数额已经达到152万余元人民币。

然而天网恢恢，疏而不漏。2013年3月份，会计陈某一直催胡某提供单位1—2月份的银行对账单，胡某因担心事情败露，以各种理由搪塞。陈某感觉事有蹊跷，便亲自到银行打印单位账户银行对账单，最终发现大额公款被挪用。

东窗事发后，胡某自知难再隐瞒，于2013年3月25日，在单位领导陪同下，来到福清市人民检察院自首。

资料来源：东南网．

讨论与思考：
1. 什么是财产清查？
2. 财产清查的作用体现在哪些方面？
3. 常用的盘存方法有哪几种？

第一节 财产清查概述

完整、准确地反映企业的财产物资、货币资金和债权债务的真实情况，随时保证账实相符是会计核算的基本原则，也是经济管理对会计核算所提出的客观要求。而账实是否相符又必须通过财产清查这种会计核算的专门方法来进行确定。

一、财产清查的概念

所谓财产清查，是指对企业单位的各项财产物资、货币资金及债权债务进行盘点和核对，以查明各项财产物资、货币资金及债权债务的实存数，并与账面数进行核对，从而确定账实是否相符的一种专门方法。财产清查不仅是会计核算的一种重要的核算方法，而且也是财产物资管理制度的一个重要组成内容。通过财产清查，查明账实一旦不符，则应采取相应的方法进行处理，从而做到账实相符，也就从一定程度上保证了会计信息的客观真实性。

二、财产清查的意义

财产清查作为会计核算的一种专门方法，在会计核算过程中具有十分重要的意义。

▶ 1. 提高会计核算资料的质量，保证会计核算资料的真实可靠

通过财产清查，可以确定各项财产物资、货币资金及债权债务的实存数，将实存数与账存数进行对比，寻找差异，确定盘盈、盘亏并及时调整账簿记录，做到账实相符，以保证账簿记录的真实正确，为经济管理提供可靠的数据资料。

▶ 2. 揭示财产物资的使用情况，促进企业改善经营管理，挖掘各项财产物资的潜力，加速资金周转

通过财产清查，查明各项财产物资盘盈、盘亏的原因和责任，从而找出财产物资管理过程中存在的问题，以便改善经营管理。在财产清查过程中，可以查明各项财产物资的储备、保管和使用情况，查明各项财产物资占用资金的合理程度，以便挖掘各项财产物资的潜力，加速资金周转，提高资金使用效率。

▶ 3. 防止人为原因造成账实不符

通过财产清查，发现贪污盗窃等犯罪行为，及时进行调查，追究责任，加以处理。防止人为原因造成财产物资损失浪费、霉烂变质、损坏丢失或者被非法挪用等情况，以确保企业财产物资的安全完整。

三、财产清查的种类

(一) 按照清查的范围分类

按照清查的范围不同,可分为全面清查和局部清查。

▶ 1. 全面清查

全面清查是指对所有的财产进行全面的清查、盘点与核对。全面清查的对象如下。

(1) 货币资金,包括现金、银行存款等。

(2) 财产物资,包括在本单位的所有固定资产、库存商品、材料物资、包装物、低值易耗品;属于本单位但在途中的各种在途商品、在途材料物资;存放在本单位的代销商品、材料物资等。

(3) 债权债务,包括各项应收款项、应付和应交款项及银行借款等。

全面清查范围广、内容多、花费的时间长,一般在以下几种情况下才需进行全面清查:① 年终决算前,需进行一次全面清查;② 单位撤销、合并或改变隶属关系时,需进行全面清查,以明确经济责任;③ 中外合资、国内联营,需进行全面清查;④ 开展清产核资,需进行全面清查;⑤ 单位主要负责人调离工作,需要进行全面清查。

▶ 2. 局部清查

局部清查是指根据需要对一部分财产进行的清查,其清查的主要对象是流动性较大的财产,如原材料、在产品、库存商品等。

局部清查范围小、涉及人员少,但专业性较强,一般包括:

(1) 库存现金,出纳人员应于每日业务终了时清点核对。

(2) 银行存款和银行借款,出纳人员每月至少同银行核对一次。

(3) 对于材料、在产品和产成品,除年度清查外,应有计划地每月重点抽查,对于贵重的财产物资,应每月清查盘点一次。

(4) 债权债务,每年至少应同对方核对 1~2 次。

(二) 按照清查的时间分类

按照清查的时间不同,分为定期清查和不定期清查。

▶ 1. 定期清查

定期清查是指按计划在规定的时间内对财产进行的清查。一般在月末、季末或年终结账前进行。

▶ 2. 不定期清查

不定期清查是指根据需要所进行的临时清查。不定期清查一般在以下几种情况下进行:①更换财产物资和现金保管人时;②财产发生非常灾害或意外损失时;③有关单位对企业进行审计查账时;④企业关、停、并、转、清产核资、破产清算时。

定期清查和不定期清查的范围,可以是全部清查,也可以是局部清查。

四、财产清查的组织

财产清查是一项极其复杂的工作,特别是全面清查,涉及的部门多、人员多、工作内容多,清查对象范围广,因此,必须有计划、有组织地进行。财产清查的组织主要指财产清查前的准备工作，包括组织准备和业务准备，然后才能按科学、合理的方法进行财产清查。

（一）组织准备

财产清查，尤其是全面清查，必须专门成立财产清查组织。财产清查组织应在有关主管厂长和总会计师的领导下，成立由财会部门牵头，生产、技术、设备、行政及各有关部门参加的财产清查领导小组，具体负责财产清查的领导和组织工作。财产清查领导小组的主要任务如下。

（1）在财产清查前，研究制订财产清查计划，确定清查的对象和范围，安排清查工作的进度，配备清查人员，确定清查方法。

（2）在清查过程中，做好具体组织、检查和督促工作，及时研究和处理清查中出现的问题。

（3）清查结束后，将清查结果和处理意见上报领导和有关部门审批。

（二）业务准备

为做好财产清查工作，会计部门和有关业务部门要在财产清查领导小组的指导下，做好各项业务准备工作。

（1）会计部门和会计人员，应在财产清查之前，将有关账目登记齐全，结出余额，做到账簿记录完整、计算准确、账证相符、账账相符，为账实核对提供正确的账簿资料。

（2）财产物资保管部门和保管人员，应在财产清查之前，登记好所经管的各种财产物资明细账，结出余额。将所保管和使用的物资整理好，挂上标签，标明品种、规格、结存数量，以便盘点核对。

（3）准备好必要的计量器具，进行检查和校正，保证计量的准确性。

（4）银行存款、银行借款、结算款项及债权债务的清查，需要取得对账单、有关的函证资料等。

（5）印制好各种清查登记的表册，如现金盘点报告表、盘存单、实存账存对比表等。

第二节 财产物资的盘存制度

企业财产物资的数量要靠盘存来确定，常用的盘存方法有实地盘存制和永续盘存制两种。

一、实地盘存制

实地盘存制又称为以存计耗制或以存计销制，是指在会计核算过程中，对于各种存货，平时只登记其收入数，不登记其发出数，会计期末通过实地盘点确定实际盘存数，倒挤计算出本期发出存货数量的一种方法。

（一）实地盘存制下存货成本的计算公式及举例

实地盘存制下存货成本的计算公式为：

期初结存存货＋本期收入存货＝本期耗用或销售存货＋期末结存存货
期末结存存货成本＝实际库存数量×存货单位成本
实际库存数量＝实地盘点数量＋已提未销数量－已销未提数量＋在途数量
本期发出存货成本＝期初结存存货成本＋本期收入存货成本－期末结存存货成本

关于存货单位成本的确定，可以采用先进先出法、加权平均法和个别计价法等。在实地盘存制下，采用先进先出法，由于平时对发出的存货不做记录，所以，应按照后入库存货的单位成本确定结存存货的成本，确定了结存存货成本之后，再根据上述计算公式确定发出存货成本；采用加权平均法，其计算方法与永续盘存制下的加权平均法相同；采用个别计价法，以一批存货的实际进价作为该批产品的销售成本，所以，结存的存货成本就是结存存货的实际进价。下面举例说明实地盘存制下的先进先出法和加权平均法的计价过程。

【例 5-1】国泰公司对乙种存货采用实地盘存制，本月乙种存货的资料如下：
(1) 6 月 1 日，期初结存 320 件，单价 8 元，计 2 560 元。
(2) 6 月 8 日，购进 650 件，单价 7 元，计 4 550 元。
(3) 6 月 20 日，购进 200 件，单价 9 元，计 1 800 元。
合计 8 910 元，乙种存货期末实地盘点结存 280 件。
采用先进先出法，乙种存货期末结存成本和发出成本的计算如下：
期末结存成本＝200×9＋80×7＝2 360(元)
发出存货成本＝2 560＋(4 550＋1 800)－2 360＝6 550(元)
采用加权平均法，乙种存货期末结存成本和发出成本的计算如下：
$$加权平均单价=\frac{2\ 560+4\ 550+1\ 800}{320+540+200}=7.62(元/件)$$
期末结存成本＝7.62×280＝2 132(元)
发出存货成本＝2 560＋(4 550＋1 800)－2 132＝6 778(元)

(二) 实地盘存制的优缺点

实地盘存制的主要优点：将期末存货实地盘存的结果作为计算本期发出存货数量的依据，平时不需要对发出的存货进行登记，应该说核算手续比较简单。

实地盘存制的主要缺点：无法根据账面记录随时了解存货的发出和结存情况，由于是以存计销或以存计耗倒算发出存货成本，必然将非销售或非生产耗用的损耗、短缺或贪污盗窃造成的损失，全部混进销售或耗用成本之中，这显然是不合理的，也不利于对存货进行日常的管理和控制。同时，在存货品种、规格繁多的情况下，对存货进行实地盘点需要消耗较多的人力、物力，影响正常的生产经营活动，造成浪费，因此，这种方法一般适用于存货品种、规格繁多且价值较低的企业，尤其适用于自然损耗大、数量不易准确确定的存货。

二、永续盘存制

永续盘存制又称账面盘存制。在会计核算过程中采用这种盘存制度，是通过设置存货明细账，并根据会计凭证逐笔登记存货的收入数(增加)和发出数(减少)，随时可结出存货结存数的一种方法。从永续盘存制的含义可以看出，采用这种方法，对于存货的增加和减少,平时都要在账簿中连续地进行记录,因而随时可结算出各类存货的账面结存数。尽管如此,由于各种原因,账面结存数与实存数之间仍有不符的可能。所以,采用永续盘存制仍需定期或不定期地、全部或局部地对财产进行实地盘点,且至少每年实地盘点一次,以验证账实是否相符。

(一)永续盘存制下发出存货成本的计算方法及举例

在永续盘存制下,存货明细分类账能随时反映存货的结存数量和销售数量,其计算公式为:

账面期末结存存货成本＝账面期初结存存货成本＋本期存货增加数－本期存货减少数

式中,"账面期初结存存货成本"和"本期存货增加数"是根据有关存货明细账的记录确定的。存货减少数则根据发出存货的数量和存货单位成本加以确定。其中,发出存货的单位成本的确定方法包括先进先出法、加权平均法和个别计价法等。

▶ 1. 先进先出法

先进先出法是假设先入库的存货先耗用或销售,期末存货就是最近入库的存货。根据对存货实物流动的这一假设,先耗用或销售的存货按先入库存货的单位成本计价,后耗用或销售的存货按后入库的单位成本确定。当然,要注意这里的"先"是相对于发货当时来说的。下面举例说明永续盘存制下采用先进先出法确定发出存货成本的计算过程。

【例5-2】国泰公司2017年6月份甲种材料的购、销、存情况如下。

(1) 6月1日,期初结存400件,单价20元,合计8 000元。
(2) 6月5日,第一批购进300件,单价22元,合计6 600元。
(3) 6月8日,销售500件。
(4) 6月20日,第二批购进600件,单价25元,合计15 000元。
(5) 6月24日,销售280件。
(6) 6月28日,第三批购进200件,单价26元,合计5 200元。
(7) 6月30日,销售420件。

甲种材料的计价过程如表5-1所示。

表5-1 原材料明细账

材料名称:甲材料

2017年		摘要	收入			发出			结存		
月	日		数量/件	单价/元	金额/元	数量/件	单价/元	金额/元	数量/件	单价/元	金额/元
6	1	月初结存	—	—	—	—	—	—	400	20	8 000
6	5	购进	300	22	6 600	—	—	—	400 300	20 22	14 600
6	8	销售				400 100	20 22	10 200	200	22	4 400

续表

2017年		摘要	收入			发出			结存		
月	日		数量/件	单价/元	金额/元	数量/件	单价/元	金额/元	数量/件	单价/元	金额/元
6	20	购进	600	25	15 000	—	—	—	200 600	22 25	19 400
6	24	销售	—	—	—	200 80	22 25	6 400	520	25	13 000
6	28	购进	200	26	5 200	—	—	—	520 200	25 26	18 200
6	30	销售	—	—	—	420	25	10 500	100 200	25 26	5 100

采用先进先出法，期末存货按最近的单位成本计价，比较接近现行市价，能够比较真实地反映企业当前的财务状况。但同时，对于销售活动而言，当期的收入与较早期的存货成本相配比，会使得本期的损益不真实，特别是在物价上涨时，又会虚增本期利润。

▶ 2. 加权平均法

加权平均法是指本月销售或耗用的存货，平时只登记数量，不登记单价和金额，月末按一次计算的加权平均单价，计算期末存货成本和本期销售或耗用成本的方法。加权平均单价的计算公式为：

$$加权平均单价 = \frac{期初库存存货成本 + 本期入库存货成本}{期初库存存货数量 + 本期入库存货数量}$$

【例 5-3】承例 5-2，采用加权平均法时，甲种材料的计价过程计算如下：

$$加权平均单位成本 = \frac{8\ 000 + (6\ 600 + 15\ 000 + 5\ 200)}{400 + (300 + 600 + 200)} = 23.2(元/件)$$

本期发出存货成本 = 23.2 × 1 200 = 27 840(元)

期末结存存货成本 = 23.2 × 300 = 6 960(元)

采用加权平均法，对于发出的存货平时不计价，因此日常核算工作量较小，但增加了期末工作量，不利于及时结账，平时也无法从账簿记录中随时了解存货占用资金的动态情况。

▶ 3. 个别计价法

个别计价法是以一批存货的实际进价作为该批产品的销售成本，采用个别计价法的商品销售成本的计算公式为：

商品销售成本 = 每批存货销售数量 × 该批存货实际生产单位成本

按照《企业会计制度》的规定，采用永续盘存制，每年至少应对存货进行一次全面盘点，对于有些价值较高的物品，或者它们的记录内容容易发生差错，还需要对它们经常进行实物盘点。永续盘存制下的实物盘点，一般可以不定期进行，通常在生产经营的间歇时间盘点部分或全部存货。为了确保期末财务报告的正确性，在会计期间终了时，如同实地盘存制一样，需要进行一次全面的实物盘点。

（二）永续盘存制的优缺点

永续盘存制的优点：核算手续严密，能及时反映各种存货的收、发、结存情况；存货明细账上的结存数量可以随时与确定的库存最高储备量和最低储备量进行比较，检查有无超额储备或储备不足的情况，以便随时组织存货购销或处理，加速资金周转；通过存货的轮番盘点，经常保持账实相符，如存货发生溢余和短缺，应查明原因，及时纠正。

永续盘存制的缺点：存货的明细分类核算工作量较大，需要耗用较多的人力和费用；特别是在存货品种复杂繁多的企业，如果采用月末一次结转销售（耗用）成本的办法，库存成本和销售成本的计算工作比较集中。

与实地盘存制相比，永续盘存制在控制和保护财产物资安全方面有明显的优越性。所以在实际工作中，多数企业都采用永续盘存制。

第三节 财产清查的方法

由于财产物资的种类较多，各有特点，为了达到财产清查工作的目的，针对不同的清查对象应采取不同的清查方法。

一、货币资金的清查

货币资金的清查包括库存现金的清查、银行存款的清查和其他货币资金的清查。

（一）库存现金的清查

库存现金清查的基本方法是实地盘点法。它是通过对库存现金的盘点实有数与现金日记账的余额进行核对的方法，来查明账实是否相符。具体可分为以下两种情况。

（1）在日常工作中，现金出纳员每日清点库存现金实有数额，并及时与现金日记账的余额相核对。这种清查方法实际上是现金出纳员的分内职责。

（2）在由专门清查人员进行的清查工作中，为了明确经济责任，清查时出纳人员必须在场。清查人员要认真审核收付款凭证和账簿记录，检查经济业务的合理性和合法性。此外，清查人员还应检查企业是否以"白条"或"借据"抵充库存现金。

现金盘点结束后，应根据盘点的结果填制库存现金盘点报告表。库存现金盘点报告表是重要的原始凭证，它具有实物财产清查的"盘存单"的作用，又有"实存账存对比表"的作用。库存现金盘点报告表（见表5-2）填制完毕，应由盘点人员和出纳员共同签章方能生效。

表 5-2　库存现金盘点报告表

单位名称：　　　　　　　　　　　　　　　　年　　月　　日

实存金额	账存金额	实存与账存对比		备　注
		盘盈（长款）	盘亏（短款）	

盘点人签章：　　　　　　　　　　　出纳员签章：

（二）银行存款的清查

银行存款清查的基本方法是将银行存款日记账与开户银行的"对账单"相核对。核对前，首先把清查日止所有银行存款的收、付业务都登记入账，对发生的错账、漏账应及时查清更正，然后再与银行的对账单逐笔核对。如果发现两者余额相符，一般说明无错误；如果发现两者不相符，可能是企业或银行某一方记账过程有错误或者存在未达账项。

所谓未达账项，是指在企业和银行之间，由于凭证的传递时间不同，而导致了记账时间不一致，即一方已接到有关结算凭证并已经登记入账，而另一方由于尚未接到有关结算凭证尚未入账的款项。总体来说，未达账项有两大类：一是企业已经入账而银行尚未入账的款项；二是银行已经入账而企业尚未入账的款项。具体来讲，有以下四种情况。

（1）企业已收款记账，银行未收款未记账的款项，如企业收到其他单位的购货支票等。

（2）企业已付款记账，银行未付款未记账的款项，如企业开出付款支票，但持票人尚未到银行办理转账手续等。

（3）银行已收款记账，企业未收款未记账的款项，如托收货款收账等。

（4）银行已付款记账，企业未付款未记账的款项，如银行代企业支付公用事业费等。

上述任何一种未达账项的存在，都会使企业银行存款日记账的余额与银行开出的对账单的余额不符。当发生（1）（4）两种情况时，企业的银行存款日记账的账面余额将大于银行对账单余额；当发生（2）（3）两种情况时，企业的银行存款日记账账面余额将小于银行对账单余额。所以，在与银行对账时首先应查明是否存在未达账项，如果存在未达账项，就应该编制银行存款余额调节表对有关的款项进行调整。银行存款余额调节表是在企业银行存款日记账余额和银行对账单余额的基础上，分别加减未达账项，确定调节后余额。如果调节后双方余额相符，就说明企业和银行双方记账过程基本正确，而且这个调节后余额是企业当时可以实际动用的银行存款的限额。如果调节后余额不符，企业和开户银行双方记账过程可能存在错误，属于开户银行错误，应当即由银行核查更正，属于企业错误，应查明错误所在，区别漏记、重记、错记或串记等情况，分别采用不同的方法进行更正。其计算公式如下：

企业的银行存款日记账余额＋银行收款企业未收款的账项－银行付款企业未付款的账项＝银行对账单的余额＋企业收款银行未收款的账项－企业付款银行未付款的账项

下面举例说明银行存款余额调节表的具体编制方法。

【例 5-4】 国泰公司于 2017 年 6 月 30 日核对银行存款日记账。6 月 30 日，银行存款日记账账面余额为 238 760 元，同日银行开出的对账单余额为 299 860 元。经银行存款日记账与银行对账单逐笔核对，发现两者的不符是由下列原因造成的。

(1) 公司于 6 月 28 日开出支票购买办公用品 980 元，根据支票存根和有关发票等原始凭证已记账，但收款人尚未到银行办理转账。

(2) 6 月 29 日，公司的开户银行代公司收进一笔托收的货款 75 000 元，银行已记账，但尚未通知公司。

(3) 6 月 30 日，开户银行代公司支付当月的水电费 1 460 元，银行已记账，但付款通知单尚未送达公司，因而公司未记账。

(4) 公司于 6 月 30 日收到客户交来的购货支票，金额 15 000 元当即存入银行，公司根据进账单等已记账，但因跨行结算，所以银行未记账。

(5) 6 月 30 日，公司的存款利息收入 1 580 元，银行已主动划入本公司账户，但尚未通知公司，因而公司暂未记账。

根据调节前的余额和查出的未达账项等内容，编制 6 月 30 日的银行存款余额调节表（见表 5-3），确定调节后的余额。

表 5-3　银行存款余额调节表

2017 年 6 月 30 日　　　　　　　　　　　　　　　　　　　　单位：元

项　目	金　额	项　目	金　额
银行对账单余额	299 860	公司银行存款日记账余额	238 760
加：公司收款，银行未收款的购货支票	15 000	加：银行收款，公司未收款的未达账项	75 000
减：公司付款，银行未付款的办公用品费	980	银行存款利息收入	1 580
		减：银行付款，公司未付款的水电费	1 460
调节后的余额	313 880	调节后的余额	313 880

从表 5-3 可以看出，表中左右两方调节后的金额相等，这说明该公司的银行存款日记账的记账过程基本正确（但这不是绝对的，可能存在两个差错正好相等，抵消为零等情况），同时还说明公司的银行存款实有数既不是 299 860 元，也不是 238 760 元，而是 313 880 元。如果调节后的余额仍然不等，则说明有错误存在，应进一步查明原因，采取相应的方法进行更正。

这里需要注意的是对于未达账项的处理。按照我国会计制度的规定，对于未达账项不能以银行存款余额调节表为原始凭证而调节银行存款日记账的账面记录，对于银行已经记账而企业尚未记账的未达账项，应该在实际收到有关的收、付款结算凭证后即未达账项变成"已达账项"时再进行相关的账务处理。之所以采取这样的方法进行处理，一方面是为了简化会计核算工作，防止重复记账；另一方面也考虑到在企业正常经营过程中，会计期末的未达账项数额一般不会很大,转变成已达账项的时间也不会很长,而且,在权责发生制原则的要求下,收入和费用的确认与收款和付款的记录不在同一个会计期间完成是正常的,因而,对未达账项暂不进行处理并不影响企业本期经营成果的确定。由此可知,编制银行存款余额调节表只起对账的作用,而不能将银行存款余额调节表作为调整账面记录的依据。

(三)其他货币资金的清查

上述银行存款的清查方法也适用于其他货币资金的清查。

二、实物财产的清查

实物财产是指具有实物形态的各种财产,包括原材料、半成品、在产品、产成品、低值易耗品、包装物和固定资产等。

(一)实物财产的清查方法

不同品种的实物财产,由于其实物形态、体积、重量、堆放方式等各有不同,因而对其进行清查所采用的方法也有所不同。常用的实物财产的清查方法如下。

(1)实地盘点法。实地盘点法是指通过点数、过磅、量尺等方法来确定实物财产的实有数额。这种方法一般适用于机器设备、包装好的原材料、产成品和库存商品等的清查。

(2)技术推算法。技术推算法是指利用技术方法对财产的实存数进行推算的一种方法。这种方法一般适用于散装的、大量成堆的化肥、饲料等物资的清查。

(3)抽样盘存法。抽样盘存法是指对于数量多、重量均匀的实物财产,可以采用抽样盘点的方法,确定财产的实有数额。

(4)函证核对法。函证核对法是指对于委托外单位加工或保管的物资,可以采用向对方单位发函调查,并与本单位的账存数相核对的方法。

(二)实物财产的清查要求

为了明确经济责任,进行财产清查时,有关实物财产的保管人员必须在场,并参加盘点工作。对各项实物财产的盘点结果,应如实准确地登记在盘存单上,并由有关参加盘点人员同时签章生效。盘存单(见表5-4)是实物财产盘点结果的书面证明,也是反映实物财产实有数额的原始凭证。

表5-4 盘 存 单

单位名称: 盘点时间:
财产类别: 存放地点: 编号:

序 号	名 称	规格型号	计量单位	实存数量	单 价	金 额	备 注

盘点人签章:××× 保管人签章:×××

盘点完毕,将盘存单中所记录的实存数与账面结存数相核对,如发现实物盘点结果与账面结存结果不相符时，应根据盘存单和有关账簿记录，填制实存账存对比表，以确定实物财产的盘盈数或盘亏数。实存账存对比表（见表 5-5）是财产清查的重要报表，是调整账面记录的原始凭证，也是分析盈亏原因，明确经济责任的重要依据。

表 5-5　实存账存对比表

单位名称：　　　　　　　　　　　　年　月　日

类别及名称	计量单位	单价	实存		账存		差异				备注
							盘盈		盘亏		
			数量	金额	数量	金额	数量	金额	数量	金额	

三、往来款项的清查

对各种应收、应付款的清查应采取询证核对法，即同对方核对账目的方法。清查单位应在其各种往来款项记录准确的基础上，编制往来款项对账单（见图 5-1），寄发或派人送交对方单位，与债务人或债权人进行核对。

往来款项对账单

_____单位：

你单位 2017 年×月×日购入我单位×产品××台，已付货款×××元，尚有×××元货款未付，请核对后将回单联寄回。

核查单位：（盖章）

2017 年×月×日

沿此虚线裁开，将以下回单联寄回！

往来款项对账单（回联）

核查单位：

你单位寄来的"往来款项对账单"已经收到，经核对相符无误（或不符，应注明具体内容）。

××单位（盖章）

2017 年×月×日

图 5-1　往来款项对账单

第四节 财产清查结果的处理

一、财产清查结果处理的基本步骤

企业对财产清查的结果，应当按照国家有关财务会计制度的规定进行认真处理。财产清查中发现的盘盈和盘亏等问题，首先要核准金额，然后按规定的程序报经上级部门批准后，才能进行会计处理，其处理的主要步骤如下。

（一）核准数字（包括金额和数量），查明原因

根据清查情况，将全部的清查结果填列在实存账存对比表等有关的表格中。在进行具体的处理之前，应对这些原始凭证中所记录的货币资金、财产物资及债权债务的盈亏数字进行全面的核实，对各项差异产生的原因进行分析，以便明确经济责任，并针对不同的原因所造成的盈亏余缺据实提出处理意见，呈报有关领导和部门批准。对于债权债务在核对过程中出现的争议问题应及时组织清理，对于超储积压物资应同时提出处理方案。

（二）调整账簿记录，做到账实相符

在核准数字，查明原因的基础上，就可以根据实存账存对比表等原始凭证编制记账凭证，并据以登记有关账簿，使各项财产物资、货币资金、债权债务做到账实相符。调整账簿记录的原则是：以"实存"为准，当盘盈时，补充账面记录；当盘亏时，冲销账面记录。在调整账面记录并做到账实相符之后，就可以将编制的实存账存对比表和撰写的文字说明，按照规定程序一并报送有关部门和领导批准。

（三）报请批准，进行批准后的账务处理

当有关部门领导对所呈报的财产清查结果提出处理意见后，企业单位应严格按照批复意见编制有关的记账凭证，进行批准后的账务处理，登记有关账簿，并追回由于责任者个人原因造成的财产损失。

二、财产清查结果处理的方法

（一）财产清查结果处理应设置的账户

为了反映和监督企业单位在财产清查过程中查明的各种财产物资的盈亏、毁损及其处理情况，应设置"待处理财产损溢"账户。该账户的性质属于资产类（有一定的特殊性），是用来核算企业在财产清查时所发现的各项财产物资的盘盈、盘亏数，以及经批准后转销数的账户。其借方登记清查当时发现的财产物资盘亏数和经过批准后盘盈的转销数；贷方登记清查当时发现的财产物资盘盈数和经过批准后盘亏的转销数。期末一般没有余额。为了分别反映和监督企业固定资产和流动资产的盈亏情况，"待处理财产损溢"账户应设置"待处理固定资产损溢"和"待处理流动资产损溢"两个明细分类账户进行明细分类核算。

"待处理财产损溢"账户的结构可表示如下。

借方　　　　待处理财产损溢　　　　贷方
清查时发现的盘亏数　　　　　　　清查时发现的盘盈数 经批准后盘盈的转销数　　　　　经批准后盘亏的转销数

对于"待处理财产损溢"这个过渡性账户，需要注意三点：一是只有各种实物财产和现金清查结果盘盈或盘亏时用到该账户，而债权债务的盈亏余缺不在该账户中核算；二是该账户的具体运用要分批准前和批准后两个步骤；三是盘盈或盘亏的实物资产如果在会计期末尚未经批准的，应在对外提供财务报告时先按有关规定进行处理，并在会计报表附注中做出说明，如果其后批准处理的金额与已处理的金额不一致，应按其差额调整会计报表相关项目的年初数。

（二）财产清查结果的会计处理

财产清查的对象不同，所采取的处理方法也不同。

▶ 1. 现金清查结果的处理

现金清查过程中发现的长款（溢余）或短款（盘亏），应根据现金盘点报告表及有关的批准文件进行批准前和批准后的账务处理。现金长、短款通过"待处理财产损溢——待处理流动资产损溢"账户进行核算。

（1）现金长、短款在批准前的处理。以实际存在的库存现金为准，当现金长款时，增加现金账户的记录，以保证账实相符，同时计入"待处理财产损溢——待处理流动资产损溢"账户，等待批准处理；当现金短款时，应冲减现金账户的记录，以保证账实相符，同时计入"待处理财产损溢——待处理流动资产损溢"账户，等待批准处理。

（2）现金长、短款在批准后的处理。现金长、短款在批准后应视不同的原因造成的现金长、短款而采取不同的方法进行处理。一般来说，对于无法查明原因的现金长款，其批准后的处理是增加营业外收入，对于应付其他单位或个人的长款，应计入"其他应付款——××单位或个人"账户。对于现金短款，如果是应由责任人赔偿或由保险公司赔偿的，应转计入"其他应收款——××赔偿人"或"其他应收款——应收保险赔款"账户；如果是由于经营管理不善造成非常损失或无法查明原因的，应增加企业的管理费用。

下面举例说明现金长、短款批准前后的账务处理。

【例 5-5】国泰公司在财产清查中发现现金短款 720 元，经查是由于出纳员的责任造成的。

批准前的处理：
借：待处理财产损溢——待处理流动资产损溢　　　　　　　　　　　　720
　　贷：库存现金　　　　　　　　　　　　　　　　　　　　　　　　720
批准后的处理：
借：其他应收款——××出纳员　　　　　　　　　　　　　　　　　720
　　贷：待处理财产损溢——待处理流动资产损溢　　　　　　　　　　720

【例 5-6】国泰公司在财产清查时发现现金长款 1 200 元,无法查明原因。

批准前的处理:

借:库存现金　　　　　　　　　　　　　　　　　　　　　　　　1 200
　　贷:待处理财产损溢——待处理流动资产损溢　　　　　　　　　　　1 200

批准后的处理:

借:待处理财产损溢——待处理流动资产损溢　　　　　　　　　　　1 200
　　贷:营业外收入　　　　　　　　　　　　　　　　　　　　　　　1 200

【例 5-7】国泰公司在财产清查时发现现金短款 220 元,经反复查对,原因不明。

批准前的处理:

借:待处理财产损溢——待处理流动资产损溢　　　　　　　　　　　220
　　贷:库存现金　　　　　　　　　　　　　　　　　　　　　　　　220

批准后的处理:

借:管理费用——现金短款　　　　　　　　　　　　　　　　　　　220
　　贷:待处理财产损溢——待处理流动资产损溢　　　　　　　　　　　220

▶ 2. 实物财产清查结果的处理

企业的实物财产主要包括流动资产和固定资产两部分。

(1) 流动资产清查结果的处理。

企业在财产清查过程中发现的流动资产盘盈、盘亏,报经批准以前应先通过"待处理财产损溢"账户核算。对于盘盈的流动资产,一方面增加有关的流动资产账户,另一方面计入"待处理财产损溢"账户的贷方;对于盘亏的流动资产,一方面计入"待处理财产损溢"账户的借方,另一方面冲减有关的流动资产账户。报经有关部门批准之后,再根据不同的情况进行相应的处理。批准后一般的处理办法是:属于管理不善、收发计量不准确、自然损耗而产生的定额内的损耗,转作管理费用;属于超定额的短缺毁损所造成的损失,应由过失人负责赔偿;属于非常损失造成的短缺毁损,在扣除保险公司的赔偿和残料价值后的净损失,列作营业外支出。对于盘盈的流动资产(一般由于收发计量不准或自然升溢等原因造成),经批准后冲减管理费用。

(2) 固定资产清查结果的处理。企业在财产清查过程中,发现盘盈、盘亏和毁损的固定资产,同样通过"待处理财产损溢"账户进行核算。对于盘盈的固定资产,在批准处理前应按同类或类似固定资产的市场价格,减去按该项固定资产新旧程度估计的价值损耗后的余额借记"固定资产"账户,贷记"待处理财产损溢"账户;待查明原因经过批准后再将其计入"营业外收入"账户;对于盘亏的固定资产,在批准前应按其账面净值借记"待处理财产损溢"账户,按其账面已提折旧计入"累计折旧"账户,按其账面原始价值计入"固定资产"账户,经过批准之后再将其净值计入"营业外支出"账户。

下面举例说明实物财产清查结果的处理过程。

【例 5-8】国泰公司在财产清查过程中发现盘亏机器一台,账面原值 72 000 元,已提折旧 58 000 元。盘亏材料 1 000 元(属于责任者失职造成),盘亏库存商品 3 100 元(属于收发计量不准确造成)。

在批准前,根据实存账存对比表所确定的机器盘亏数字,编制如下会计分录:

借：待处理财产损溢——待处理固定资产损溢　　　　　　　　　　　　　14 000
　　　累计折旧　　　　　　　　　　　　　　　　　　　　　　　　　58 000
　　贷：固定资产　　　　　　　　　　　　　　　　　　　　　　　　　72 000

在批准前，根据实存账存对比表所确定的材料和商品盘亏数额，编制如下会计分录：

借：待处理财产损溢——待处理流动资产损溢　　　　　　　　　　　　　4 100
　　贷：原材料　　　　　　　　　　　　　　　　　　　　　　　　　　1 000
　　　　库存商品　　　　　　　　　　　　　　　　　　　　　　　　　3 100

上述盘亏的固定资产、原材料和商品经批准后根据不同的原因进行不同的会计处理。其中盘亏固定资产的净值 14 000 元作为营业外支出，计入"营业外支出"账户的借方；对盘亏的原材料，应由责任者赔偿，计入"其他应收款"账户，对盘亏的商品，应计入"管理费用"账户。根据以上情况，编制如下会计分录：

借：营业外支出　　　　　　　　　　　　　　　　　　　　　　　　　14 000
　　贷：待处理财产损溢——待处理固定资产损溢　　　　　　　　　　　14 000
借：管理费用　　　　　　　　　　　　　　　　　　　　　　　　　　　3 100
　　其他应收款　　　　　　　　　　　　　　　　　　　　　　　　　　1 000
　　贷：待处理财产损溢——待处理流动资产损溢　　　　　　　　　　　4 100

【例5-9】国泰公司在财产清查过程中发现一台账外设备，同类设备的市场价格为 20 000 元，估计六成新。

发现设备盘盈时：
借：固定资产　　　　　　　　　　　　　　　　　　　　　　　　　　12 000
　　贷：待处理财产损溢——待处理固定资产损溢　　　　　　　　　　　12 000

报经批准后，转作营业外收入：
借：待处理财产损溢——待处理固定资产损溢　　　　　　　　　　　　12 000
　　贷：营业外收入　　　　　　　　　　　　　　　　　　　　　　　　12 000

【例5-10】国泰公司在财产清查过程中发现一批账外原材料 680 千克，结合同类原材料确定其总成本为 7 200 元。

批准前的处理：
借：原材料　　　　　　　　　　　　　　　　　　　　　　　　　　　　7 200
　　贷：待处理财产损溢——待处理流动资产损溢　　　　　　　　　　　7 200

批准后的处理：
借：待处理财产损溢——待处理流动资产损溢　　　　　　　　　　　　7 200
　　贷：管理费用　　　　　　　　　　　　　　　　　　　　　　　　　7 200

▶ 3. 应收、应付账款清查结果的会计处理

(1) 应收账款清查结果的处理。在财产清查过程中，发现的确实无法收回的应收账款，不通过"待处理财产损溢"账户核算，而是在原来账面记录的基础上，按规定程序报经批准后直接处理。无法收回的应收账款称为坏账，由于发生坏账而给企业造成的损失称为坏账损失。对于坏账损失的核算，有直接转销法和备抵法两种核

算方法。

① 直接转销法，是在实际发生坏账时，作为一种损失直接计入期间费用，同时冲销应收账款，其账务处理为借记"资产减值损失——坏账损失"账户，贷记"应收账款"账户。这种核算方法平时账务处理比较简单，但是不符合权责发生制和配比原则的要求。发生坏账损失的会计期间，该期间的利润会处于较低的水平，在没有实际发生坏账的会计期末，会夸大资产负债表中应收账款的可实现价值。

② 备抵法，是按期估计坏账损失，计入期间费用，同时建立坏账准备金，待实际发生坏账时，冲销已经提取的坏账准备金。采用备抵法核算坏账损失就避免了直接转销法的缺点。企业在会计核算过程中遵循谨慎性原则和配比原则的要求对应收账款提取坏账准备金，可以将预计未来不能收回的应收账款作为坏账损失计入期间费用，既保持了成本费用和利润的稳定性，避免虚盈实亏，又在一定程度上消除或减少了坏账损失给企业带来的风险。在会计报表上列示应收账款净额，使企业应收账款可能发生的坏账损失得到及时的反映，从而使会计信息使用者更加清楚地了解企业真实的财务状况。

按照我国现行会计制度的要求，我国企业单位应该采用备抵法核算坏账损失，计提坏账准备金。

【例 5-11】国泰公司应收某单位货款 100 000 元，经查确属无法收回的款项，经批准转作坏账损失。

当企业采用直接转销法核算时，其会计处理如下：

借：资产减值损失——坏账损失　　　　　　　　　　　　　　　100 000
　　贷：应收账款　　　　　　　　　　　　　　　　　　　　　　　　　　100 000

当企业采用备抵法核算时，其会计处理如下：

借：坏账准备　　　　　　　　　　　　　　　　　　　　　　　　100 000
　　贷：应收账款　　　　　　　　　　　　　　　　　　　　　　　　　　100 000

（2）应付账款清查结果的处理。由于债权单位撤销或不存在等原因造成的长期应付而无法支付的款项，经批准予以转销。无法支付的款项在批准前不做账务处理，即不需通过"待处理财产损溢"科目进行核算，按规定的程序批准后，将应付款项转作"资本公积"科目。

【例 5-12】国泰公司在财产清查中，发现应付某单位的货款 34 000 元已无法支付，经批准予以转销。

经批准转销时，编制会计分录如下：

借：应付账款　　　　　　　　　　　　　　　　　　　　　　　　34 000
　　贷：营业外收入　　　　　　　　　　　　　　　　　　　　　　　　　　34 000

同步检测练习

一、名词解释

财产清查　永续盘存制　实地盘存制　待处理财产损溢　全面清查　局部清查
定期清查　不定期清查

二、单项选择题

1. 根据管理上的需要，现金要（　　）。
   A. 每日盘点一次　　　　　　　　　　B. 进行轮流清查或重点清查
   C. 至少每月盘点一次　　　　　　　　D. 每月与银行核对1~2次

2. 对存货、固定资产清查盘点时，（　　）。
   A. 出纳员不许在场　　　　　　　　　B. 会计和出纳必须在场
   C. 实物保管员必须在场　　　　　　　D. 实物保管员不必在场

3. 对现金清查时，（　　）。
   A. 实物保管员必须在场　　　　　　　B. 会计和出纳不必在场
   C. 出纳员不必自始至终在场　　　　　D. 出纳员和会计部门领导必须在场

4. 对固定资产盘亏，经批准后，一般应按其净值转账，计入（　　）。
   A. 管理费用　　　　　　　　　　　　B. 其他应收款
   C. 营业外支出　　　　　　　　　　　D. 实收资本

5. 存货的盘亏或毁损，属于定额范围内的自然损耗和非过失人造成的损失，报经批准后，一般计入（　　）。
   A. 管理费用　　　　　　　　　　　　B. 营业外支出
   C. 其他应收款　　　　　　　　　　　D. 生产成本

6. 对于大量难以逐一清点的财产物资的清查，一般采用（　　）方法进行清查。
   A. 实地盘点　　　　　　　　　　　　B. 抽样检验
   C. 询证核对　　　　　　　　　　　　D. 技术推算盘点

7. 在记账无误的情况下，银行对账单与银行存款日记账账面余额不一致的原因是（　　）。
   A. 暂收和暂付款　　　　　　　　　　B. 应收账款
   C. 应付账款　　　　　　　　　　　　D. 未达账项

8. 下列不属于原始凭证的是（　　）。
   A. 盘存单　　　　　　　　　　　　　B. 实存账存对比表
   C. 银行存款余额调节表　　　　　　　D. 库存现金盘点报告表

9. 实存账存对比表属于（　　）。
   A. 自制原始凭证　　　　　　　　　　B. 外来原始凭证
   C. 记账凭证　　　　　　　　　　　　D. 汇总记账凭证

10. 以下属于货币资金清查的有（　　）。
    A. 其他货币资金的清查　　　　　　　B. 存货的清查
    C. 固定资产的清查　　　　　　　　　D. 往来账的清查

三、多项选择题

1. 财产清查的内容包括（　　）。
   A. 实物清查　　　B. 实地清查
   C. 现金清查　　　D. 利润清查　　　E. 债权债务清查

2. 财产清查按照清查时间可划分为（　　）。
   A. 全部清查　　　B. 不定期清查

C. 核对账目 D. 定期清查 E. 实地盘点

3. 财产清查前的准备工作包括（　　）。

A. 组织准备 B. 编制会计报表

C. 实物整理准备 D. 度量衡器具准备 E. 清查专用表格准备

4. "待处理财产损溢"账户的贷方记录（　　）。

A. 发生的财产盘盈额 B. 发生的财产盘亏

C. 结转经批准的财产盘盈额 D. 结转经批准的财产盘亏

E. 结转坏账损失

5. 不定期清查主要在（　　）特殊情况下进行。

A. 变更财产物资和现金保管人员时

B. 发生非常灾害造成财产物资受损时

C. 年终结算时

D. 有关部门对企业进行审计时

E. 企业关、停、并、迁、改变隶属关系时

6. 永续盘存制与实地盘存制的区别有（　　）。

A. 财产物资在账簿中的记录方法不同

B. 永续盘存制不需要进行财产清查

C. 实地盘存制不需要登记账簿

D. 永续盘存制与实地盘存制适用范围不同

E. 设置的账簿不同

7. 各种应收、应付账项的清查，包括下列（　　）的查核。

A. 本企业与外部其他企业单位的应收、应付结算账项

B. 本企业与内部各部门之间的应收、应付结算账项

C. 对本企业职工的各种代垫、代付账项

D. 尚未报销的职工预借款项

E. 本企业预提费用

8. 下列内容属于财产全面清查范围的有（　　）。

A. 租入固定资产 B. 应付账款

C. 在产品 D. 应收账款

E. 租出固定资产

9. 对银行存款的清查应根据（　　）逐笔进行核对。

A. 银行存款实有数 B. "银行存款"总分类账户

C. 银行存款日记账 D. 银行对账单 E. 未达账项

10. 在编制银行存款余额调节表时，企业银行存款日记账的余额应加减的项目有（　　）的款项。

A. 银行已收，企业未收 B. 企业已收，银行未收

C. 企业已付，银行未付 D. 银行已付，企业未付

E. 企业已付，银行未收

四、判断题

1. 财产管理和会计核算工作较好的单位可以不进行财产清查。（　）
2. 对于未达账项，应编制银行存款余额调节表，以检查企业与银行双方账面余额是否一致，并据以调整有关账簿的记录。（　）
3. 银行存款账实不符肯定是因为存在未达账项。（　）
4. 实物清查和现金清查均应背对背进行，因此，实物保管人员和出纳人员不能在场。（　）
5. 调整无误的银行存款余额调节表的余额是企业银行存款的真正数。（　）
6. 账实不符是财产管理不善或会计人员水平不高的结果。（　）
7. 实地盘存制就是通过逐一点数、过磅或技术推算方法对各项实物进行清查的制度。（　）
8. 采用永续盘存制的企业，对财产物资一般不需要进行实地盘点。（　）
9. 未达账项是由于企、事业单位的财会人员不及时登账所造成的。（　）
10. 某企业仓库被盗，为查明损失决定立即进行盘点，按照财产清查的范围应属于局部清查，按照清查的时间应属于不定期清查。（　）

五、简答题

1. 什么是财产清查？有什么重要意义？
2. 永续盘存制与实地盘存制有何异同？各自具有什么样的优缺点？
3. 财产清查前应做哪些准备工作？
4. 实物资产的清查方法有哪几种？清查步骤是怎样的？
5. 什么是未达账项？有哪些表现形式？
6. 往来账项应如何清查？
7. 财产清查结果的处理步骤是怎样的？
8. 简述"待处理财产损溢"账户的性质、用途、账户结构和明细账户的设置方法。

六、业务处理题

1. 光华工厂2017年4月30日银行存款日记账余额为49 150元，银行对账单同日余额为91 670元，双方账面记录均无错误，经核对存在下列未达账款：

(1) 4月30日，委托银行收款收回58 300元，银行已经收账，企业尚未收账。

(2) 4月30日，市房产公司特约托收房租1 280元，银行已经付账，企业尚未付账。

(3) 4月30日，企业收到其他单位交来的转账支票18 500元已经收账，银行尚未收款。

(4) 4月30日，企业开出支票付货款4 000元，企业已经付账，银行尚未付账。

要求：根据上述资料，编制银行存款余额调节表。

2. 大成工厂2017年12月份进行财产清查，其结果如下：

(1) 甲材料盘盈100千克，每千克50元计5 000元，原因待查。

(2) 乙材料盘亏50千克，每千克20元计1 000元，原因待查。

(3) 经查明，上述盘盈的甲材料是由于收发计量上的错误所致，予以转账。

(4) 经查明，上述盘亏的乙材料属于定额内的自然损耗，经批准转作管理费用。

（5）A产品盘亏10件，单位实际成本50元，计500元，经查明是由于保管不善被盗，应由过失人赔偿。

（6）B产品盘亏50件，每件实际成本30元，计1 500元，经查明是非常事故造成的损失。

（7）基本生产车间盘盈磨床一台，重置价值4 500元。

（8）基本生产车间盘亏铣床一台，其原始价值80 000元，已提折旧50 000元，经批准列作营业外支出处理。

要求：根据上述资料，编制会计分录。

第六章 账务处理程序

引导案例

现代信息技术引起会计程序的变化

现代信息技术的高速发展将使传统的会计语言和企业会计文化发生质的变化,会计语言中的一些核心词汇(如记账凭证、账簿、报表等)的作用将逐渐淡化。首先,由于企业管理全面信息化的实现,使会计信息源和信息表示结构由一元化走向多元化,即会计工作中记账凭证的信息将直接来源于各种业务过程,记账凭证作为手工环境下重要实体的作用将逐步淡化直至消亡;其次,由于网络和数据库技术的发展和应用,使各级管理者和投资者可以实时地通过企业网站访问存储于会计信息系统中的共享信息。因此,取代凭证、账、报表的将是原始信息、操作信息、分析决策信息等;而信息的收集、存储、传递、处理、加工、打印等将取代传统会计中制作凭证、记账、结账、出报表等环节。

讨论与思考:

1. 什么是账务处理程序?
2. 账务处理程序主要有哪些种类?
3. 设计账务处理程序有哪些要求?

第一节 账务处理程序概述

一、账务处理程序的含义

账务处理程序是会计凭证、账簿、会计报表和账务处理程序相互结合的方式,也称会计核算组织程序。它是指对会计数据的记录、归类、汇总、呈报的步骤和方法,即从原始凭证的整理、汇总,记账凭证的填制、汇总,日记账、明细分类账、总分类账的登记,到最后编制会计报表的步骤和方法。科学地组织账务处理程序，对提高会计核算的质量和会计工作的效率、充分发挥会计的职能具有重要的意义。

不同的账务处理程序规定了填制会计凭证、登记账簿、编制会计报表的不同步骤和方法，各单位必须从各自的实际情况出发，科学地组织本单位的账务处理程序，以保证会计核算工作高效、高质，充分发挥会计核算监督的基本职能，并为会计参与企业经营决策打下良好的基础，以有效地实现会计的管理功能。

二、账务处理程序的设计要求

各单位由于自身实际情况的不同导致其账务处理程序也不尽相同，但是基本模式都是一样的，如图6-1所示。

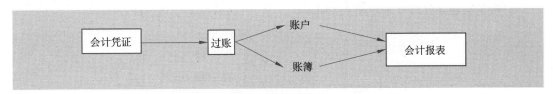

图 6-1　账务处理程序的基本模式

一般来说，合理、适用的账务处理程序应符合以下三个要求。

（1）要适应本单位的经济活动特点、规模的大小和业务的繁简情况，有利于会计核算的分工，建立岗位责任制。

（2）要适应本单位、主管部门以至国家管理经济的需要，全面、系统、及时、正确地提供反映本单位经济活动情况的会计核算资料。

（3）要在保证核算资料正确、及时和完整的前提条件下，尽可能地简化会计核算手续，提高会计工作效率，节约人力物力，节约核算费用。

三、账务处理程序的种类

目前，我国各经济单位采用的账务处理程序一般有六种：记账凭证账务处理程序、汇总记账凭证账务处理程序、科目汇总表账务处理程序、多栏式日记账账务处理程序、日记总账账务处理程序和通用日记账账务处理程序。

六种账务处理程序的主要区别在于各自登记总账的依据和方法不同。下面重点介绍记账凭证财务处理程序、汇总记账凭证财务处理程序和科目汇总表账务处理程序。

第二节　记账凭证账务处理程序

一、记账凭证账务处理程序的特点

记账凭证账务处理程序是会计核算程序中最基本的一种账务处理程序，其特点是：直接根据记账凭证，逐笔登记总分类账。

二、记账凭证账务处理程序设置的会计凭证和账簿

▶ 1. 记账凭证账务处理程序设置的会计凭证

在记账凭证账务处理程序下,需设置收款凭证、付款凭证和转账凭证,作为登记总分类账的依据。

▶ 2. 记账凭账务处理程序设置的账簿

在记账凭证账务处理程序下,需设置现金日记账、银行存款日记账、总分类账和明细分类账。

三、记账凭证账务处理程序

记账凭证账务处理程序如图 6-2 所示。

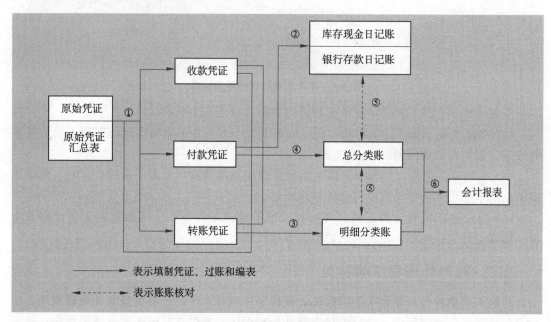

图 6-2 记账凭证账务处理程序

① 根据各种原始凭证或原始凭证汇总表,编制记账凭证(包括收款凭证、付款凭证和转账凭证)。

② 根据收款凭证、付款凭证和转账凭证逐笔登记库存现金日记账和银行存款日记账。

③ 根据原始凭证、原始凭证汇总表和记账凭证,登记各种明细账。

④ 根据记账凭证逐笔登记总分类账。

⑤ 月终,将现金日记账、银行存款日记账的余额,以及各种明细分类账户余额合计数,分别与总分类账中有关科目的余额核对相符。

⑥ 月终,根据核对无误的总分类账和各种明细分类账的记录,编制会计报表。

四、记账凭证账务处理程序的优缺点和适用范围

▶ 1. 优点

记账凭证账务处理程序比较简单明了、易于理解,总分类账较详细地记录和反映经济

业务的发生情况,来龙去脉清楚,便于了解经济业务动态和查对账目。

▶ 2. 缺点

由于总分类账是直接根据记账凭证逐笔登记的,如果一个企业规模大、记账凭证多,登记总分类账的工作量就很大。

▶ 3. 适用范围

记账凭证账务处理程序一般适用于规模较小且经济业务较少的经济单位。

第三节 汇总记账凭证账务处理程序

一、汇总记账凭证账务处理程序的特点

汇总记账凭证账务处理程序的特点是:先定期将全部记账凭证按收款凭证、付款凭证和转账凭证分别归类编制成汇总记账凭证,再根据汇总记账凭证登记总分类账。

二、汇总记账凭证账务处理程序设置的记账凭证和账簿

▶ 1. 汇总记账凭证财务处理程序设置的记账凭证

在汇总记账凭证账务处理程序下,设置收款凭证、付款凭证和转账凭证、汇总收款凭证、汇总付款凭证和汇总转账凭证,作为登记总分类账的依据。

▶ 2. 汇总记账凭证财务处理程序设置的账簿

与记账凭证账务处理程序和科目汇总表账务处理程序相同,设置现金日记账和银行存款日记账,一般采用三栏式;设置总分类账,按每一总账科目设置账页,采用三栏式;设置各种明细分类账,根据需要可采用三栏式、数量金额式或多栏式。

三、汇总记账凭证的编制方法

▶ 1. 汇总收款凭证的编制方法

将需要进行汇总的收款凭证,按其对应的贷方科目进行归类,计算出每一个贷方科目发生额合计数,填入汇总收款凭证中。一般可5天或10天汇总一次,每月编制一次。月终,根据计算出的每个贷方科目发生额合计数登记总分类账。

▶ 2. 汇总付款凭证的编制方法

将需要进行汇总的付款凭证,按其对应的借方科目进行归类,计算出每一个借方科目的发生额合计数,填入汇总付款凭证中。一般可5天或10天汇总一次,每月编制一张。月终,根据计算出的每个借方科目发生额合计数登记总分类账。

▶ 3. 汇总转账凭证的编制方法

将需要汇总的转账凭证,按其对应的借方科目进行归类,计算出每一个借方科目发生

额合计数，填入汇总转账凭证。一般可以 5 天或 10 天汇总一次，每月编制一张。月终，根据计算出的每个借方科目发生额合计数登记总分类账。

在汇总记账凭证账务处理程序下，为了便于编制汇总转账凭证，所有转账凭证也只能按一个贷方科目与一个或几个借方科目对应来填制，不能填制一个借方科目与几个贷方科目相对应的转账凭证。也就是说，可以填制一借一贷和一贷多借的转账凭证，而不能填制一借多贷和多借多贷的转账凭证。

四、汇总记账凭证账务处理程序

汇总记账凭证账务处理程序如图 6-3 所示。

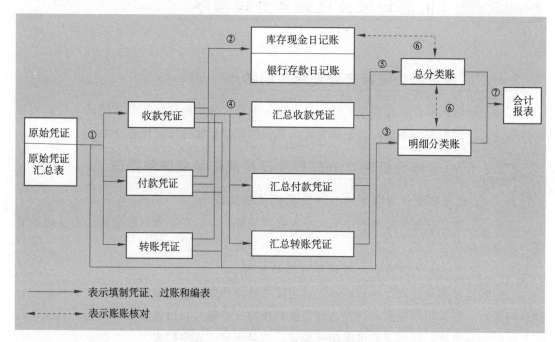

图 6-3　汇总记账凭证账务处理程序

① 根据原始凭证和原始凭证汇总表，编制收款凭证、付款凭证和转账凭证。

② 根据收款凭证和付款凭证，登记库存现金日记账和银行存款日记账。

③ 根据原始凭证、原始凭证汇总表和记账凭证，登记各种明细分类账。

④ 根据一定时期内的全部记账凭证，汇总编制汇总收款凭证、汇总付款凭证和汇总转账凭证。

⑤ 根据定期编制的汇总收款凭证、汇总付款凭证和汇总转账凭证，登记总分类账。

⑥ 月终，将现金日记账、银行存款日记账的余额及各种明细分类账的余额合计数，分别与总分类账中有关科目的余额核对相符。

⑦ 月终，根据核对无误的总分类账和各明细分类账的记录，编制会计报表。

下面以工业生产企业为例，简要说明汇总记账凭证的编制及总分类账登记的方法，如表 6-1～表 6-4 所示。

表 6-1　汇总收款凭证

借方科目：银行存款　　　　　　　　　2017 年 7 月　　　　　　　　　　汇收第×号

贷方科目	金额				总账页数	
	(1)	(2)	(3)	合计	借方	贷方
应收账款	8 000.00			8 000.00		
主营业务收入	6 500.00	6 300.00	8 900.00	21 700.00		
其他货币资金			2 000.00	2 000.00		
合计	14 500.00	6 300.00	10 900.00	31 700.00		

注：(1) 上旬，记账凭证共×张；
　　(2) 中旬，记账凭证共×张；
　　(3) 下旬，记账凭证共×张。

表 6-2　汇总付款凭证

借方科目：银行存款　　　　　　　　　2017 年 7 月　　　　　　　　　　汇付第×号

借方科目	金额				总账页数	
	(1)	(2)	(3)	合计	借方	贷方
应收账款	5 000.00	4 500.00		9 500.00		
其他货币资金	11 200.00			11 200.00		
库存现金		2 000.00		2 000.00		
材料采购	10 000.00		10 000.00	20 000.00		
管理费用		600.00		600.00		
合计	26 200.00	7 100.00	10 000.00	43 300.00		

注：(1) 上旬，记账凭证共×张；
　　(2) 中旬，记账凭证共×张；
　　(3) 下旬，记账凭证共×张。

表 6-3　汇总转账凭证

贷方科目：其他应收款　　　　　　　　2017 年 7 月　　　　　　　　　　汇转第×号

借方科目	金额				总账页数	
	(1)	(2)	(3)	合计	借方	贷方
管理费用						
合计						

注：(1) 上旬，记账凭证共×张；
　　(2) 中旬，记账凭证共×张；
　　(3) 下旬，记账凭证共×张。

表 6-4　总 分 类 账

会计科目：银行存款　　　　　　　　　　　　　　　　　　　　　　　　　　　　第××号

2017年		凭证号数	摘　要	对方账户	借　方	贷　方	借或贷	余　额
月	日							
7	1		期初余额				借	150 000.00
	30	汇收×		主营业务收入	21 700.00			
	30	汇收×		应收账款	8 000.00			
	30	汇收×		其他货币资金	2 000.00			
	30	汇付×		应付账款		9 500.00		
	30	汇付×		其他货币资金		11 200.00		
	30	汇付×		库存现金		2 000.00		
	30	汇付×		材料采购		20 000.00		
	30	汇付×		管理费用		600.00		
	30		本月发生额及余额		31 700.00	43 300.00	借	138 400.00

五、汇总记账凭证账务处理程序的优缺点和适用范围

▶ 1. 优点

便于通过有关科目之间的对应关系，了解经济业务的来龙去脉，这一点克服了科目汇总表的缺点；在汇总记账凭证账务处理程序下，总分类账根据汇总记账凭证，于月终时一次登记入账，减少了登记总分类账的工作量，这一点克服了记账凭证账务处理程序的缺点。

▶ 2. 缺点

汇总转账凭证是按每一贷方科目，而不是按经济业务的性质归类、汇总的，因而不利于会计核算工作的分工。当转账凭证数量较多时，编制汇总转账凭证的工作量较大。

▶ 3. 适用范围

汇总记账凭证账务处理程序适用于规模大、经济业务较多的经济单位。

第四节　科目汇总表账务处理程序

一、科目汇总表账务处理程序的特点

科目汇总表账务处理程序的特点是：定期将所有记账凭证汇总编制成科目汇总表，然后再根据科目汇总表登记总分类账。

二、科目汇总表账务处理程序设置的会计凭证和账簿

在科目汇总表账务处理程序下,其会计凭证和账簿设置与记账凭证账务处理程序相同。

三、科目汇总表的编制方法

科目汇总表,是根据一定时期内的全部记账凭证,按科目进行归类编制的。在科目汇总表中,分别计算出每一个总账科目的借方发生额合计数、贷方发生额合计数。由于借贷记账法的记账规则是"有借必有贷,借贷必相等",所以在编制的科目汇总表内,全部总账科目的借方发生额合计数与贷方发生额合计数相等。

四、科目汇总表账务处理程序

科目汇总表账务处理程序如图 6-4 所示。

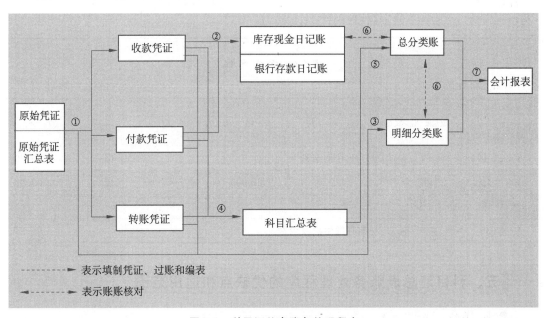

图 6-4 科目汇总表账务处理程序

① 根据原始凭证和原始凭证汇总表,编制收款凭证、付款凭证和转账凭证等记账凭证。

② 根据收款凭证和付款凭证,逐笔登记库存现金日记账和银行存款日记账。

③ 根据原始凭证、原始凭证汇总表和记账凭证登记各种明细分类账。

④ 根据一定时期内的全部记账凭证,汇总编制成科目汇总表。

⑤ 根据定期编制的科目汇总表,登记总分类账。

⑥ 月终,将现金日记账、银行存款日记账的余额,以及各种明细分类账户余额合计数,分别与总分类账中有关科目的余额核对相符。

⑦ 月终,根据核对无误的总分类账和各种明细分类账的记录,编制会计报表。

下面简要介绍科目汇总表的编制及过账的方法,如表 6-5 和表 6-6 所示。

表 6-5　科目汇总表

2017 年 8 月 1 日至 10 日　　　　　　　　　　　　　　　　科汇第×号

会计科目	总账页数	本期发生额		记账凭证起止号数
		借方	贷方	
无形资产	（略）	5 000.00		（略）
在途物资		8 000.00		
原材料			7 000.00	
生产成本		7 000.00		
银行存款		22 000.00	22 500.00	
应收账款			12 000.00	
应付账款		9 500.00		
主营业务收入			10 000.00	
合计		51 500.00	51 500.00	

表 6-6　总 分 类 账

会计科目：银行存款　　　　　　　　　　　　　　　　　　　　　　　　　　第 26 页

2017 年		凭证号数	摘要	借方	贷方	借或贷	余额
月	日						
8	1		月初余额			借	200 000.00
	10	科汇×		22 000.00	22 500.00	借	199 500.00
	⋮			⋮	⋮		
9	30		本月发生额及余额	×	×		×

五、科目汇总表账务处理程序的优缺点和适用范围

▶ 1. 优点

由于总分类账是根据定期编制的科目汇总表登记的，大大减少了登记总账的工作量。

▶ 2. 缺点

科目汇总表是按总账科目汇总编制的，只能作为登记总账和试算平衡的依据，不便于分析和检查经济业务的来龙去脉，不便于查对账目。

▶ 3. 适用范围

科目汇总表账务处理程序适用于经济业务量较多的经济单位。

| 同步检测练习 |

一、名词解释

账务处理程序　记账凭证账务处理程序　汇总记账凭证账务处理程序

科目汇总表账务处理程序　科目汇总表　汇总收款凭证　汇总付款凭证

二、单项选择题

1. 科目汇总表与汇总记账凭证的共同优点是(　　)。
   A. 保持科目之间的对应关系　　　　B. 简化总分类账登记工作
   C. 进行发生额试算平衡　　　　　　D. 总括反映同类经济业务
2. 在下列账务处理程序中，最基本的账务处理程序是(　　)。
   A. 日记总账账务处理程序　　　　　B. 汇总记账凭证账务处理程序
   C. 记账凭证账务处理程序　　　　　D. 记账凭证汇总表账务处理程序
3. 记账凭证汇总表所汇总的范围是(　　)。
   A. 全部科目的借方发生额　　　　　B. 全部科目的贷方发生额
   C. 全部科目的借方、贷方发生额　　D. 全部科目的借方、贷方余额
4. 科目汇总表账务处理程序适用于(　　)。
   A. 规模较小、业务较少的单位　　　B. 规模较小、业务较多的单位
   C. 规模较大、业务较多的单位　　　D. 规格较大、业务较少的单位
5. 汇总记账凭证账务处理程序的主要缺点是(　　)。
   A. 不利于会计分工　　　　　　　　B. 不能反映经济业务
   C. 不能保持科目之间的对应关系　　D. 不能节省会计工作时间
6. 采用记账凭证汇总表账务处理程序时，为了便于填制记账凭证汇总表，可采用(　　)的记账凭证。
   A. 一借一贷　　　　　　　　　　　B. 一贷多借
   C. 单科目　　　　　　　　　　　　D. 多科目
7. 汇总收款凭证是根据(　　)汇总编制而成的。
   A. 原始凭证　　　　　　　　　　　B. 汇总原始凭证
   C. 付款凭证　　　　　　　　　　　D. 收款凭证
8. 设计账务处理程序是(　　)的一项重要内容。
   A. 会计凭证设计　　　　　　　　　B. 会计制度设计
   C. 会计账簿设计　　　　　　　　　D. 会计报表设计
9. 多栏式日记账账务处理程序适用于(　　)的单位。
   A. 业务量不多　　　　　　　　　　B. 会计科目不多
   C. 规模不大　　　　　　　　　　　D. 会计凭证不多
10. 汇总记账凭证账务处理程序的主要优点是(　　)。
    A. 能够减少填制记账凭证的工作量
    B. 能清楚地反映各科目间的对应关系
    C. 能把分类核算程序与核算结合起来
    D. 银行存款日记账能反映收支业务的对应科目

三、多项选择题

1. 在各种账务处理程序中，属于共同的账务处理程序有(　　)。
   A. 均应填制原始凭证　　　　　　　B. 均应填制记账凭证
   C. 均应填制汇总记账凭证　　　　　D. 均应设置专用日记账

E. 均应设置总账

2. 记账凭证账务处理程序下登记总账的依据有（　　）。

A. 记账凭证　　　　　　　　　　　B. 汇总记账凭证

C. 用以代替记账凭证的汇总原始凭证　　D. 多栏式日记账

E. 通用日记账

3. 记账凭证账务处理程序一般适用于（　　）的企业。

A. 规模较小　　　　　　　　　　　B. 经济业务量较少

C. 产销的产品单一　　　　　　　　D. 记账凭证不多

E. 原始凭证不多

4. 记账凭证汇总表的作用有（　　）。

A. 能对账务处理进行试算平衡

B. 能反映各科目的借方，贷方发生额合计

C. 能反映各科目之间的对应关系

D. 能反映各科目的期末余额

E. 能减少登记总账的工作量

5. 在多栏式日记账账务处理程序下，根据经济业务情况，可作为总分类账登记依据的有（　　）。

A. 多栏式日记账　　　　　　　　　B. 转账凭证汇总表

C. 转账凭证　　　　　　　　　　　D. 原始凭证汇总表

E. 原始凭证

6. 以汇总凭证为依据，按有关科目的贷方设置，按借方科目归类有（　　）。

A. 汇总收款凭证　　　　　　　　　B. 汇总付款凭证

C. 汇总转账凭证　　　　　　　　　D. 记账凭证汇总表

7. 在汇总记账凭证账务处理程序下，记账凭证可以采用（　　）。

A. 一借一贷的转账凭证　　　　　　B. 一借多贷的转账凭证

C. 一贷多借的转账凭证　　　　　　D. 一贷多借的付款凭证

E. 一借多贷的收款凭证

8. 在汇总记账凭证账务处理程序下，总分类账可根据（　　）登记。

A. 汇总收款凭证　　　　　　　　　B. 汇总付款凭证

C. 汇总转账凭证　　　　　　　　　D. 汇总原始凭证

E. 多栏式日记账

9. 日记总账账务处理程序下，账簿设置和登记的特点有（　　）。

A. 需设置现金和银行存款日记账

B. 不需设置现金和银行存款日记账

C. 银行存款的收付业务必须逐笔登记总账

D. 现金的收付业务必须逐笔登记日记总账

E. 日记总账各科目每日余额要临时计算

10. 通用日记账账务处理程序下，账簿设置和登记的特点有（　　）。

A. 一般设置现金和银行存款日记账　　B. 一般不设置现金和银行存款日记账

C. 根据记账凭证登记通用日记账　　　　D. 根据原始凭证登记通用日记账
E. 总账和通用日记账期末必须核对

四、判断题

1. 记账凭证账务处理程序适用于规模较小、业务较多的单位。　　　　（　）
2. 各种账务处理程序的名称一定是取之于登记总账的依据。　　　　（　）
3. 科目汇总表账务处理程序和汇总记账凭证账务处理程序的主要相同之处在于汇总凭证的格式相同。　　　　（　）
4. 企业采用多种账务处理程序，不要求系统，应根据各单位规模大小、业务繁简、工作基础强弱、经营业务等特点而定。　　　　（　）
5. 汇总记账凭证账务处理程序的主要优点在于保持科目之间的对应关系。　　（　）
6. 记账凭证账务处理程序是其他账务处理程序的基础。　　　　（　）
7. 由于各个企业的业务性质、规模大小、业务繁简程度各有不同，所以它们所采用的账务处理程序也就有所不同。　　　　（　）
8. 记账凭证账务处理程序是适用于一切企业的账务处理程序。　　　　（　）
9. 同一个企业可以同时采用几种不同的账务处理程序。　　　　（　）
10. 在任何账务处理程序下，第一步都必须将所有的原始凭证汇总编制为汇总原始凭证。　　　　（　）

五、简答题

1. 简述账务处理程序的意义。
2. 简述设计账务处理程序的基本要求。
3. 简述记账凭证账务处理程序。
4. 简述汇总记账凭证账务处理程序。
5. 简述科目汇总表账务处理程序。

六、业务处理题

1. 某公司 2017 年 3 月份发生下列经济业务。

（1）公司收到某企业作为投资所投入的旧机器一台，其现行市价为 1 600 000 元，增值税 272 000 元，双方确认价值 1 700 000 元。

（2）公司当月 1 日从银行取得借款 100 000 元，期限为 3 个月，款已存入银行。

（3）购入一台不需安装的新设备，发票价格 50 000 元，税额 8 500 元，发生运费 1 000 元，上述款项已用银行存款付讫。

（4）公司从 A 企业购进甲种材料 1 000 千克，每千克价格 60 元，增值税进项税额 10 200 元，对方代垫运费 400 元。上述款项已用银行存款付讫。但材料尚未运达公司。

（5）公司收到 B 企业发运来的已预付货款的钢材，并已验收入库。钢材买价 60 000 元，运杂费 2 000 元，增值税进项税额 10 200 元。

（6）月末，计算并结转已验收入库材料的实际采购成本。

（7）本月生产车间领用材料 160 000 元，其中，生产产品耗用 140 000 元，车间一般耗用 14 000 元，厂部耗用 6 000 元。

（8）结算本月生产车间应付职工工资，其中，生产工人工资 21 000 元，车间管理人员工资 4 000 元，厂部管理人员工资 5 000 元，共计 30 000 元。

(9) 月末计提固定资产折旧费 8 000 元。其中，车间使用的固定资产计提 6 000 元，厂部管理部门使用的固定资产计提 2 000 元。

(10) 月末，结转本月发生的制造费用。

(11) 月末，计算并结转已完工入库的产品实际生产成本 62 000 元。

(12) 月末，结转本月发生的各项收入费用，其中，主营业务收入 68 000 元，主营业务成本 30 000 元，销售费用、营业税金及附加 2 000 元，管理费用 4 000 元，财务费用 1 000 元，营业外支出 2 000 元，所得税费用 8 580 元。

(13) 按照净利润的 10% 计提法定公积金，并向投资者分配利润 2 000 元。

要求：根据上述资料编制会计分录和科目汇总表。

2. 公司 2017 年 9 月发生下列业务：

(1) A 公司接受甲、乙、丙三人投资，甲现金出资 150 000 元；乙以钢材 10 吨出资，每吨价值 6 000 元；丙以一台价值 120 000 元的新设备出资。

(2) A 公司向 B 公司购买 10 吨铝材，每吨 6 010 元，并向对方开出 2 个月的商业承兑汇票。并以银行存款支付运费 3 000 元。该项物资的计划成本为每吨 6 000 元。

(3) A 公司向建设银行借款 200 000 元，为期 6 个月；当月应分摊利息 1 000 元。

(4) A 公司向 D 公司购买生产设备投入正在安装的流水线，价值 1 500 000 元。

(5) 从仓库领用原材料，用于 X 产品的甲材料 1 000 千克，乙材料 600 千克；用于 Y 产品的甲材料 800 千克，乙材料 400 千克；车间耗用甲材料 200 千克，乙材料 100 千克；行政部门领用乙材料 80 千克。甲 20 元/千克，乙 10 元/千克。

(6) 结算部分职工工资，X 产品组 50 000 元，Y 产品组 31 000 元，车间管理组 16 000 元，行政部门 17 000 元。

(7) 按照规定结转职工福利费。

(8) 计提固定资产折旧 20 000 元，其中车间占用的计 12 000 元，其余为行政部门所占固定资产折旧。

(9) 用现金 500 元支付本月书报费用，其中行政部门占 280 元，其余为车间所用。

(10) 车间管理人员出差归来，报销差旅费 1 860 元，原预支 2 000 元，余额归还。

(11) 结转本月制造费用，X、Y 产品按 7∶3 分摊。

(12) X、Y 产品均已完工，结算其成本。

(13) 销售一批 Q 产品，每件 120 元，共 1 000 件。增值税率 17%，产品成本按照加权平均法结转，库存资料如下：Q 产品本月期初库存 2 400 件，总成本为 240 000 元；本月完工一批，验收入库 1 600 件，该批成本为 176 000 元。

(14) 结算销售人员工资 10 000 元和福利费 1 400 元。

(15) 计算本月利润，按照利润额的 25% 结算应交所得税。

(16) 按照净利润 10% 计提法定盈余公积金。

要求：根据上述资料编制会计分录和科目汇总表。

第七章 资产会计

引导案例

不能高估农民工市民化的成本

新型城镇化是现代化的必由之路，是经济发展的重要动力。尽快实现农民工市民化是人口城镇化转型与改革的关键，也是我国现阶段推进城镇化的重要任务。但一些地方政府在实施相应政策推进这一工作的过程中，行动迟缓，他们认为赋予农民工市民化待遇将让地方财政背上巨大的财政包袱，并且短期内没有实际的经济效益。大量关于农民工市民化成本测算的研究似乎也在佐证这种观点。不少研究认为，当前农民工市民化的平均成本为每人10万～14万元，并依此推论中国未来10～20年将为农民工市民化耗费总额20万亿～50万亿元的公共成本。我们认为当前实施市民化政策的成本被严重高估。

一是在核算农民工市民化成本时，忽视了公共服务和基础设施领域存在明显的规模效应，也就是说，对于新增人口所增加的公共服务和基础设施投入要小于现有的平均支出。因此，不能将个人市民化成本进行简单加总，也不能将新增人口的人均成本等同于现有人口的人均公共服务和基础设施支出。

二是在核算农民工市民化成本中进行了大量重复计算。农民工市民化过程是将农民享有的农村基本公共服务转化为城市基本公共服务，新增的成本仅为城乡人均公共服务的差额，而现有核算方法大多仅考虑了农民工市民化后在城市公共服务体系的增加项，而忽视了其放弃农村公共服务的减少项。例如，2011年我国城乡初中人均财政性教育经费分别为8 181元和7 439元，差额仅为742元；而城乡小学人均财政性教育经费分别为6 121元和5 719元，差额仅为402元。

三是核算农民工市民化成本应严格区分个人成本和公共成本，不应将个人承担部分计算在市民化成本中。在某些成本核算中，将农民工的所有社会保障成本均计算为市民化成本，忽视了其中大部分是由个人承担的事实。"五险一金"作为居民最主要的社会保障，其绝大部分是由企业和职工个人缴纳，政府补贴的份额很少，例如，2011年养老保险基金收入平均每人5 951元，而财政对城市居民每人每年的基本养老补助金额仅为772元。

此外，大多研究还将农民工的住房成本以建设廉租房的形式计算到了市民化成本当中，这也是存在很大问题的。大量农民工已在城市居住生活，表明其已经通过租赁的形式获得了居住条件，城市并不一定需要新建大量廉租房来满足其居住需要，如有必要仅对部分困难群体给以租房补贴即可。

考虑到以上二、三这两个问题，有研究按照流量核算当年新增市民化支出，每年新增支出仅为6 409亿元，远低于基于按照总量支出方法核算的成本数额。相较于13万亿元的财政收入规模，这一市民化成本也并非难以负担的数字。

在估算农民工市民化成本的同时，应当考虑市民化带来的经济收益。事实上，农民工市民化对城市发展乃至城市税收的贡献都是巨大的。农民工市民化可以有效增加城市的劳动力供给，并且缓解城市老龄化趋势。此外，市民化还将提高整个城市的消费水平，有助于提升内需。户籍带来的非市民化待遇抑制了农民工群体的消费意愿，而市民化政策将有效释放2.7亿人口的消费潜力。

综上所述，现有的大多关于市民化成本的核算均存在严重高估的现象，这不利于政府对市民化政策实施进行科学决策，反而误导地方政府，使之对推进市民化产生较大顾虑。

资料来源：北京日报，2017-02-27。

讨论与思考：
1. 什么是资产会计？
2. 资产会计由哪些内容构成？
3. 成本与资产之间的关系怎样？

第一节 货币资金

一、货币资金的概念与分类

货币资金是指直接以货币形态存在的资产，在我国会计工作中，根据货币资金存放地点及使用上是否受约定限制，一般将企业单位的货币资金分为库存现金、银行存款和其他货币资金。

（一）库存现金

现金具有普遍的可接受性，可以随时用于购买其他资产或清偿债务，并且不受任何限制。现金的概念有广义和狭义的区分：狭义的现金是指存放于企业财会部门由出纳人员经管的纸币、硬币、电子货币及折算为本位币的外币等，包括人民币现金和外币现金；广义的现金除了狭义的现金内容之外，还包括银行存款和其他货币资金。本书所讲的现金是指狭义的现金概念，即库存现金。

（二）银行存款

银行存款是指企业存放在银行或其他金融机构并可以随时支取的货币资金。企业日常生产经营活动中所发生的各项支出，除按照国家有关规定可以使用现金结算外，都必须通过银行划拨进行转账结算，主要结算方式包括银行汇票、银行本票、支票、商业汇票、汇兑、委托收款、托收承付、信用卡、信用证等。

(三) 其他货币资金

其他货币资金是指企业除现金、银行存款以外的各种货币资金,包括外埠存款、银行汇票存款、银行本票存款、信用卡存款、信用证保证金存款和存出投资款等项目。从某种意义上说,其他货币资金也是一种银行存款,但它可能承诺了专门用途的或者尚未到账,都不能像结算户存款那样随时可以安排使用。

二、货币资金的核算

(一) 库存现金的会计处理

▶ 1. 账户设置

库存现金是通过设置库存现金总账,并由会计人员进行核算的。该总账属于资产类,其借方登记收到的现金,贷方登记支出的现金,余额在借方,表示企业实际持有的库存现金。

库存现金还应设置库存现金日记账,由出纳人员进行序时核算。有多种币种现金的企业,应按币别分别设置"库存现金日记账"进行明细核算。

▶ 2. 具体账务处理

企业发生销售商品、提供劳务、从银行提现、购买材料、支付费用等现金收付款业务时,出纳员应根据审核无误的原始凭证收付现金后,在有关的原始凭证上加盖"现金收(付)讫"戳记,然后根据原始凭证编制现金收(付)款凭证,并据以登记库存现金日记账和库存现金总账。

【例 7-1】国泰公司签发支票一张,从银行提取现金 3 000 元备用。

【解析】从银行提现属于货币资金内部相互划转,应编制银行存款付款凭证,其会计分录如下:

借:库存现金   3 000
    贷:银行存款   3 000

【例 7-2】国泰公司销售产品一批,货款 2 000 元,增值税 340 元,收到现金。

【解析】这是典型的销售业务,由主营业务收入的实现导致现金的增加,编制现金收款凭证,其会计分录如下:

借:库存现金   2 340
    贷:主营业务收入   2 000
        应交税费——应交增值税(销项税额)   340

【例 7-3】国泰公司采购员李明因到外地出差预借差旅费 1 500 元。

【解析】根据借款单编制会计分录如下:

借:其他应收款——李明   1 500
    贷:库存现金   1 500

【例 7-4】国泰公司总经理办公室凭餐费发票报销业务招待费 500 元。

【解析】业务招待费属于管理费用,编制现金付款凭证,其会计分录如下:

借:管理费用——业务招待费   500
    贷:库存现金   500

3. 库存现金日记账

出纳人员根据现金收款凭证和付款凭证，按照业务发生的先后顺序逐笔登记。每日终了，应当根据当日现金收支数额，结出账面余额，与实际库存额核对。库存现金日记账的账面余额必须与库存数相符，否则应作为现金溢余或短缺处理。同时，库存现金日记账的账面余额还应定期与库存现金总账的余额核对相符。库存现金日记账的登记方法如表7-1所示。

表7-1　库存现金日记账　　　　　　　　　　　　单位：元

年		凭证		摘要	对方科目	增加	减少	余额
月	日	字	号					
				上月结存				500
		银付	1	提取现金	银行存款	3 000		3 500
		现收	1	销售产品	主营业务收入	2 000		5 500
					应交税费	340		5 840
		现付	1	支付差旅费	其他应收款		1 500	4 340
		现付	2	支付餐费	管理费用		500	3 840

4. 库存现金清查

企业定期或不定期的现金清查，由清查小组的工作人员通过实地盘点的方法进行。在具体清查时，出纳员必须在场。通过实地盘点确定库存现金实有数，然后与库存现金日记账的余额核对相符。清查之后应将清查结果填列到库存现金盘点报告表中，并由现金清查人员和出纳员签字盖章。

现金清查过程中发现的长款（溢余）或短款（盘亏），应根据库存现金盘点报告表及有关的批准文件进行批准前和批准后的账务处理。现金长、短款在批准前的处理是以实际存在的库存现金为准，当现金长款时，增加现金账户的记录，以保证账实相符，同时计入"待处理财产损溢——待处理流动资产损溢"账户，等待批准处理；当库存现金短款时，应冲减库存现金账户的记录，以保证账实相符，同时计入"待处理财产损溢——待处理流动资产损溢"账户，等待批准处理。

现金长、短款在批准后应视不同的原因采取不同的方法进行处理。一般来说，对于无法查明原因的现金长款，其批准后的处理是增加营业外收入，对于应付其他单位或个人的长款，应计入"其他应付款——××单位或个人"账户。对于现金短款，如果是应由责任人赔偿或由保险公司赔偿的，应转计入"其他应收款——××赔偿人"或"其他应收款——应收保险赔款"账户；如果是由于经营管理不善造成、非常损失或无法查明原因的，应增加企业的管理费用。

（二）银行存款的会计处理

1. 账户设置

企业银行存款的收、付业务是通过"银行存款"总账进行核算的，该账户属于资产类账户，借方记录存款的增加额，贷方记录存款的提取和支付金额，期末余额在借方，反映企业期末存款的数额。企业应按开户行、存款种类及币别等分别设置日记账。银行存款总账由会计人员负责记录,而银行存款日记账由出纳人员负责记录。企业的外埠存款、银行汇票存款、银行本票存款、信用卡存款、信用证保证金存款和存出投资款等在"其他货币资金"账户核算,不在本账户核算。

▶ 2. 具体账务处理

银行存款结算方式多种多样,在不同的方式下,企业应当根据不同的原始凭证编制银行存款的收付款记账凭证,据以登记银行存款日记账和总账。企业将款项存入银行或其他金融机构时,借记"银行存款"账户,贷记"库存现金"等有关账户;提取现金和支出款项时,借记"库存现金"等有关账户,贷记"银行存款"账户。

【例 7-5】国泰公司收款员将当日收到的销货款现金 4 500 元、转账支票 5 000 元存入银行。财会部门根据银行盖章退回的"收款单"回单联及销货发票编制会计分录如下:

借:银行存款　　　　　　　　　　　　　　　　　　　　　　　　　　9 500
　　贷:主营业务收入　　　　　　　　　　　　　　　　　　　　　　　9 500

【例 7-6】国泰公司收到购货单位前欠货款 300 000 元,存入银行。企业根据银行进账单编制收款凭证,并据以登记有关账簿,编制会计分录如下:

借:银行存款　　　　　　　　　　　　　　　　　　　　　　　　　300 000
　　贷:应收账款　　　　　　　　　　　　　　　　　　　　　　　　300 000

▶ 3. 银行存款日记账

为了及时掌握银行存款的收支和结存情况,便于与银行核对账目,及时发现银行存款收支工作中存在的问题和可能出现的差错,企业除了对银行存款进行总分类核算以外,还必须按开户银行或其他金融机构、存款种类、币别等分别设置银行存款日记账,由出纳人员根据银行收款凭证、付款凭证及所附的有关原始凭证,按照业务发生的先后顺序逐笔登记。每日终了,应结出账面余额。

▶ 4. 银行存款的清查

银行存款的清查核对是企业财产清查的一个重要组成部分,它是根据企业的"银行存款日记账"和银行发出的银行对账单进行的。企业出纳员应定期根据银行对账单与银行对账,至少应每月核对一次。如果两者余额相符,则说明基本正确;如果两者余额不符,则可能是企业或银行某一方记账过程有错误或者存在未达账项。如果有未达账项存在,企业应该编制银行存款余额调节表对有关的账项进行调整。银行存款余额调节表的编制方法详见第五章。此处不再赘述。

(三)其他货币资金的会计处理

企业的其他货币资金业务均应设置"其他货币资金"账户进行专门核算。该账户属于资产类账户,借方记录增加额,贷方记录减少额,期末余额在借方,反映期末结存数额。"其他货币资金"账户应按其内容分别设置"外埠存款""银行汇票""银行本票""信用卡""信用证保证金"和"存出投资款"等二级明细账户。

三、货币资金的管理与内部控制

货币资金因其流动性最强,在经营活动中是最活跃的交换媒体,又容易发生意外和损失,因此在会计核算上应随时提供收、支、余的动态信息。由于货币资金的核算相对简单,这里重点介绍对货币资金的管理与内部控制。

(一) 货币资金的管理

货币资金管理的重点在于遵循国务院颁布的《现金管理条例》和中国人民银行颁布的《现金管理实施办法》《支付结算办法》《人民币银行结算账户管理办法》对货币资金管理的规定,主要内容如下。

▶ 1. 规定现金适用范围

开户单位可以使用现金的范围包括:职工工资、津贴;个人劳务报酬;按照国家规定颁发给个人的科学技术、文化艺术、体育等奖金;各种劳保、福利费用及国家规定的对个人的其他支出;向个人收购农副产品和其他物资的价款;出差人员必须随身携带的差旅费;结算起点以下的零星支出;中国人民银行确定的需要支付现金的其他支出。除按照规定的收支范围可以使用现金的情况以外,应该通过开户银行办理转账结算。

▶ 2. 制定库存现金限额与送存银行期限

企业可以保留一定数额的库存现金,本着既保证日常零星现金支付的合理需要,又尽量减少现金使用的原则,由开户银行给各单位核定一个保留现金的最高额度。超出限额的现金应及时送存银行,限额不足可以从银行提取现金补足。

▶ 3. 实行收支两条线,不准"坐支"现金

企业的现金收入应于当日送存银行,如当日确有困难,由开户单位确定送存时间,如遇特殊情况需要坐支现金,应该在现金日记账上如实反映坐支情况,并同时报告开户银行,便于银行对坐支金额进行监督和管理。

▶ 4. 其他规定

企业送存现金和提取现金,必须注明送存现金的来源和支取的用途,且不得私设"小金库",不准用不符合财务制度的凭证顶替库存现金等。

▶ 5. 企业应按照相关规定,在银行开立账户,办理存款、取款和转账结算

企业可根据需要开立基本存款账户、一般存款账户、临时存款账户和专用存款账户。基本存款账户不能在多家银行机构开立基本存款账户。企业的工资、奖金等现金的支取,只有通过基本存款账户办理,以便有关部门宏观控制。

(二) 货币资金的内部控制

企业应建立、健全货币资金的内部控制制度,主要内容如下。

▶ 1. 严格职责分工,企业应将不相容职务分割

企业应当建立货币资金业务岗位责任制,明确相关部门和岗位的职责权限,确保办理货币资金业务的不相容岗位相互分离、制约和监督。例如,不允许由一个人单独操纵和处理一笔业务的全过程,不允许一个人监管现金的收入和支出等。

▶ 2. 明确货币资金的审批权限并实施定期轮岗

为了明确内部经济责任,加强对货币支出和成本费用的控制,企业应对内部授权行为进行规范,明确各审批人的权限和责任,对重大货币资金支付,其企业决策记录必须作为档案保管。

从事货币资金管理与核算的人员应定期轮换岗位,便于及时发现或减少舞弊现象。

▶ 3. 加强与货币资金相关的票据管理

明确各种票据的购买、保管、领用、背书转让、注销等环节的职责权限和处理程序，并专设登记簿进行记录，防止空白票据的遗失和被盗用。企业应指定专人购买、保管和发放票据。同时，还应派管理人员进行监督检查，保证票据的正确使用。

第二节 交易性金融资产

一、交易性金融资产的特点

2006年，我国颁布的《企业会计准则》在金融资产分类的问题上与修改后的IAS39保持一致，金融资产在初始确认时也划分为下列四类：①以公允价值计量且其变动计入当期损益的金融资产；②持有至到期投资；③贷款和应收款项；④可供出售金融资产。

交易性金融资产主要是指企业为了近期内出售而持有的金融资产，包括为交易目的而从二级市场购入的股票、债券、基金、权证等，有效套期工具以外的衍生金融资，如期货等。与其他金融资产相比，交易性金融资产的主要特点有两个方面：①具有较强的变现能力，流动性强。交易性金融资产以活跃的市场报价为前提，能随时变现，其流动性仅次于库存现金。②持有目的是赚取差价。企业为了使生产经营过程中暂时闲置的资金获得一定的收益而持有债券、股票、基金、权证等交易性金融资产，而不是为了控制被投资企业。

二、交易性金融资产的核算

（一）账户设置

企业应设置"交易性金融资产"账户，核算为交易目的而持有的债券投资、股票投资、基金投资等交易性金融资产的公允价值，并按照交易性金融资产的类别和品种，分别按"成本""公允价值变动"等进行明细核算。需要注意的是，企业持有的直接指定为以公允价值计量且其变动计入当期损益的金融资产，也通过"交易性金融资产"账户核算，不单独设置会计科目核算；划分为交易性金融资产的衍生金融资产，不通过"交易性金融资产"账户核算，应通过单独设置的"衍生工具"账户核算。

（二）交易性金融资产的初始计量

交易性金融资产应当按照取得时的公允价值作为初始确认金额，发生税金、手续费等相关的交易费用有两种处理方法：一是在发生时计入当期损益；二是构成金融资产的初始入账价值。我国会计准则选择了第一种处理方法，这样便于反映交易性金融资产的价值及其变动。

企业取得交易性金融资产，按其公允价值（不含支付的价款中所包含的已宣告但尚未发放的现金股利或已到付息期但尚未领取的债券利息），借记"交易性金融资产——成本"账户，按发生的交易费用，借记"投资收益"账户，按已宣告但尚未发放的现金股利或已到付息期但尚未领取的债券利息，借记"应收股利"或"应收利息"账户，按实际支付的金额，贷记"银行存款"等账户；收到上列现金股利或债券利息时，借记"银行存款"账户，贷记"应收股利"或"应收利息"账户。

【例 7-7】2017 年 1 月 1 日，国泰公司按面值购入华联公司于当日发行的面值 40 000 元、期限 5 年、票面利率 6%、每年 12 月 31 日付息、到期还本的债券作为交易性金融资产，并支付交易费用 100 元。该公司应做的会计分录如下：

借：交易性金融资产——华联公司债券（成本）　　　　　40 000
　　投资收益　　　　　　　　　　　　　　　　　　　　　　100
　贷：银行存款　　　　　　　　　　　　　　　　　　　　　　　40 100

【例 7-8】2017 年 7 月 10 日，国泰公司以每股 6.7 元的价格购入 A 公司每股面值 1 元的股票 10 000 股作为交易性金融资产，并支付交易费用 500 元。股票购买价格中包含每股 0.2 元已宣告但尚未领取的现金股利，除权日为 7 月 5 日，现金股利于 7 月 15 日发放。编制会计分录如下：

(1) 2017 年 7 月 10 日，购入 A 公司股票。

初始投资成本＝6.7×10 000－10 000×0.2＝65 000（元）

应收现金股利＝10 000×0.20＝2 000（元）

借：交易性金融资产——A 公司股票（成本）　　　　　　65 000
　　应收股利　　　　　　　　　　　　　　　　　　　　　2 000
　　投资收益　　　　　　　　　　　　　　　　　　　　　　500
　贷：银行存款　　　　　　　　　　　　　　　　　　　　　　67 500

(2) 2017 年 7 月 15 日，收到发放的现金股利。

借：银行存款　　　　　　　　　　　　　　　　　　　　2 000
　贷：应收股利　　　　　　　　　　　　　　　　　　　　　　2 000

（三）金融资产的后续计量

▶ 1. 交易性金融资产持有期间收益的确认

企业在持有交易性金融资产期间所获得的现金股利或债券利息，应当确认为投资收益。持有交易性金融资产期间，被投资单位宣告发放现金股利时，投资企业按应享有的份额，借记"应收股利"账户，贷记"投资收益"账户。但对于收到的属于取得交易性金融资产支付价款中包含的已宣告尚未发放的现金股利或已到期尚未领取的债券利息，借记"银行存款"账户，贷记"应收股利""应收利息"账户。

【例 7-9】承例 7-7，国泰公司 2017 年年末仍然持有华联公司的债券，则每年 12 月 31 日付息，年末确认债券投资收益为 2 400（40 000×6%）元，编制会计分录如下：

借：应收股利　　　　　　　　　　　　　　　　　　　　2 400
　贷：投资收益　　　　　　　　　　　　　　　　　　　　　　2 400

▶ 2. 交易性金融资产期末计价

交易性金融资产以公允价值入账，但是公允价值是不断变化的。为了反映企业所持有的交易性金融资产的实际价值，在会计期末必须对其准确计价。

根据我国现行《企业会计准则》的相关要求，在资产负债表日，交易性金融资产的价值应按公允价值反映，公允价值一般是指有价证券的市价。并设置"公允价值变动损益——交易性金融资产"账户。该账户属于损益类账户，在损益表单独列示，反映企业交易性金融资产等公允价值变动形成的应计入当期损益的利得或损失。即当公允价值高于其账面余额时，借记"交易性金融资产——公允价值变动"账户，贷记"公允价值变动损益"账户；当公允价值低于其账面余额时，做相反的会计分录。

【例 7-10】承例 7-8，2017 年年末，国泰公司持有的 A 公司股票市价上涨 7 000 元，则编制确认股票升值收益的会计分录：

借：交易性金融资产——A 公司股票（公允价值变动） 7 000
　　贷：公允价值变动损益 7 000

三、交易性金融资产的处置

根据交易性金融资产的定义，由于较大流动性特征的存在，使得企业可以随时将持有的金融资产在证券市场上出售。处置交易性金融资产时，将处置时的该资产的公允价值与初始入账金额之间的差额确认为投资收益，同时调整公允价值变动损益。即处置交易性金融资产时，应按实际收到的处置价款，借记"银行存款"账户，按该交易性金融资产的初始成本，贷记"交易性金融资产——成本"账户，按该项交易性金融资产的公允价值变动，贷记或借记"交易性金融资产——公允价值变动"账户，按其差额，贷记或借记"投资收益"账户。同时，将该交易性金融资产持有期间已确认的公允价值变动净损益，转入"投资收益"账户，借记或贷记"公允价值变动损益"账户，贷记或借记"投资收益"账户。

【例 7-11】承例 7-8 和例 7-10，2018 年 1 月，国泰公司将持有的 A 公司的股票全部出售，收到存款 75 000 元，编制会计分录如下：

借：银行存款 75 000
　　贷：交易性金融资产——A 公司股票（成本） 65 000
　　　　交易性金融资产——A 公司股票（公允价值变动） 7 000
　　　　投资收益 3 000

转出该股票的公允价值变动损益，编制的会计分录如下：

借：公允价值变动损益 7 000
　　贷：投资收益 7 000

第三节　应收款项

应收款项是指在活跃市场中没有报价、回收金额固定或可确定的非衍生金融资产，包括非金融企业因销售商品或提供劳务形成的应收款项，以及其他企业的债权等。一般企业对外销售商品或劳务形成的应收债权，通常以购货方应收的合同或协议价款作为初始确认金额；企业收回或处置应收款项时，应将取得的价款与应收款项账面价值之间的差额计入当期损益。

本节主要对应收款项中的应收账款、应收票据、其他应收款及预付账款的核算进行阐述。

一、应收账款

应收账款是指企业因赊销商品、产品、提供劳务等业务，应向购货单位或接受劳务单位收取的款项，包括销售货物或提供劳务的价款、增值税，以及代购货物垫付的运杂费等，属于商业债权。

（一）应收账款的确认

1. 应收账款的确认时间

在会计上，作为应收账款核算的债权属于流动资产性质的债权。应收账款仅指因销售活动所形成的债权，不包括应收职工欠款、应收财产索赔款、应收利息、应收股利等其他原因形成的债权。应收账款仅指流动资产性质的债权，不包括长期债权，如购买的长期债券、长期委托贷款等。应收账款仅指本企业应收客户的款项，不包括本企业付出的保证金等。

应收账款的确认一般与收入实现的确认同步进行。

2. 应收账款入账金额的确认

一般来说，应收账款的入账金额通常应以购货方应收的合同或协议价款为基础。在确认入账金额时，还应当考虑商业折扣和现金折扣等因素。

（1）商业折扣。商业折扣，是指销货方为鼓励购货方多买商品而在货品价目单规定的价格中给予的扣除。商业扣减通常用百分数来表示，如5％、10％、15％等。扣减后的净额才是实际销售价格。商业折扣作为促销手段有利于扩大商品的销路，增加销量，通过薄利多销的方式提高企业的盈利水平。在商业折扣的情况下，企业应收账款的入账金额应按扣除商业折扣以后的实际售价加以确认。商业折扣在交易发生时已经确定，供销双方按扣除商业折扣以后的价格成交和结算，因此不需要对商业折扣单独进行账务处理。

（2）现金折扣。现金折扣，是指债权人为鼓励债务人在规定的期限内（折扣期）付款，而向债务人提供的债务折扣，通常表示为"折扣率/付款期限"，即债务人在不同期限内付款可享受不同比例的折扣。例如，"2/10，1/20，n/30"，即债务人在10天内付款，只需支付全部价款的98％（给予2％的折扣）；债务人如果在10～20天付款，则只需支付全部价款的99％（给予1％的折扣）；债务人如果在21～30天付款，则应该支付全部价款（不给予折扣）。

在存在现金折扣的情况下，对应收账款入账价值的确定有两种方法：总价法和净价法。我国《企业会计准则——收入》和《企业会计制度》规定，应收账款应当按照实际发生额记账，现金折扣在实际发生时作为当期费用，即采用总价法确定。

（二）应收账款的会计处理

1. 账户设置

为了反映和监督应收账款的发生、结算和结存情况，企业应设置"应收账款"账户，并按客户分别设置明细账户。"应收账款"属于资产类账户，借方登记因赊销商品或提供劳务而发生的赊销数额，款项的收回或冲销登记在贷方，期末借方余额表示尚未收回的款项。

2. 具体账务处理

企业因销售商品而发生应收账款业务时，对全部应收取的款项借记"应收账款"账户，对于价款贷记"主营业务收入"账户,对于增值税贷记"应交税费——应交增值税"账户,对于代垫款项贷记"银行存款"等账户。企业改用商业汇票结算应收账款时,应借记"应收票据"账户,贷记"应收账款"账户;收回应收账款时,应借记"银行存款"等账户,贷记"应收账款"账户。

【例 7-12】国泰公司向甲公司销售商品 120 000 元,由于是批量销售,国泰公司给予甲公司 2% 的商业折扣,折扣金额为 2 400 元。国泰公司适用的增值税税率为 17%,另外,合同中规定的现金折扣条件是"2/10,1/20,n/30"(假定计算现金折扣的基数为不含增值税的实际成交价格)。如果国泰公司采取总价法核算,应编制会计分录如下。

(1) 实现销售:

借:应收账款——甲公司　　　　　　　　　　　　　　　　　137 592
　　贷:主营业务收入　　　　　　　　　　　(120 000−2 400)117 600
　　　　应交税金——应交增值税(销项税额)　　　　　　　　19 992

(2) 收到货款:

若 10 天内收到货款:

借:银行存款　　　　　　　　　　　　　　　　　　　　　134 840.16
　　财务费用　　　　　　　　　　　　　　(137 592×2%)2 751.84
　　贷:应收账款——甲公司　　　　　　　　　　　　　　　137 592

若第 11~20 天内收到货款:

借:银行存款　　　　　　　　　　　　　　　　　　　　　136 216.08
　　财务费用　　　　　　　　　　　　　　(137 592×1%)1375.92
　　贷:应收账款——甲公司　　　　　　　　　　　　　　　137 592

若第 20 天后收到货款:

借:银行存款　　　　　　　　　　　　　　　　　　　　　137 592
　　贷:应收账款——甲公司　　　　　　　　　　　　　　　137 592

(三) 坏账损失的核算

▶ 1. 坏账的确认标准及会计处理方法

在市场充满风险的情况下,企业的应收账款在未来是否能够收回,存在着不确定性,因此,便有发生坏账的风险。企业无法收回的应收账款称为企业的坏账,由于发生坏账而给企业造成的损失,称为坏账损失。

对于坏账损失的核算,会计上曾经有两种方法可以选择:直接转销法和备抵法,按照会计准则的要求,我国企业应采用备抵法核算坏账损失。备抵法是按期估计坏账损失,同时建立坏账准备金,待实际发生坏账时,冲销已经提取的坏账准备金。企业在会计核算过程中遵循谨慎性原则和配比原则的要求对应收账款提取坏账准备金,可以将预计未来不能收回的应收账款作为坏账损失计入期间损益,既保持了成本费用和利润的稳定性,避免虚盈实亏,又在一定程度上消除或减少了坏账损失给企业带来的风险,在会计报表上列示应收账款净额,使企业应收账款可能发生的坏账损失得到及时的反映,从而使会计信息使用者更加清楚地了解企业真实的财务状况。

(1) 备抵法下坏账的账务处理。

① 账户设置。在备抵法下,企业应设置"坏账准备"和"资产减值损失"账户进行核

算。"坏账准备"账户的性质从属于应收账款账户，即属于资产类。其贷方登记提取的坏账准备（包括首次计提和以后补提的准备）、已转销的坏账又收回时而恢复的坏账准备，借方登记实际发生坏账时冲销的坏账准备、年末冲销多提的坏账准备。年内期末余额如果在借方，表示实际发生坏账损失大于已提取的坏账准备的差额（也就是提取不足的坏账准备）；余额如果在贷方，表示已提取但未使用的坏账准备。需要注意的是，该账户的年末余额一定在贷方，反映年末依据应收账款余额的一定比例提取的作为应收账款的备抵余额，通过应收账款与坏账准备两个账户进行备抵之后的差额即为应收账款的可变现净值。

② 坏账准备的计算。年末计算提取坏账准备金时，首先用应收账款余额乘以计提比例，在此基础上结合以前年度已经计提（或提取不足）的坏账准备金进行调整（注意观察"坏账准备"账户的余额方向），确定本次应该计提的坏账准备金额，其计算公式为：

应提取的坏账准备金（估计）＝应收账款年末余额×计提比例
本期实际计提的坏账准备金＝应提取的坏账准备金＋调整前"坏账准备"借方余额
－调整前"坏账准备"贷方余额

结合上述计算公式做如下的说明：当调整前的"坏账准备"科目为借方余额时，应将本期估计的坏账损失数加上调整前"坏账准备"的借方余额作为本期提取的坏账准备额；当调整前"坏账准备"科目为贷方余额，而且该余额小于本期估计的坏账损失数额时，应按其差额作为本期提取的坏账准备额；当调整前的"坏账准备"科目为贷方余额，但该余额大于本期估计的坏账损失数额时，应按其差额冲减多计提的坏账准备额。

③ 具体账务处理。备抵法下核算坏账损失的账务处理是：提取坏账准备时，借记"资产减值损失"账户，贷记"坏账准备"账户；冲销多提的坏账准备时，借记"坏账准备"账户，贷记"资产减值损失"账户；实际发生坏账冲销坏账准备金时，借记"坏账准备"账户，贷记"应收账款"账户；已经转销的坏账如果又收回，应首先借记"应收账款"账户，贷记"坏账准备"账户，然后再借记"银行存款"账户，贷记"应收账款"账户。下面举例说明备抵法核算坏账损失的账务处理。

【例7-13】国泰公司2016年年末计提坏账准备金20 000元；2017年年末冲销多提的坏账准备金3 500元。

(1) 2016年年末提取的坏账准备金为20 000元，会计分录为：

借：资产减值损失   20 000
  贷：坏账准备   20 000

(2) 2017年年末应冲销以前多提的坏账准备3 500元，会计分录为：

借：坏账准备   3 500
  贷：资产减值损失   3 500

企业实际发生坏账时，应冲抵已计提的坏账准备。

【例7-14】国泰公司2017年11月份确证一笔应收账款50 000元已无法收回，其会计分录为：

借：坏账准备   50 000
  贷：应收账款   50 000

企业已经确认为坏账的应收款项并不意味着完全放弃了追索权，其后一旦重新收回，应及时入账，增加应收账款。

【例 7-15】国泰公司 2017 年 10 月收回本年 5 月已转销的坏账 50 000 元存入银行。其会计分录分别为：

  借：应收账款   50 000
    贷：坏账准备   50 000
  借：银行存款   50 000
    贷：应收账款   50 000

由上述内容可知，一个企业既要扩大市场占有份额，又要力求减少坏账，这就需要制定合理的信用政策，要在因放宽信用尺度而增加的收入与因增加应收账款而导致的各种费用和损失之间寻求最佳结合点，以便实现最佳的经济效益。

二、应收票据

应收票据是企业在赊销时由债权人或债务人签发的表明债务人在约定时日应偿付约定金额的商业汇票。在我国，除商业汇票外，大部分票据都是即期票据，即可以立刻收款或存入银行成为货币资金，不需要作为应收票据。因此，我国的应收票据即指商业汇票。应收票据作为商业信用的工具，受到法律保护，可以在到期前向银行贴现或转让，比应收账款具有更大的流动性，因而在资产负债表上列于应收账款之前。

（一）应收票据的计价

应收票据的计价包括取得时入账价值的确定和持有期间的期末计价。应收票据的入账价值一般有两种方法：按面值计价和按票据未来现金流量的现值计价。理论上应该选择后者，但是由于我国的商业汇票的期限较短（最长不超过 6 个月），利息金额较小，遵循重要性原则，为了简化核算手续，在取得应收票据时一般按照票据面值确定入账价值。

在票据持有期间的会计期末，不带息应收票据按面值反映；对于带息票据，应按照面值和规定利率计提利息，相应地增加应收票据的账面余额。

（二）应收票据的会计处理

▶ 1. 账户设置

为了核算应收票据的具体发生情况，企业应设置"应收票据"账户，其借方登记应收票据的面值和期末计提的利息，贷方登记到期收回、背书转让或申请贴现的票据价值，借方余额表示尚未收回的票据价值。由于票据是一种无条件付款，可以随时背书或贴现的书面凭证，对于以某一特定单位或个人为对象的明细分类核算已无必要，因而不需要设置明细分类账户。但为了便于管理和分析票据的具体情况，应该设置"应收票据"备查簿，记录每张票据的具体事项，以备查考。

▶ 2. 不带息票据的具体账务处理

不带息票据的到期值等于应收票据的面值。"应收票据"账户始终反映票据的票面价值，入账后不再变动。收到票据时，按面值借记"应收票据"账户，贷记"主营业务收入""应交税费——应交增值税（销项税额）"或者"应收账款"等账户。应收票据到期收回时，按面值借记"银行存款"账户，贷记"应收票据"账户。

【例7-16】国泰公司2017年3月5日销售一批产品给乙公司，货已发出，增值税专用发票上注明的货款为200 000元，增值税税额为34 000元。收到一张已承兑的商业汇票，编制的会计分录如下：

  借：应收票据   234 000
    贷：主营业务收入   200 000
      应交税费——应交增值税（销项税额）   34 000

【例7-17】承例7-16，上述票据到期收回款项，存入银行。编制的会计分录如下：

  借：银行存款   234 000
    贷：应收票据   234 000

▶ 3. 带息票据的具体账务处理

带息票据的到期值等于票面价值与票据利息之和，一般情况下，应于中期期末、年度终了和票据到期计算票据利息，增加应收票据的账面价值，同时冲减财务费用。票据利息的计算公式如下：

$$应收票据利息＝票据面值×票面利率×票据期限$$

票面利率一般以年利率表示。利率换算时按全年360天计算，各月按30天计算。商业汇票的期限一般有以下三种表示形式：定日付款的付款期限自出票日起计算，并在汇票上记载具体的到期日，一般按"算头不算尾"的方法确定票据计息天数；出票后定期付款的付款期限自出票日起按月计算；见票后定期付款的付款期限自承兑或拒绝承兑日起按月计算。

【例7-18】国泰公司2017年11月6日销售一批产品给民安公司，货已发出，增值税专用发票上注明的货款为200 000元，增值税税额为34 000元。收到民安公司同日签发的70天的商业承兑汇票，面值234 000元，票面利率6%。该票据的到期日为2018年1月15日。

该票据到期时应计利息＝234 000×6%×70÷360＝2 730(元)

该票据到期值＝234 000＋2 730＝236 730(元)

进行有关账务处理如下。

(1) 收到票据：

  借：应收票据——民安公司   234 000
    贷：主营业务收入   200 000
      应交税费——应交增值税（销项税额）   34 000

(2) 年末计提票据利息（出票日至2017年12月31日计息天数为55天）：

  借：应收票据——民安公司   2 145
    贷：财务费用   2 145

(3) 票据到期兑现：

  借：银行存款   236 730
    贷：应收票据——民安公司   (234 000＋2 145)236 145
      财务费用   585

(三) 应收票据的贴现

票据贴现是转让票据融通资金的一种形式。其实质是将应收票据的未来收取现金的权利转移给银行，属于金融资产转移的一种形式。由于资金短缺等原因，企业可将未到期的商业汇票通过背书转让给银行，从银行取得相当于票据到期值扣除贴现利息后余额的款项。关于应收票据贴现的具体核算内容在此不做具体展开。

三、其他应收款

企业在生产经营过程中，还有可能发生销售商品和提供劳务以外的因素引起的债权，即会形成其他各种应收款项，如职工个人欠款、存出保证金、应收保险赔偿款、备用金等。会计核算中，企业应将这类应收款项与应收账款和应收票据区分开来，单独设置"其他应收款"账户进行核算。在期末资产负债表上，也作为流动资产的单独项目加以反映。

企业发生其他应收、暂付款项时，借记"其他应收款"账户，贷记相关账户；收回其他应收、暂付款项时，借记"库存现金""银行存款"账户，贷记"其他应收款"账户。

四、预付账款

企业在购买材料物资时，为了避免价格风险，或者受市场供应的限制，或者受生产季节的限制等原因，对于某些材料物资有时需要采取预先订购的方式，即按照购货合同规定预付一部分货款，这部分预先付给供货单位的订货款就构成企业的预付账款，显然预付账款是由于购货而非销货所引起的一种短期债权。预付账款必须以购销双方签订的购销合同为条件，按照规定的程序和方法进行核算。

企业按照购货合同的规定向供货单位预付货款时，借记"预付账款"账户，贷记"银行存款"账户；收到供货单位发来的货物时，根据发票账单等凭证载明的价款、税款等，借记"原材料""在途物资"或"材料采购""应交税费——应交增值税"等有关账户，贷记"预付账款"账户；需要补付货款时，借记"预付账款"账户，贷记"银行存款"账户；如果是退回多余款则做相反账务处理。

【例 7-19】国泰公司按购货合同的规定用银行存款 250 000 元预付给某单位订购甲材料。编制会计分录如下：

借：预付账款——某单位　　　　　　　　　　　　　　　　　　　250 000
　　贷：银行存款　　　　　　　　　　　　　　　　　　　　　　　　　250 000

【例 7-20】承例 7-19，上述预付款的甲材料已到货，价款 600 000 元，增值税税额 102 000 元，不足款项随后通过银行支付。该公司材料按实际成本核算。

（1）收到货物时的会计分录为：

借：原材料——甲材料　　　　　　　　　　　　　　　　　　　　600 000
　　应交税费——应交增值税（进项税额）　　　　　　　　　　　　 10 200
　　贷：预付账款　　　　　　　　　　　　　　　　　　　　　　　　　702 000

（2）补付货款时的会计分录为：

借：预付账款——某单位　　　　　　　　　　　(702 000－250 000) 452 000
　　贷：银行存款　　　　　　　　　　　　　　　　　　　　　　　　　452 000

第四节 存　　货

存货是企业的一项重要经济资源，通常在资产总额中占有相当比重。存货核算不仅是计算和确定企业生产成本和销售成本、确定期末结存存货成本的重要内容，而且也是恰当地反映企业财务状况、正确地计算企业经营成果的主要依据。

一、存货概述

（一）存货的定义

所谓存货，是指企业在日常生产经营过程中持有以备出售的产成品或商品、处在生产过程中的在产品、准备在生产过程或提供劳务过程中耗用的材料或物料等。具体包括各类原材料、在产品、半成品、产成品、商品、包装物和低值易耗品等。

根据上述定义，存货具备以下主要特征。

（1）具有一定的物质实体，属于有形资产。

（2）正常情况下，存货具有较强的流动性。即能够在一年内转化为货币资金或转化为其他资产，处于不断地销售、耗用之中。

（3）企业持有存货的最终目的是出售，这是存货区别于其他资产的本质特征。机器设备用于进行生产经营活动的企业中，它作为劳动手段是一项固定资产，而在生产销售这种机器设备的企业中，它则是一项存货。

（二）存货的确认条件

对于符合存货定义的项目，要确认为企业的存货在资产负债表中列示，还必须同时满足以下两个条件。

▶ 1. 与该存货有关的经济利益很可能流入企业

企业持有存货就是要获取其内在所具有的直接或间接导致现金和现金等价物流入企业的潜力，并继而产生归属于企业的经济利益，所以对存货的确认，必须判断其是否能给企业带来经济利益。

▶ 2. 存货的成本能够可靠地计量

存货的成本能够可靠地计量，必须以取得确凿的证据为依据来证明为取得存货实际发生的支出，并且要具有可验证性；反之，成本则不能可靠地计量。

（三）存货的种类

企业所处的行业性质不同，持有的存货也会有所不同。一般情况下，存货可以按照经济内容、存放地点及企业的性质和经营范围，并结合存货的用途等进行分类。就制造业企业而言，存货按不同的经济内容可分为以下几类。

（1）原材料，指企业在生产过程中经过加工改变其形态或性质并构成产品实体的各种原料及主要材料、辅助材料、外购半成品、燃料、修理用备件、包装材料等。

（2）在产品，指企业正在制造尚未完工的生产物，包括正在生产工序加工的产品和已经加工完毕但未检验或未入库的产品。

（3）自制半成品，指经过一定的生产过程并已检验合格交付半成品仓库保管，但尚未制造完工,仍须进一步加工的中间产品。

(4)产成品,指企业已经完成全部生产过程并已验收入库,可以按照合同规定的条件送交订货单位,或者可以作为商品对外销售的产品。

(5)外购商品,指企业购入的不需要任何加工即可对外销售的商品。

(6)包装物,指为了包装本企业的商品而储备的各种包装容器,如包装桶、箱、袋等。

(7)低值易耗品,指不能作为固定资产核算的各种用具物品,如管理用具、玻璃器皿、劳动保护用品、各种周转使用的容器等。

(8)委托代销商品,指企业委托其他单位代销的商品。

二、存货的初始计量

企业通过各种来源取得存货,需要确定其入账价值,并在此基础上进行购进存货业务的日常会计处理即为存货初始计量的主要内容。

(一)存货入账价值的确定

按照我国《企业会计准则第1号——存货》的规定,企业的各种存货都应当按照取得时的实际投入或实际支付的现金等作为入账价值,即存货应当按照成本进行初始计量。存货成本包括采购成本、加工成本和使存货达到目前场所和状态的其他成本等。

▶ 1. 存货的采购成本

存货的采购成本包括购买价款、相关税费,以及其他可直接归属于存货采购成本的费用。其中,购买价款是指购入存货时取得的发票上所列明的购货价款,此价款应扣除交易中发生的商业折扣。相关税费是指因购入存货发生的进口关税和其他由存货成本负担的税费,而购货过程中发生的增值税应区分不同的纳税人进行处理,只有小规模纳税企业采购存货过程中发生的增值税计入存货的成本,一般纳税企业则不行。其他可直接归属于存货采购成本的费用是指除上述各项以外可直接归属于存货采购成本的费用,包括采购过程中发生的运输费、装卸费、包装费、保险费、仓储费、运输途中的合理损耗和入库前的挑选整理费等。

▶ 2. 存货的加工成本

在制造业企业中,购进的存货大多都要做进一步的加工,才能形成可供销售的商品产品。存货的加工成本,是指企业为加工生产某产品而消耗的除直接材料以外应计入加工产品成本的支出,包括直接人工及按照一定的方法分配的制造费用。

▶ 3. 存货的其他成本

存货的其他成本是指除采购成本、加工成本外的,使存货达到目前场所和状态的其他支出。例如,房地产开发企业开发的用于出售的房地产开发产品、机械制造企业制造的用于出售的大型机械设备等,企业为了取得这些存货所发生的符合资本化条件的借款费用,也应当计入相关存货的其他成本。

(二)购进存货业务的核算

根据《企业会计准则》,存货的日常核算可以采用实际成本法,也可以采用计划成本法。下面以在存货中占有较大比重的原材料为例,介绍存货按照实际成本核算的内容。企业的原材料按照实际成本计价方法进行日常的收发核算,其特点是从材料的收发凭证到材料明细分类账和总分类账全部按实际成本计价。

在实际成本计价下，原材料应设置"原材料"和"在途物资"等账户。其中，"原材料"账户是用来核算企业库存材料实际成本（或计划成本）的增减变动及结存情况的账户。其借方登记外购、自制、委托加工、盘盈等途径取得的原材料实际成本（或计划成本）的增加，贷方登记发出、领用、销售、盘亏等方式减少的原材料实际成本（或计划成本），期末余额在借方，表示库存材料实际成本（或计划成本）的期末结余额。"原材料"账户应按照材料的保管地点、种类或类别设置明细账户，进行明细核算。"在途物资"账户是用来核算企业已经购入但尚未达到或尚未验收入库材料实际成本的增减变动及结余情况，其借方登记已经购入但尚未到达或尚未入库材料的买价和采购费用，贷方登记结转验收入库材料的实际成本，期末余额在借方，表示尚未验收入库材料的实际成本，即在途材料的实际成本。"在途物资"账户应按照供应单位名称设置明细账户，进行明细核算。

企业外购材料时，由于受采购地点和采用的结算方式等因素的影响，材料货款的支付与材料验收入库在时间上不一定完全一致，因而在账务处理上也不尽相同，可分以下几种情况。

▶ **1. 材料和结算凭证同时到达**

企业应在材料验收入库后，根据发票账单等结算凭证和收料凭证，借记"原材料""应交税费——应交增值税（进项税额）"账户，如果货款已付或已开出、承兑商业汇票，则贷记"银行存款""应付票据""其他货币资金"，若货款未支付，则贷记"应付账款"账户。

【例 7-21】2017 年 8 月 15 日，国泰公司（增值税一般纳税人，下同）购入甲材料一批，取得的增值税专用发票上注明材料价款为 80 000 元，增值税税额为 13 600 元，另外该厂代垫运杂费 1 400 元，全部款项用支票付讫，材料已验收入库。

借：原材料——甲材料　　　　　　　　　　　　　　　　　　81 400
　　应交税费——应交增值税（进项税额）　　　　　　　　　13 600
　　贷：银行存款　　　　　　　　　　　　　　　　　　　　　　95 000

▶ **2. 结算凭证等单据已到，材料未到或尚未验收入库**

此时形成在途材料，应根据结算凭证、购货发票等借记"在途物资"账户，对于增值税进项税额借记"应交税费——应交增值税（进项税额）"账户；如果货款支付，则贷记"银行存款"或"其他货币资金"账户；如果货款未付，则贷记"应付账款"等账户。待材料到达并验收入库时，再根据收料单借记"原材料"账户，贷记"在途物资"账户。

【例 7-22】承例 7-21，假设国泰公司根据合同签发并承兑为期 2 个月的商业承兑汇票一张，面值 95 000 元，用以结算所购甲材料款项，但材料尚未到达。

借：在途物资——甲材料　　　　　　　　　　　　　　　　　81 400
　　应交税费——应交增值税（进项税额）　　　　　　　　　13 600
　　贷：应付票据　　　　　　　　　　　　　　　　　　　　　　95 000

待材料收到并验收入库时，应编制会计分录：

借：原材料——甲材料　　　　　　　　　　　　　　　　　　95 000
　　贷：在途物资——甲材料　　　　　　　　　　　　　　　　　95 000

▶ 3. 材料到达企业,但有关结算凭证等未到

这种情况在月内一般暂不入账,待凭证到达之后再按前述情况入账。如果到了月末,有关凭证仍未到达,为了使账实相符,应按暂估价或按合同价格借记"原材料"账户,贷记"应付账款——暂估应付账款"账户,下个月初用红字冲回。待有关结算凭证到达之后,再按当月收料付款处理。

【例 7-23】承例 7-21,假设购入的甲材料已经运达并验收入库,但月末发票账单等结算凭证尚未收到,材料暂估价为 82 000 元。

(1) 月末,材料估价入账:

借:原材料——甲材料　　　　　　　　　　　　　　　　　　　　82 000
　　贷:应付账款　　　　　　　　　　　　　　　　　　　　　　　82 000

(2) 下月初,用红字冲销暂估价时:

借:原材料——甲材料　　　　　　　　　　　　　　　　　　　　82 000
　　贷:应付账款　　　　　　　　　　　　　　　　　　　　　　　82 000

(3) 收到有关结算凭证并支付货款时:

借:原材料——甲材料　　　　　　　　　　　　　　　　　　　　81 400
　　应交税费——应交增值税(进项税额)　　　　　　　　　　　　13 600
　　贷:银行存款　　　　　　　　　　　　　　　　　　　　　　　95 000

▶ 4. 采用预付货款的方式采购材料

企业根据合同预付材料货款时,按预付的金额,借记"预付账款"账户,贷记"银行存款"等账户;已经预付货款的材料验收入库后,根据发票账单等凭证所列金额,借记"原材料""应交税费——应交增值税(进项税额)"账户,贷记"预付账款"账户;补付货款或收到退回的多余款时,结清"预付账款"账户。

▶ 5. 购入材料发生短缺或损失的,应视不同情况分别进行处理

如果货款已付的材料在验收入库时发现短缺、毁损,应根据造成损失的原因分别进行处理:应由供货单位负责赔偿的部分,借记"应付账款"账户;应由运输部门或责任人负责赔偿的部分,借记"其他应收款"账户;尚未查明原因或超定额损耗的部分,借记"待处理财产损溢"账户,贷记"在途物资"账户。如果企业购入的材料在货款支付之前发现短缺、毁损,应根据短缺、毁损的具体金额向银行办理拒付手续。

三、存货的后续计量

存货的后续计量主要是解决发出存货价值的确定和期末存货价值的确定两个方面的问题,以在此基础上进行有关发出存货业务的日常会计处理和期末调整存货账面价值的会计处理。

(一) 发出存货价值的确定

《企业会计准则第 1 号——存货》规定,对于发出的存货,按照实际成本核算的,可以分别采用先进先出法、一次加权平均法、移动加权平均法和个别计价法等方法确定其实际成本。发出存货计价方法的不同选择,会对企业当期损益、期末资产价值及当期应纳税额等产生不同的影响。发出存货的计价方法一经确定,不得随意变更,如有变更,应在财务

报表附注中予以说明。

▶ 1. 先进先出法

先进先出法是假设先收到的存货先发出，并根据这种假设的成本流转顺序对发出存货和期末存货进行计价的一种方法。具体操作过程是：最先发出存货的成本按照第一批入库存货的成本确定，第一批存货发完后，再按第二批存货的成本计价，依此类推。

先进先出法下计算发出存货和结存存货成本的公式为：

发出存货成本＝发出存货数量×先入库存货的单位成本

期末结存存货成本＝期初结存存货成本＋本期收入存货成本－本期发出存货成本

【例 7-24】国泰公司采用先进先出法对发出的甲材料进行计价：2017 年 6 月 1 日结存 200 千克，单价 50 元；6 月 10 日购入 500 千克，单价 60 元；6 月 15 日发出 400 千克；6 月 20 日购入 500 千克，单价 70 元；6 月 28 日发出 500 千克。甲材料明细账如表 7-2 所示。

表 7-2　材料明细账（先进先出法）

数量单位：千克
金额单位：元

名称及规格：甲材料

2017年		凭证号	摘要	收入			发出			结存		
月	日			数量	单价	金额	数量	单价	金额	数量	单价	金额
6	1	略	期初结存							200	50	10 000
6	10		购入	300	60	18 000				200 300	50 60	10 000 18 000
6	15		发出				200 200	50 60	10 000 12 000	100	60	6 000
6	20		购入	500	70	35 000				100 500	60 70	6 000 35 000
6	28		发出				100 400	60 70	6 000 35 000	100	70	7 000
6	30		合计	800		53 000	900		63 000	100	70	7 000

采用先进先出法对存货进行计价，可以将发出存货的计价工作分散在平时进行，减轻了月末的计算工作量，可以随时了解储备资金的占用情况，期末结存存货成本比较接近于现行成本水平，更具有财务分析意义。但是，当企业的存货种类较多、收发次数比较频繁且单位成本又各不相同时，其计算的工作量就比较大。另外，先进先出法不是以现行成本与现行收入相配比，因而，当物价上涨时，会高估企业本期利润和期末结存存货的价值，造成企业虚利实税，不利于资本的保全，显然违背了谨慎性原则的要求。

▶ 2. 一次加权平均法

一次加权平均法是以期初结存存货成本与本月入库存货成本之和除以期初结存存货与

本期入库存货数量之和确定的存货平均单位成本为依据计算发出存货成本的一种方法。一次加权平均法下有关的计算公式为：

$$存货加权平均单位成本 = \frac{期初结存存货成本＋本月入库存货成本}{期初结存存货数量＋本期入库存货数量}$$

$$发出存货的实际成本 = 发出存货数量 \times 存货加权平均单位成本$$

$$期末结存存货成本 = 期末结存存货数量 \times 存货加权平均单位成本$$

$$= 期初结存存货成本＋本期收入存货成本－本期发出存货成本$$

【例 7-25】承例 7-24，采用一次加权平均法对发出的甲材料进行计价，甲材料明细账如表 7-3 所示。

表 7-3　材料明细账（加权平均法）

名称及规格：甲材料　　　　　　　　　　　　　　　　　数量单位：千克
　　　　　　　　　　　　　　　　　　　　　　　　　　金额单位：元

2017年		凭证号	摘要	收入			发出			结存		
月	日			数量	单价	金额	数量	单价	金额	数量	单价	金额
6	1	略	期初结存							200	50	10 000
6	10		购入	300	60	18 000				500		
6	15		发出				400			100		
6	20		购入	500	70	35 000				600		
6	28		发出				500			100		
6	30		合计	800		53 000	900	63	56 700	100	63	6 300

本月甲材料加权平均单位成本＝(10 000＋53 000)/(200＋800)＝63(元)
本月发出甲材料的成本＝900×63＝56 700(元)

采用一次加权平均法计算发出存货的成本，只有在月末才能计算出加权平均单位成本，因而平时的核算工作比较简单，但月末的核算工作量比较大，可能会影响有关成本计算的及时性，也不能随时从账簿中观察到各种存货的发出和结存情况，不便于对存货占用资金的日常管理。

▶ 3. 移动加权平均法

移动加权平均法是在每次收入存货后便计算存货新的加权平均单位成本，并以此作为该次结存存货及下次发出存货的单位成本的一种方法。移动平均法的计算原理与全月一次加权平均法相同，其计算公式如下：

$$移动加权平均单位成本 = \frac{本次购入前结存存货成本＋本次购入存货成本}{本次购入前结存存货数量＋本次购入存货数量}$$

$$本次发出存货成本 = 本次发出存货数量 \times 上次购货后加权平均单位成本$$

【例 7-26】承例 7-25，采用移动加权平均法对发出的甲材料进行计价，甲材料明细账如表 7-4 所示。

表 7-4　材料明细账(移动加权平均法)

名称及规格：甲材料　　　　　　　　　　　　　　　　　　　　数量单位：千克
　　　　　　　　　　　　　　　　　　　　　　　　　　　　　　金额单位：元

2017年		凭证号	摘要	收入			发出			结存		
月	日			数量	单价	金额	数量	单价	金额	数量	单价	金额
6	1	略	期初结存							200	50	10 000
6	10		购入	300	60	18 000				500	56	28 000
6	15		发出				400	56	22 400	100	56	5 600
6	20		购入	500	70	35 000				600	67.7	40 620
6	28		发出				500	67.7	33 850	100	67.7	6 770
6	30		合计	600		53 000	900		56 250	100	67.7	6 770

6月1日甲材料平均单位成本＝(10 000＋18 000)/(200＋300)＝56(元)

6月15日发出甲材料的成本＝400×56＝22 400(元)

6月20日甲材料平均单位成本＝(5 600＋35 000)/(100＋500)＝67.7(元)

6月28日发出甲材料的成本＝500×67.7＝33 850(元)

采用移动加权平均法，其优点是能够及时反映发出存货和结存存货的成本，而且计算的平均单位成本及发出和结存存货的成本比较客观；缺点是这种方法在存货收入较为频繁的情况下，要在每次收货时计算一次单位成本，工作量较大。

▶ 4. 个别计价法

个别计价法是指按照某批收入存货的实际单位成本作为发出存货的单位成本，计算发出存货成本的一种方法。通常对于不能替代适用的存货、为特定项目专门购入或制造的存货等应采用个别计价法确定发出存货的成本。

(二) 存货的期末计量

企业在经营过程中，对于发出或结存的存货成本作为一种费用成本或库存资产进行核算时，其一般的表达式为单位成本乘以发出或结存存货的数量，该式中单位成本的确定方法已经做了相应的介绍，因此，在这部分内容中，我们将要了解确定发出和结存存货数量的两种盘存制度，即永续盘存制和实地盘存制，以便根据不同的盘存制度采取相应的方法确定发出存货的数量。

▶ 1. 期末存货数量的确定

(1) 永续盘存制。永续盘存制度核算手续比较严密，在一定程度上能起到防止差错、提供资料全面，便于加强管理和保护存货安全、完整的作用，而且，通过存货明细账所提供的结存数，可以随时与预定的最高、最低库存限额进行比较，发出库存积压或不足的信号，以便及时处理，加速资金周转。但是，在这种方法下，存货明细账核算的工作量较大，同时还可能出现账面记录与实际不符的情况，为此就要对存货进行定期或不定期的核对，以查明存货账实是否相符。

(2) 实地盘存制。采用实地盘存制，将期末存货实地盘存的结果作为计算本期发出存货数量的依据，平时不需要对发出的存货进行登记，应该说核算手续比较简单。但是，采用这种方法，无法根据账面记录随时了解存货的发出和结存情况，由于是以存计销或以存计耗倒算发出存货成本，必然将非销售或非生产耗用的损耗、短缺或贪污盗窃造成的损失，全部混进销售或耗用成本之中，这显然是不合理的，也不利于对存货进行日常的管理和控制。同时，在存货品种、规格繁多的情况下，对存货进行实地盘点需要消耗较多的人力、物力，影响正常的生产经营活动，造成浪费，因此，这种方法一般适用于存货品种规格繁多且价值较低的企业，尤其适用于自然损耗大、数量不易准确确定的存货。

不论是永续盘存制还是实地盘存制，都要每年至少一次对存货进行实物盘点，所以，在实际工作中一个企业往往不是单一地使用永续盘存制或实地盘存制，更为实际的选择是在永续盘存制的基础上对存货进行定期盘存，把两种盘存制度结合使用，使之优势互补。

▶ 2. 存货清查盘点的核算

企业在生产经营过程中，必须要持有存货，然而存货流动性大，在收发、计量和核算过程中难免发生一些差错、自然损耗、丢失、被盗等问题，发生这些问题都会造成存货的盘盈、盘亏，出现账实不符，为了保证存货的真实性、完整性，做到随时随地的账实相符，就必须对存货进行清查。

存货的清查结果可能是账存与实存不符，究其原因可能有两个：一是记账有误；二是发生盘盈（实存大于账存）或盘亏（实存小于账存）。对于记账错误可以按照规定的错账更正方法进行更正。对于存货的盘盈、盘亏，应当查明原因，并根据清查结果编制盘存单，按规定程序报批处理。

企业应设置"待处理财产损溢"账户下设的"待处理流动资产损溢"明细账户进行核算存货盘盈、盘亏的价值。该账户的借方登记清查时的盘亏数、毁损数及报经批准后盘盈的转销数，贷方登记清查时的盘盈数及报经批准后盘亏的转销数。盘盈的存货，按其重置成本或计划成本，借记"原材料"等账户，贷记"待处理财产损溢——待处理流动资产损溢"账户；对于盘亏的存货，按其实际成本或计划成本，借记"待处理财产损溢——待处理流动资产损溢"账户，贷记"原材料"等账户。

（1）存货盘盈。盘盈的存货，应按其重置成本作为入账价值，借记有关存货账户，贷记"待处理财产损溢——待处理流动资产损溢"账户。按程序经过企业批准机构批准后，转销存货盘盈价值时冲减管理费用处理，借记"待处理财产损溢——待处理流动资产损溢"账户，贷记"管理费用"账户。有关账务处理如下。

① 批准处理前：

借：原材料等
　　贷：待处理财产损溢——待处理流动资产损溢

② 批准处理后：

借：待处理财产损溢——待处理流动资产损溢
　　贷：管理费用

重大的存货盘盈作为前期会计差错处理，此处不做介绍。

（2）存货盘亏。盘亏的存货，应按其实际成本或计划成本，借记"待处理财产损溢——待处理流动资产损溢"账户，贷记有关存货账户，若存货是按计划成本计价的，还应同时结转分摊的成本差异；按规定程序批准转销盘亏存货价值时，根据导致存货盘亏的不同原因，分别借记"管理费用"（自然损耗、管理不善、收发计量不准等）、"其他应收款"（责任人赔偿或保险赔偿）、"营业外支出"（非常损失）等账户，贷记"处理财产损溢——待处理流动资产损溢"账户。有关账务处理如下：

① 批准处理前：

  借：待处理财产损溢——待处理流动资产损溢
    贷：原材料等

② 批准处理后：

  借：原材料等（回收残料的价值）
    其他应收款（应收保险公司、过失人赔款）
    管理费用（自然损耗、管理不善、收发计量不准等）
    营业外支出（非常损失的净额）
    贷：待处理财产损溢——待处理流动资产损溢

▶ 3. 存货的期末计价

会计期末，存货账面上一般反映的是存货的历史成本。然而，由于存货毁损、陈旧过时或销售价格降低等原因，会使存货的价值下跌至其成本以下，在此情况下，如果仍以历史成本计价，就会虚夸资产价值，有悖于会计信息的质量要求。按照谨慎性原则的要求，资产负债日，存货应按照成本与可变现净值孰低计价。

期末存货按成本与可变现净值孰低计价，应采用备抵法进行账务处理，设置"存货跌价准备"账户。"存货跌价准备"账户是存货账户的备抵账户，其余额用以抵减存货的账面余额，以求得存货的净额即账面价值，将其直接列入资产负债表。

期末根据存货成本与可变现净值的比较，存货的可变现净值低于成本的，应按其差额确认减值损失，计提跌价准备，借记"资产减值损失"账户，贷记"存货跌价准备"账户，若"存货跌价准备"账户有余额，则应按可变现净值低于成本的金额对"存货跌价准备"账户的余额进行调整，追加计提跌价准备或冲减原已计提的跌价准备。冲减已计提的跌价准备时，借记"存货跌价准备"账户，贷记"资产减值损失"账户；期末存货的可变现净值高于成本的，则应将原已计提的跌价准备全部冲销，使"存货跌价准备"账户为零。"存货跌价准备"账户不会出现借方余额。

第五节 长期股权投资核算

一、长期股权投资概述

长期股权投资，是指通过投资取得被投资单位的股权，作为被投资单位的股东，投资者按所持股份比例享有权利并承担责任。长期股权投资的期限一般较长，不准备随时出售。长期股权投资可以通过在证券市场上以货币资金购买其他单位的股票的方式获得，也可以直接以资产投资于其他单位的方式获得。

长期股权投资可以分为以下四种类型。

（一）企业持有的能够对被投资单位实施控制的权益性投资，即对子公司投资

能够对被投资单位实施控制的投资是指投资企业有权确定被投资企业的财务和经营政策，并能从该被投资企业的经营活动中获取利益。这里的控制包括以下内容。

（1）投资企业直接拥有被投资企业50%以上（不含50%）的表决权资本。

（2）投资企业虽然直接拥有被投资企业50%或50%以下的表决权资本，但具有实质控制权。投资企业对被投资企业是否具有实质控制权，可以通过以下一项或若干项情况判断：①通过与其他投资者的协议，投资企业拥有被投资企业50%以上的表决权资本的控制权；②根据章程或协议，投资企业有权控制被投资企业的财务和经营政策；③投资企业有权任免控制被投资企业董事会等类似权力机构的多数成员；④投资企业在董事会或类似权力机构会议上有半数以上投票权。

（二）企业持有的能够与其他合营方一同对被投资单位实施共同控制的权益性投资，即对合营企业的投资

共同控制，是指按照合同约定对某项经济活动所共有的控制，仅在与该项经济活动相关的重要财务和经营决策需要分享控制权的投资方一致同意时存在。投资企业与其他方对被投资单位实施共同控制的，被投资单位为其合营企业。

（三）企业持有的能够对被投资单位施加重大影响的权益性投资，即对联营企业的投资

重大影响，是指对一个企业的财务和经营政策有参与决策的权力，但并不能够控制或者与其他方一起共同控制这些政策的制定。投资企业能够对被投资单位施加重大影响的，被投资单位为其联营企业。

当投资企业直接拥有被投资企业20%或以上至50%表决权资本时，一般认为对被投资企业有重大影响。此外，尽管投资企业直接拥有被投资企业20%以下的表决权资本，但符合下列情况之一的，实质上对被投资企业的财务和经营政策的决策有重大影响，也应确认为对被投资企业有重大影响的投资：

（1）在被投资企业的董事会或类似权力机构中派有代表。在这种情况下，由于在被投资企业的董事会或类似权力机构中派有代表，并享有相应的实质性的参与决策权，投资企业可以通过该代表参与被投资企业政策的制定，从而对被投资企业施加重大影响。

（2）参与被投资企业的政策制定过程。在这种情况下，由于可以参与被投资企业的政策制定过程，在制定政策过程中可以为其自身利益提出建议和意见，由此可以对被投资企业施加重大影响。

（3）向被投资企业派出管理人员。在这种情况下，通过投资企业对被投资企业派出管理人员，管理人员有权负责被投资企业的财务和经营活动，从而能对被投资企业施加重大影响。

（4）依赖投资企业的技术资料。在这种情况下，由于被投资企业的生产经营需要依赖投资企业的技术或技术资料，从而表明投资企业对被投资企业有重大影响。

(5)其他能足以证明投资企业对被投资单位有重大影响的情形。

（四）企业对被投资单位不具有控制、共同控制或重大影响，且在活跃市场中没有报价、公允价值不能可靠计量的权益性投资

对被投资企业无控制、无共同控制且无重大影响的投资是指上述三种类型以外的投资，具体表现为：

（1）投资企业直接拥有被投资企业20%以下的表决权资本，且不存在对被投资企业实施其他重大影响的途径。

（2）投资企业直接拥有被投资企业20%或以上的表决权资本，但实质上对被投资企业不具有控制、共同控制和重大影响。

二、长期股权投资的核算

为了核算长期股权投资，企业应当设置"长期股权投资"总账科目。采用权益法核算长期股权投资时，企业还需要在总账科目下设置"成本""损益调整""其他权益变动"等明细科目进行明细核算。

（一）长期股权投资的取得

▶ 1. 企业合并取得的长期股权投资的核算

在企业合并形成的长期股权投资中，企业还应进一步区分同一控制下的企业合并和非同一控制下的企业合并，以确定长期股权投资的初始投资成本。

（1）同一控制下的企业合并形成的长期股权投资。根据《企业会计准则》的规定，同一控制下的企业合并，合并方以支付现金、转让非现金资产或承担债务方式作为合并对价的，应当在合并日按照取得被合并方所有者权益账面价值的份额作为长期股权投资的初始投资成本。长期股权投资初始投资成本与支付的现金、转让的非现金资产及所承担债务账面价值之间的差额，应当调整资本公积；资本公积不足冲减的，调整留存收益。合并方以发行权益性证券作为合并对价的，应当在合并日按照取得被合并方所有者权益账面价值的份额作为长期股权投资的初始投资成本，按照发行股份的面值总额作为股本，长期股权投资初始投资成本与所发行股份面值总额之间的差额，应当调整资本公积；资本公积不足冲减的，调整留存收益。

具体来说，同一控制下形成的企业合并，企业应当在合并日按照取得被合并方所有者权益账面价值的份额作为长期股权投资的初始投资成本，借记"长期股权投资——投资成本"科目，按照支付的合并对价的账面价值，贷记"银行存款""固定资产清理"等科目，按照长期股权投资的初始投资成本与作为对价的账面价值之间的贷方差额，贷记"资本公积"科目，按照长期股权投资的初始投资成本与作为对价的账面价值之间的借方差额，借记"资本公积"科目。如果"资本公积"贷方余额不足的，应当依次借记"盈余公积""利润分配——未分配利润"等科目。

【例7-27】紫金公司和中山公司同为新欣公司的子公司。2017年2月1日，紫金公司和中山公司达成合并协议，约定紫金公司以固定资产、无形资产和银行存款1 200万元向中山公司投资，占中山公司股份总额的60%。2017年2月1日，中山公司的所有者总额为4 000万元；紫金公司参与企业合并的固定资产原价为1 400万元，已计提折旧400万元，未计提固定资产减值准备；无形资产账面原价为1 000万元，已摊销500万元，未计

提无形资产减值准备。假定紫金公司所有者权益中资本公积余额为 400 万元。紫金公司的会计处理如下：

借：固定资产清理	10 000 000	
累计折旧	4 000 000	
贷：固定资产		14 000 000
借：长期股权投资——投资成本	24 000 000	
累计摊销	5 000 000	
资本公积	3 000 000	
贷：固定资产清理		10 000 000
无形资产		10 000 000
银行存款		12 000 000

合并方以发行权益性证券作为合并对价的，应当在合并日按照取得被合并方所有者权益账面价值的份额作为长期股权投资的初始投资成本，借记"长期股权投资——投资成本"科目；按照发行股份的面值总额，贷记"股本"科目；按照发生的相关税费，贷记"银行存款"等科目；按照借贷方的差额，贷记"资本公积"科目。与发行权益性证券直接相关的手续费、佣金等直接相关费用，应冲减权益性证券的溢价收入，借记"资本公积（资本溢价）"科目，贷记"银行存款"等科目。

【例 7-28】紫金公司和中山公司同为新欣公司的子公司。2017 年 2 月 1 日，紫金公司和中山公司达成合并协议，约定紫金公司以增发的权益性证券作为对价向中山公司投资，占中山公司股份总额的 55%。2017 年 2 月 1 日，紫金公司增发的权益性证券成功，共增发普通股股票 100 万股，每股面值 1 元，实际发行价格为 1.5 元；中山公司所有者权益总额为 4 000 万元。在发行普通股过程中，紫金公司共发生相关税费 105 万元，与发行普通股股票直接相关的手续费、佣金 123 万元，均以银行存款支付。假定紫金公司所有者权益中，资本公积余额为 1 995 万元。紫金公司的会计处理如下：

借：长期股权投资——投资成本	22 000 000	
贷：股本		1 000 000
银行存款		1 050 000
资本公积		19 950 000
借：资本公积	1 230 000	
贷：银行存款		1 230 000

（2）非同一控制下的企业合并形成的长期股权投资。根据《企业会计准则》的规定，非同一控制下的企业合并，购买方应在购买日按照《企业会计准则第 20 号——企业合并》确定的合并成本作为长期股权投资的初始投资成本，即一次交换交易实现的企业合并，合并成本为购买方在购买日为取得对被购买方的控制权而付出的资产、发生或承担的负债及发行的权益性证券的公允价值；通过多次交换交易分步实现的企业合并，合并成本为每一单项交易成本之和；购买方为进行企业合并发生的各项直接相关费用也应当计入企业合并成本；在合并合同或协议中对可能影响合并成本的未来事项做出约定的，购买日如果估计未来事项很可能发生并且对合并成本的影响金额能够可靠计量的，购买方应当将其计入合并成本。

具体来说，非同一控制下的企业合并，企业在购买日应当按照确定的企业合并成本作为长期股权投资的初始投资成本，借记"长期股权投资——投资成本"科目；按照合并中支付对价的账面价值，贷记"银行存款""固定资产清理"等科目；按照长期股权投资的初始投资成本与所支付对价账面价值之间的贷方差额，贷记"营业外收入"科目；按照长期股权投资的初始投资成本与所支付对价账面价值之间的借方差额，借记"营业外支出"科目。

【例7-29】2017年4月1日，新欣公司与中山公司达成合并协议，约定新欣公司以一台固定资产和银行存款350万元向中山公司投资，占中山公司股份总额的60%。该固定资产的账面原价为8430万元，已计提累计折旧430万元，已计提固定资产减值准备100万元，公允价值为8400万元。假定新欣公司与中山公司在此之前不存在任何投资关系，不考虑其他相关税费。新欣公司的会计处理如下：

借：固定资产清理　　　　　　　　　　　　　　　　　　79 000 000
　　累计折旧　　　　　　　　　　　　　　　　　　　　 4 300 000
　　固定资产减值准备　　　　　　　　　　　　　　　　 1 000 000
　　贷：固定资产　　　　　　　　　　　　　　　　　　84 300 000
借：长期股权投资——投资成本　　　　　　　　　　　　87 500 000
　　贷：固定资产清理　　　　　　　　　　　　　　　　79 000 000
　　　　银行存款　　　　　　　　　　　　　　　　　　 3 500 000
　　　　营业外收入　　　　　　　　　　　　　　　　　 5 000 000

【例7-30】2017年3月11日，紫金公司与中山公司达成合并协议，约定紫金公司以一项专利技术和银行存款250万元向中山公司投资，占中山公司股份总额的60%。该专利技术的账面原价为9880万元，已累计摊销440万元，已计提无形资产减值准备320万元，公允价值为9000万元。假定紫金公司与中山公司在此之前不存在任何投资关系，不考虑其他相关税费。紫金公司的会计处理如下：

借：长期股权投资——投资成本　　　　　　　　　　　　92 500 000
　　累计摊销　　　　　　　　　　　　　　　　　　　　 4 400 000
　　无形资产减值准备　　　　　　　　　　　　　　　　 3 200 000
　　营业外支出　　　　　　　　　　　　　　　　　　　 1 200 000
　　贷：无形资产　　　　　　　　　　　　　　　　　　98 800 000
　　　　银行存款　　　　　　　　　　　　　　　　　　 2 500 000

▶ 2. 其他方式取得长期股权投资的核算

以其他方式取得的长期股权投资，主要是指以现金购入的长期股权投资、以发行权益性证券取得的长期股权投资、接受投资者投入的长期股权投资、通过非货币性资产交换取得的长期股权投资、通过债务重组取得的长期股权投资。由于取得方式不同，长期股权投资初始投资成本的确定也各不相同。

（1）以现金购入的长期股权投资。以支付现金取得的长期股权投资，应当按照实际支付的购买价款作为初始投资成本。初始投资成本包括与取得长期股权投资直接相关的费用、税金及其他必要支出。具体来说，企业以支付现金取得的长期股权投资，应当按照实际支付的价款及与取得长期股权投资直接相关的手续费、佣金等，作为长期股权投资的初始投资成本，借记"长期股权投资——投资成本"科目；按照实际支付的价款及手续费、佣金等，贷记"银行存款"等科目。

【例7-31】为建立相对稳定的原材料产地，保证原材料的持续供应，2017年1月2日，新欣公司在公开交易的股票市场上购买了紫金公司的1 500 000股股票，价值为4 500 000元，占其股本总额的80%。

新欣公司的会计处理如下：

借：长期股权投资——投资成本	4 500 000
贷：银行存款	4 500 000

(2) 以发行权益性证券取得的长期股权投资。以发行权益性证券取得的长期股权投资，应当按照发行权益性证券的公允价值作为初始投资成本。具体来说，企业以发行权益性证券取得的长期股权投资，应当按照权益性证券的公允价值，借记"长期股权投资——投资成本"科目；按照权益性证券的面值，贷记"股本"科目；按照权益性证券的公允价值与其面值之间的差额，贷记"资本公积"科目。在这一过程中，与发行权益性证券有关的税费及其他直接相关费用，应当冲减"资本公积"科目。

【例7-32】2017年6月1日，新欣公司与紫金公司达成合并协议，约定新欣公司以增发的权益性证券作为对价向紫金公司投资。当日，新欣公司权益性证券增发成功，共增发普通股股票130万股，每股面值1元，实际发生价格2元。假定不考虑其他相关税费。新欣公司的会计处理如下：

借：长期股权投资——投资成本	2 600 000
贷：股本	1 300 000
资本公积	1 300 000

(3) 接受投资者投入的长期股权投资。投资者投入的长期股权投资，应当按照投资合同或协议约定的价值作为初始投资成本，但合同或协议约定价值不公允的除外。具体来说，接受投资者投入的长期股权投资，企业应当按照投资合同或协议约定的价值及相关的税费等作为初始投资成本，借记"长期股权投资——投资成本"科目；按照投资者出资构成实收资本（或股本）的部分，贷记"实收资本""股本"等科目；按照支付的相关税费，贷记"银行存款"等科目；按照上述借贷方之间的差额，贷记"资本公积"科目。

【例7-33】2017年3月2日，新欣公司接受紫金公司以所持有的中山公司长期股权投资。紫金公司对中山公司长期股权投资的账面余额为120万元，未计提长期股权投资减值准备。新欣公司和紫金公司约定的对中山公司长期股权投资价值为3 700万元，占新欣公司所有者权益总额的60%。假定在2017年3月2日，新欣公司所有者权益总额为6 000万元，不考虑其他相关税费。新欣公司会计处理如下：

借：长期股权投资——投资成本	37 000 000
贷：实收资本	36 000 000
资本公积	1 000 000

(二) 长期股权投资的后续计量

企业对外进行的长期股权投资，应当根据不同情况分别采用成本法和权益法加以核算。

1. 长期股权投资核算的成本法

长期股权投资核算的成本法，是指长期股权投资按成本计价的方法。在成本法下，长期股权投资以取得时的初始投资成本计价。

根据《企业会计准则》的规定，在下列情况下，企业的长期股权投资应当采用成本法核算：①投资企业能够对被投资单位实施控制的长期股权投资；②投资企业对被投资单位不具有共同控制或重大影响，而且在活跃市场中没有报价、公允价值不能可靠计量的长期股权投资。

长期股权投资采用成本法核算的一般程序如下：①初始投资或追加投资时，按照初始投资或追加投资时的初始投资成本或追加投资后的初始投资成本，作为长期股权投资的账面价值；②被投资单位宣告分派的利润或现金股利，投资企业按应享有的部分，确认为当期投资收益，但投资企业确认的投资收益，仅限于所获得的被投资单位在接受投资后产生的累积净利润的分配额。所获得的被投资单位宣告分派的利润或现金股利超过被投资单位在接受投资后产生的累积净利润的部分，作为清算股利，冲减长期股权投资的账面价值。具体处理时，应按投资年度和以后年度分别进行处理。

（1）投资年度的利润或现金股利的处理。企业当年实现的盈余通常于下一年发放利润或现金股利。因此，投资企业投资当年分得的利润或现金股利，一般不作为当期的投资收益，而作为初始投资成本的收回。如果投资企业投资当年分得的利润或现金股利，有一部分是来自投资后被投资单位实现的盈余的分配，则应作为投资企业投资当年的投资收益。在具体计算时，若能分清投资前或投资后被投资单位实现的净利润情况的，应当区分投资前和投资后，计算确定哪些应确认为投资收益，哪些应冲减初始投资成本的金额；如果不能分清投资前或投资后被投资单位实现的净利润情况的，可按以下公式计算确认投资收益或冲减初始投资成本的金额：

应冲减初始投资成本的金额＝被投资单位分派的利润或现金股利×投资企业所持股份－投资企业投资年度应享有的投资收益

（2）以后年度的利润或现金股利的处理。投资企业投资年度以后的利润或现金股利，确认投资收益或冲减投资成本的金额，可按以下公式计算：

投资企业投资年度应享有的投资收益＝投资当年被投资单位每股盈余×投资企业所持股份×[当年投资持有月份÷全年月份(12)]

或者：

投资企业投资年度应享有的投资收益＝投资当年被投资单位实现的净损益×投资企业所持股份×[当年投资持有月份÷全年月份(12)]

如果投资企业投资年度应享有的被投资单位分派的利润或现金股利大于投资企业投资年度应享有的投资收益，应按上述公式计算应冲减的投资成本；如果投资企业投资年度应享有的被投资单位分派的利润或现金股利等于或小于投资企业投资年度应享有的投资收益，则不需要计算冲减投资成本的金额，应分得的利润或现金股利全部确认为当期投资收益。

以后年度，投资企业所获得的利润或现金股利确认投资收益或冲减投资成本，可按以下公式计算：

应冲减投资成本的金额＝(投资后至本年末止被投资单位累积分派的利润或现金股利－投资后至上年末止被投资单位累积实现的净损益)×投资企业的持股比例－投资企业已冲减的投资成本

应确认的投资收益＝投资企业当年获得的利润或现金股利－应冲减投资成本的金额

如果投资后至本年末止，被投资单位累积分派的利润或现金股利大于投资后至上年末止被投资单位累积实现的净损益，则按上述公式计算应冲减投资成本的金额；如果投资后至本年末止，被投资单位累积分派的利润或现金股利等于或小于投资后至上年末止被投资单位累积实现的净损益，则被投资单位当期分派的利润或现金股利中应由投资企业享有的部分，应于当期确认为投资企业的投资收益。

【例 7-34】新欣公司 2017 年 5 月 12 日购入紫金公司 100 000 股，每股价格 12 元，另支付相关税费 2 300 元，所得股份占紫金公司有表决权资本的 62%，并准备长期持有。2017 年 6 月 12 日，紫金公司宣告分派 2016 年度的现金股利，每股 0.20 元。新欣公司的账务处理如下。

(1) 购入紫金公司的股票时：
借：长期股权投资——股票投资(紫金公司)　　　　　　　　　　1 202 300
　　贷：银行存款　　　　　　　　　　　　　　　　　　　　　　1 202 300
其中，长期股权投资的成本＝100 000×12＋2 300＝1 202 300(元)

(2) 紫金公司宣告分派股利时：
借：应收股利　　　　　　　　　　　　　　　　　　　　　　　　20 000
　　贷：长期股权投资——股票投资(紫金公司)　　　　　　　　　　20 000
其中，应收股利金额＝100 000×0.20＝20 000(元)。

【例 7-35】2016 年 1 月 1 日，新欣公司以银行存款购入紫金公司 60% 的股份，并准备长期持有，实际投资成本为 220 000 元。紫金公司于 2016 年 5 月 2 日宣告分派 2015 年度的现金股利 200 000 元。如果紫金公司 2016 年 1 月 1 日股东权益合计为 2 400 000 元，其中，股本为 2 000 000 元，未分配利润为 400 000 元；2016 年实现净利润 800 000 元；2017 年 5 月 1 日宣告分派现金股利 600 000 元。新欣公司的账务处理如下。

(1) 2016 年 1 月 1 日，购入紫金公司的股票时：
借：长期股权投资——股票投资(紫金公司)　　　　　　　　　　220 000
　　贷：银行存款　　　　　　　　　　　　　　　　　　　　　　220 000

(2) 2016 年 5 月 2 日，宣告分派现金股利：
借：应收股利　　　　　　　　　　　　　　　　　　　　　　　　200 000
　　贷：长期股权投资——股票投资(紫金公司)　　　　　　　　　　200 000

(3) 2017 年 5 月 1 日，宣告分派现金股利：
借：应收股利　　　　　　　　　　　　　　　　　　　　　　　　600 000
　　长期股权投资——股票投资(紫金公司)　　　　　　　　　　200 000
　　贷：投资收益——股利收入　　　　　　　　　　　　　　　　800 000

本例中，由于新欣公司于 2016 年 1 月 1 日投资，紫金公司 2016 年度实现的净利润为 800 000 元，2017 年度分派的现金股利为 600 000 元，小于 2016 年度实现的净利润

800 000元，因此，应将分派的2017年度的现金股利中应由甲公司享有的部分全部确认为投资收益；同时，2016年度分派2015年度的现金股利时，由于新欣公司2015年度尚未投资，2016年度紫金公司宣告分派2015年度的现金股利时，作为投资成本的收回，冲减了长期股权投资的账面价值，而没有确认为投资收益，但2017年度分派2016年度现金股利时，分派的2016年度现金股利小于2016年度实现的净利润800 000元，表明2016年度分派的属于投资前被投资单位累积未分配利润200 000元，已被以后实现的净利润弥补，因而应将2016年度冲减投资成本的股利金额予以转回，确认投资收益。因此，2017年度确认投资收益的金额为应享有2017年度净利润的分配额60 000元，与由2016年度实现净利润弥补了2016年度已作为投资成本收回处理的现金股利20 000元的合计，即80 000元。

▶ **2. 长期股权投资的权益法**

长期股权投资的权益法是指投资最初以初始投资成本计价，以后根据投资企业享有被投资企业所有者权益份额的变动对投资的账面价值进行调整的方法。

根据《企业会计准则》的规定，投资企业对被投资单位具有共同控制或重大影响的长期股权投资，应当采用权益法核算。长期股权投资的初始投资成本大于投资时应享有被投资单位可辨认净资产公允价值份额的，不调整长期股权投资的初始投资成本；长期股权投资的初始投资成本小于投资时应享有被投资单位可辨认净资产公允价值份额的，其差额应当计入当期损益，同时调整长期股权投资的成本。

【例7-36】2017年1月1日，新欣公司以银行存款400万元向紫金公司投资，占紫金公司有表决权股份的25%，采用权益法核算。当日，紫金公司可辨认净资产公允价值为1 700万元。假定不考虑其他因素。新欣公司的会计处理如下：

借：长期股权投资——投资成本　　　　　　　　　　　　4 000 000
　　贷：银行存款　　　　　　　　　　　　　　　　　　　　4 000 000
借：长期股权投资——投资成本　　　　　　　　　　　　　250 000
　　贷：投资收益　　　　　　　　　　　　　　　　　　　　　250 000

【例7-37】2017年2月1日，紫金公司以银行存款300万元向中山公司投资，占中山公司有表决权股份的30%，采用权益法核算。当日，中山公司可辨认净资产公允价值为900万元。假定不考虑其他因素，紫金公司的会计处理如下：

借：长期股权投资——投资成本　　　　　　　　　　　　3 000 000
　　贷：银行存款　　　　　　　　　　　　　　　　　　　　3 000 000

企业持有的长期股权投资如果采用权益法，投资企业应在取得股权投资后，按应享有或应分担的被投资单位当年实现的净利润或发生的净亏损以取得投资时被投资单位各项辨认净资产等的公允价值调整后的份额（法规或公司章程规定不属于投资企业的净利润除外），调整投资的账面价值，并确认为当期投资损益。投资企业按被投资单位宣告分派的利润或现金股利计算应分得的部分，相应减少投资的账面价值。被投资单位采用的会计政策及会计期间与投资企业不一致的，应当按照投资企业的会计政策及会计期间对被投资单位的财务报表进行调整，并据以确认投资损益。

投资企业确认被投资单位发生的净亏损，以长期股权投资的账面价值以其他实质上构成对被投资单位净投资的长期权益减记至零为限，投资企业负有承担额外损失义务的除外；如果被投资单位以后各期实现净利润，投资企业应在计算的收益分享额超过未确认的亏损分担额以后，按超过未确认的亏损分担额的金额，恢复投资的账面价值。在按被投资单位净损益计算调整投资的账面价值和确认投资损益时，应以取得被投资单位股权后发生的净损益为基础。被投资单位除净损益以外的所有者权益的其他变动，也应根据具体情况调整投资的账面价值。

长期股权投资采用权益法的一般程序如下：①初始投资或追加投资时，按照初始投资或追加投资时的投资成本增加长期股权投资的账面价值。②投资后，随着被投资单位所有者权益的变动而相应调整增加或减少长期股权投资的账面价值。

长期股权投资采用权益法核算，会计上需要解决以下两个问题。

(1) 投资后被投资单位发生净损益的会计处理。采用权益法核算长期股权投资时，被投资单位当年实现的净利润或发生的净亏损，均会影响投资企业所有者权益的变动。因此，长期股权投资的账面价值也应做相应调整。凡属于被投资单位当年实现的净利润而影响所有者权益变动，投资企业应按所持表决权资本比例计算应享有的份额，增加长期股权投资的账面价值，并确认为当期投资收益；凡属于被投资单位当年发生的净亏损而影响所有者权益变动，投资企业应按所持表决权资本比例计算应分担的亏损，减少长期股权投资的账面价值，并确认为当期投资损失。

需要注意的是，投资企业确认被投资单位发生的净亏损，应以长期股权投资的账面价值和其他实质上构成对被投资单位净投资的长期权益减记至零为限，这里的投资账面价值是指该项股权投资的账面余额减去该项投资已提的减值准备，股权投资的账面余额包括投资成本、股权投资差额等；如果以后各期被投资单位实现净利润，投资企业应在计算的收益分享额超过未确认的亏损分担额以后，按超过未确认的亏损分担额的金额，恢复投资的账面价值。

【例7-38】2014年1月1日，新欣公司在公开交易的证券市场上购买紫金公司的普通股股票，获得紫金公司70%的表决权；新欣公司实际支付银行存款970 000元；2015年1月1日，紫金公司的所有者权益总额为1 385 714.29元；2014年度，紫金公司实现净利润550 000元；2015年2月份，紫金公司宣告分派现金股利350 000元，当年度发生净亏损2 100 000元；2016年度，紫金公司实现净利润850 000元；新欣公司和紫金公司适用的所得税税率均为25%。假定2017年1月1日紫金公司可辨认净资产的公允价值等于其账面价值；除长期股权投资外，新欣公司在紫金公司中没有其他长期权益。新欣公司的会计处理如下。

(1) 2014年1月1日，购入紫金公司的股票：

借：长期股权投资——投资成本　　　　　　　　　　　　　　　　　970 000
　　贷：银行存款　　　　　　　　　　　　　　　　　　　　　　　　970 000

(2) 2014年，紫金公司实现利润：

借：长期股权投资——损益调整　　　　　　　　　　　　　　　　　385 000
　　贷：投资收益——股权投资收益　　　　　　　　　　　　　　　385 000

其中，实现的投资收益金额=550 000×70%=385 000(元)。

此时，长期股权投资余额=970 000+385 000=1 355 000(元)。

(3) 2015年，紫金公司宣告分派现金股利：

借：应收股利——紫金公司　　　　　　　　　　　　　　　　　　　245 000

贷：长期股权投资——损益调整　　　　　　　　　　　　　　　　　245 000

　　其中，应收股利金额=350 000×70%=245 000(元)。

　　此时，长期股权投资余额=1 355 000-245 000=1 110 000(元)。

(4) 2015年，宣告发生亏损：

　　借：投资收益——股权投资损失　　　　　　　　　　　　　　　　 1 110 000

　　贷：长期股权投资——损益调整(紫金公司)　　　　　　　　　　　1 110 000

　　其中，新欣公司应负担的亏损金额=2 100 000×70%=1 470 000(元)。

　　未记录的亏损负担金额=1 470 000-111 000=360 000(元)。

(5) 2016年，紫金公司实现利润：

　　借：长期股权投资——损益调整　　　　　　　　　　　　　　　　　235 000

　　贷：投资收益——股权投资收益　　　　　　　　　　　　　　　　　235 000

　　其中，实现的股权投资收益金额=850 000×70%=595 000(元)，可恢复长期股权投资金额=595 000-36 0000=235 000(元)。需要注意的是，采用权益法核算长期股权投资时，如果投资合同或协议中约定在被投资单位出现超额亏损，投资企业需要分担额外损失的，企业应在本科目及其他实质上构成投资的长期权益的账面价值均减记至零的情况下，对于按照投资合同或协议规定仍然需要承担的损失金额，借记"投资收益"科目，贷记"预计负债"科目。投资企业在按照合同或协议确认了应承担的超额损失后，对于仍存在被投资单位的额外亏损，不再进行确认。

(2) 被投资单位除净损益以外其他所有者权益变动的会计处理。采用权益法核算长期股权投资时，投资企业的长期股权投资账面价值，应随着被投资单位所有者权益的变动而变动。被投资单位净资产的变动除了实现的净损益会影响净资产外，还包括资产评估增值、外币折算差额等。在进行会计处理时，应分别进行会计处理：因被投资单位资产评估增值等引起的所有者权益的变动，投资企业应作为股权投资准备，在长期股权投资中单独核算，并增加资本公积；因被投资单位外币资本折算所引起的所有者权益的变动，投资企业应按所拥有的表决权资本的比例，计算应享有或应分担的份额，调整长期股权投资的账面价值，并计入资本公积。

【例7-39】新欣公司对中山公司的投资占其有表决权资本的比例为40%。2017年3月2日，中山公司接受外商投资企业投资，发生外币资本折算差额100万元。新欣公司的会计处理如下：

　　借：长期股权投资——股权投资准备　　　　　　　　　　　　　　　400 000

　　贷：资本公积——股权投资准备　　　　　　　　　　　　　　　　　400 000

(三) 长期股权投资核算方法的转换

▶ 1. 权益法转换为成本法

　　根据《企业会计准则》的规定，投资企业因减少投资等原因对被投资单位不再具有共同控制或重大影响的，并且在活跃市场中没有报价、公允价值不能可靠计量的长期股权投资，应当改按成本法核算，并以权益法下长期股权投资的账面价值作为按照成本法核算的初始投资成本。

【例7-40】新欣公司2016年对紫金公司投资，占紫金公司注册资本的55%。紫金公司的其他股份分别由其他四个企业平均持有。新欣公司采用权益法核算对紫金公司的投资,至 2016 年 12 月 31 日,新欣公司对紫金公司投资的账面价值为 300 万元,其中,投资成本 200 万元,损益调整 100 万元。2017 年 1 月 5 日,紫金公司的某一股东 A 企业收购了新欣公司对紫金公司投资的 44%,款项为 250 万元。新欣公司持有紫金公司 11% 的股份,并失去影响力。为此,新欣公司改按成本法核算。2017 年 3 月 1 日,紫金公司宣告分派 2016 年度的现金股利,新欣公司可获得现金股利 30 万元。新欣公司的有关会计处理如下。

(1) 向 A 企业出售持有的紫金公司部分股权:

借:银行存款　　　　　　　　　　　　　　　　　　　　　　2 500 000
　　贷:长期股权投资——紫金公司(投资成本)　　　　　　　　　1 600 000
　　　　　　　　——紫金公司(损益调整)　　　　　　　　　　　800 000
　　　　　　　　——投资收益　　　　　　　　　　　　　　　　100 000

(2) 出售部分股权后投资的账面价值＝3 000 000－2 400 000＝600 000(元),即新的投资成本为 600 000 元。

借:长期股权投资——紫金公司　　　　　　　　　　　　　　　600 000
　　贷:长期股权投资——紫金公司(投资成本)　　　　　　　　　400 000
　　　　　　　　——乙公司(损益调整)　　　　　　　　　　　　200 000

(3) 2017 年 3 月 1 日,紫金公司分派 2016 年度的现金股利,新欣公司可获得现金股利 30 万元,由于紫金公司分派的现金股利属于新欣公司采用成本法前实现净利润的分配额,该部分分配额已计入新欣公司对紫金公司投资的账面价值,因此,新欣公司应作为冲减投资账面价值处理。

借:应收股利　　　　　　　　　　　　　　　　　　　　　　　300 000
　　贷:长期股权投资——紫金公司　　　　　　　　　　　　　　300 000

▶ 2. 成本法转换为权益法

根据《企业会计准则》的规定,因追加投资等原因能够对被投资单位实施共同控制或重大影响但不构成控制的,应当改按权益法核算,并以成本法下长期股权投资的账面价值或按照《企业会计准则第 22 号——金融工具确认和计量》确定的投资账面价值作为按照权益法核算的初始投资成本。

【例 7-41】新欣公司于 2015 年 1 月 1 日以 520 000 元购入紫金公司股票,占紫金公司实际发行在外股数的 60%,另支付 2 000 元相关税费等,新欣公司采用成本法核算。2015 年 5 月 2 日,紫金公司宣告分派 2014 年度的股利,每股分派 0.1 元的现金股利,新欣公司可以获得 40 000 元的现金股利。2016 年 1 月 5 日,新欣公司再以现金 1 800 000 元购入紫金公司实际发行在外股数的 25%,另支付 9 000 元相关税费。至此持股比例达 35%,改用权益法核算此项投资。如果 2015 年 1 月 1 日紫金公司所有者权益合计为 4 500 000 元,2016 年度实现的净利润为 400 000 元,新欣公司和紫金公司适用的所得税税率为 33%。新欣公司的会计处理如下。

(1) 2015 年 1 月 1 日投资时:

借:长期股权投资——紫金公司　　　　　　　　　　　　　　　522 000
　　贷:银行存款　　　　　　　　　　　　　　　　　　　　　522 000

(2) 2015 年宣告分派股利时：

借：应收股利 40 000
　　贷：长期股权投资——紫金公司 40 000

(3) 2016 年 1 月 5 日再次投资时：

借：长期股权投资——投资成本 2 291 000
　　贷：长期股权投资 482 000
　　　　银行存款 1 809 000

(4) 2016 年紫金公司实现净利润：

借：长期股权投资——损益调整 140 000
　　贷：投资收益 140 000

（四）长期股权投资的处置

企业处置长期股权投资时，其账面价值与实际取得价款的差额，应当计入当期损益。采用权益法核算的长期股权投资，因被投资单位除净损益以外所有者权益的其他变动而计入所有者权益的，处置该项投资时应当将原计入所有者权益的部分按相应比例转入当期损益。

具体来说，处置长期股权投资时，按实际取得的价款，借记"银行存款"等科目，按已计提的减值准备，借记"长期股权投资减值准备"科目，按照长期股权投资的账面余额，贷记"长期股权投资"科目，按尚未领取的现金股利或利润，贷记"应收股利"科目，按其差额，借记或贷记"投资收益"科目。按照权益法核算的长期股权投资，因被投资单位所有者权益发生变化，按照持股比例计算享有的份额相应计入资本公积的，在处置长期股权投资时，应按相应比例进行结转，借记或贷记"资本公积（股权投资准备）"科目，贷记或借记"投资收益"科目。

企业以长期股权投资进行债务重组，应当按照重组债务的账面余额，借记"应付账款""应付票据"等科目，按照长期股权投资的公允价值，贷记"长期股权投资"科目，按照应支付的相关税费，贷记"银行存款""应交税金"等科目，按照借贷双方之间的差额，借记"营业外支出"科目或贷记"营业外收入"科目。同时，按照长期股权投资的公允价值与其账面余额之间的差额，借记或贷记"长期股权投资"科目，按照长期股权投资已计提的减值准备，借记"长期股权投资减值准备"科目，按照借贷双方之间的差额，借记或贷记"投资收益"科目。

【例 7-42】2017 年 3 月 31 日，紫金公司因资金周转困难，无法按期偿还所欠新欣公司货款 120 000 元。经与新欣公司协商，紫金公司以某长期股权投资偿还新欣公司货款。当日，该长期股权投资的账面余额为 440 000 元，已计提减值准备 20 000 元，公允价值为 130 000 元。假定不考虑相关税费。紫金公司的会计处理如下：

借：应付账款 120 000
　　营业外支出 10 000
　　贷：长期股权投资 130 000
借：长期股权投资减值准备 20 000
　　营业外支出 290 000
　　贷：长期股权投资 310 000

三、长期股权投资的减值

企业持有的长期股权投资,应当定期对其账面价值逐项进行检查,至少于每年年末检查一次。如果由于市价持续下跌或被投资单位经营状况变化等原因导致其可收回金额低于投资的账面价值,应将可收回金额低于长期股权投资账面价值的差额,确认为当期投资损失。已确认损失的长期股权投资的价值又得以恢复,应在原已确认的投资损失的数额内转回。可收回金额,是指企业资产的出售净价与预期从该资产的持有和投资到期处置中形成的预计未来现金流量的现值两者之中的较高者。其中,出售净价是指资产的出售价格减去所发生的资产处置费用后的余额。

为了核算企业提取的长期股权投资减值准备,企业应设置"长期股权投资减值准备"科目。期末,如果预计可收回金额低于其账面价值的差额,借记"资产减值损失——计提的长期股权投资减值准备"科目,贷记"长期股权投资减值准备"科目。如果已计提减值准备的长期股权投资的价值又得以恢复,应在已计提减值准备的范围内,借记"长期股权投资减值准备"科目,贷记"资产减值损失——计提的长期股权投资减值准备"科目。

企业持有的长期股权投资,是否计提减值准备,需根据不同情况分别加以确定:

(1) 有市价的长期股权投资,可根据以下迹象判断:市价持续2年低于账面价值;该项投资暂停交易1年或1年以上;被投资单位当年发生严重亏损;被投资单位持续2年发生亏损;被投资单位进行清理整顿、清算或出现其他不能持续经营的迹象。

(2) 无市价的长期股权投资,可根据以下迹象判断:影响被投资单位经营的政治或法律环境的变化,如税收、贸易等法规的颁布或修订,可能导致被投资单位出现巨额亏损;被投资单位所供应的商品或提供的劳务因产品过时或消费者偏好改变而使市场的需求发生变化,从而导致被投资单位财务状况发生严重恶化;被投资单位所在行业的生产技术等发生重大变化,被投资单位已失去竞争能力,从而导致财务状况发生严重恶化,如进行清理整顿、清算等;有证据表明该项投资实质上已经不能再给企业带来经济利益的其他情形。

【例7-43】2017年12月31日,新欣公司持有紫金公司的普通股股票账面价值为675 000元,作为长期股权投资并采用权益法进行核算;由于紫金公司当年度经营不善,资金周转发生困难,使得其股票市价下跌至70 000元,短期内难以恢复;假设新欣公司本年度首次对其计提长期股权投资减值准备,则计提长期股权投资减值准备的会计处理如下:

借:资产减值损失——计提的长期股权投资减值准备　　　　　　　　105 000
　　贷:长期股权投资减值准备——紫金公司　　　　　　　　　　　　105 000

其中,计提的长期股权投资减值准备金额=675 000-570 000=105 000(元)。

四、长期股权投资的披露

根据《企业会计准则》的规定,投资企业应当在附注中披露与长期股权投资有关的下列信息:

(1) 子公司、合营企业和联营企业清单,包括企业名称、注册地、业务性质、投资企业的持股比例和表决权比例;

(2) 合营企业和联营企业当期的主要财务信息,包括资产、负债、收入、费用等合计金额；

(3) 被投资单位向投资企业转移资金的能力受到严格限制的情况；

(4) 当期及累计未确认的投资损失金额；

(5) 与对子公司、合营企业及联营企业投资相关的或有负债。

第六节 固定资产

一、固定资产概述

（一）固定资产的定义

企业在生产经营过程中，所必需的实物有两类：一类是存货，作为生产和销售的对象而存在；另一类是固定资产，作为企业重要的劳动资料，用以构成企业生产经营的条件。

根据我国《企业会计准则》所给出的定义：固定资产是指为生产商品、提供劳务、出租或经营管理而持有的，且使用寿命超过一个会计年度的有形资产，例如企业生产经营活动用的房屋建筑物、机器设备等。

（二）固定资产的特征

固定资产与其他流动资产相比，具有以下特征。

▶ 1. 为生产商品、提供劳务、出租或经营管理而持有

企业持有固定资产主要用于生产商品、提供劳务、出租或经营管理。企业用于耗用（如材料）或供出售（如产成品、商品等）的资产不属于固定资产；企业持有的房屋建筑物、机器设备等，若是用于出售，则只能属于存货，而不属于固定资产。

▶ 2. 固定资产属于长期资产，使用寿命超过一个会计期间，其价值的转移在企业受益期内逐步完成

固定资产使用年限较长，能使企业长期受益。一般而言，固定资产的使用寿命应超过一个会计期间，即它的使用寿命应在一年以上。由于固定资产的这种特征，也决定了其价值是随着固定资产的使用寿命分期而不是一次性地转化为成本或费用。这一点不同于企业的原材料等流动资产。流动资产的使用期限一般不超过一个会计期间，它的实物形态一经使用就会发生显著变化，其价值也是随着使用而一次性地转化为成本或费用。

（三）固定资产的分类

企业的固定资产种类繁多，构成复杂。为了便于对固定资产进行实物管理和价值核算，有必要对固定资产进行科学、合理的分类。根据不同的管理需要和核算要求，固定资产有以下几种分类方法。

▶ 1. 按固定资产的经济用途分类

固定资产按经济用途分类，可以分为生产经营用固定资产和非生产经营用固定资产。

生产经营用固定资产，是指直接服务于生产经营过程的各种固定资产，如用于企业生产经营的房屋、建筑物、机器设备、运输设备等。非生产经营用固定资产，是指不直接服

务于生产经营过程的各种固定资产，如用于公共福利设施、文化娱乐和卫生保健等方面的房屋、建筑物、设施和器具等。

▶ 2. 按固定资产的使用情况分类

固定资产按照使用情况可以划分为三类：使用中固定资产、未使用固定资产和不需用固定资产。

使用中固定资产，是指企业正在使用的经营用固定资产和非经营用固定资产。企业的房屋及建筑物无论是否在实际使用，都应视为使用中固定资产；由于季节性生产经营或进行大修理等原因而暂时停止使用，以及存放在生产车间或经营场所备用、轮换使用的固定资产，也属于使用中固定资产。未使用固定资产，是指已购建完成但尚未交付使用的新增固定资产，以及进行改建、扩建等暂时脱离生产经营过程的固定资产。不需用固定资产，是指本企业多余或不适用、待处置的固定资产。

▶ 3. 按固定资产的来源渠道分类

固定资产按照来源渠道可以分为外购、自行建造、投资者投入、融资租入、改扩建后新增的接收捐赠、盘盈形成的固定资产。外购的固定资产，是指企业从外部购入的固定资产。自行建造的固定资产，是指企业自行组织技术人员或施工人员，自行研制的设备、建造的房屋和建筑物等。投资者投入的固定资产，是指企业收到的投资者以设备和房屋等向企业投入、作为资本投资的固定资产。融资租入的固定资产，是指企业以融资租赁方式租入的固定资产。改建或扩建新增的固定资产，是指企业通过改建或扩建而形成的固定资产。固定资产的改建一般是指企业在不扩大产品生产能力的情况下对原有固定资产的改造；固定资产的扩建一般是指企业以扩大产品生产能力为目的的对原有固定资产的改造。但不论改建或扩建一般都会增加企业的固定资产。接受捐赠的固定资产，是指企业接受其他单位或个人捐赠的固定资产。盘盈的固定资产，是指企业在财产清查中发现的实有数大于账面数的那部分固定资产。

二、固定资产的确认

一般而言，一项资产若要确认为固定资产，除必须符合以上关于固定资产的定义外，还必须同时满足以下两个条件。

(一) 该固定资产包含的经济利益很可能流入企业

固定资产包含的经济利益是指通过固定资产的使用预期会给企业带来的经济利益，具体来说，是指直接或者间接导致现金和现金等价物流入企业的潜力。例如，企业用于生产产品的机器设备有助于企业产品的形成，生产出来的产品在市场上销售以后，很可能给企业带来现金的流入。又如，在钱货两清的情况下，企业可以直接收到客户交来的现金，但根据购销合同等协议，企业在以后也是有可能收回现金的。当然，在这种方式下，由于一些因素的影响，如对方缺乏支付能力或已经破产清算，销售企业的款项就极有收不回来的可能。另外，固定资产也具有给企业带来现金等价物的潜力。例如，用企业的一种固定资产去换取企业所需的另一企业的另一种固定资产，就可以使企业得到与原来的固定资产价值相当的另一种固定资产。固定资产能够预期为企业带来经济利益这一特质与企业的流动资产和无形资产等完全相同。

(二) 该固定资产的成本能够可靠计量

固定资产的成本主要是指企业取得固定资产时所发生的必要支出。例如，企业外购某一项固定资产时，所支付的购买价款、进口关税和其他税费，以及使固定资产达到预定可使用状态前所发生的可归属于该项资产的场地整理费、运输装卸费、安装费和专业人员服务费等，都属于企业取得该项资产所发生的支出，应全部计入该固定资产的成本。但这些成本的计入必须以发票、运输费单据、装卸安装费用单据等作为可靠依据。自行建造固定资产的成本由建造该项资产达到预定可使用状态前所发生的必要支出构成。例如，自行建造一栋房屋用于企业经营，会发生建筑材料费、施工人员费和机械使用费等，如果该项目的资金来自于银行长期借款，还会发生长期借款利息支出，这些必要支出都要依据有关凭证计入所建房屋的成本。

三、固定资产的初始计量

初始计量是指企业在以不同方式取得固定资产时对固定资产成本的确认和计量。从理论上讲，固定资产的原始价值构成应包括企业为购建固定资产达到预定可使用状态前所发生的一切合理、必要的支出，这些支出既有直接发生的，如购置固定资产的价款、运杂费、包装费和安装成本等；也有间接发生的，如应负担的借款利息、分摊的其他间接费用等。由于企业的固定资产取得方式多种多样，其价值构成不尽相同，并且对一些特殊方式取得的固定资产，不排除对公允价值、现值及重置价值等计量属性的运用。现分别说明通过不同渠道获取的固定资产的原始价值的构成。

(一) 外购

固定资产的成本包括购买价款、进口关税和其他税费，使固定资产达到预定可使用状态前所发生的可归属于该项资产的场地整理费、运输装卸费、安装费和专业人员服务费等。如果是以一笔款项购入多项没有单独标价的固定资产，应当按照各项固定资产公允价值比例对总成本进行分配，分别确定各项固定资产的成本。

(二) 自行建造

固定资产的成本由建造该项资产达到预定可使用状态前所发生的必要支出构成。如果自行建造的固定资产的项目资金来自银行的长期借款，其在建设期间所发生的应计入固定资产成本的借款费用也应计入固定资产的成本。已达到预定可使用状态但尚未办理竣工决算手续的固定资产，应按估计价值入账，待确定实际成本后再进行调整。

(三) 由投资者投入

固定资产的成本应当按照投资合同或协议约定的价值确定，但合同或协议约定价值不公允的除外。

(四) 接收捐赠

接收捐赠的固定资产时，若捐赠方提供了有关凭据的，按凭据上表明的金额加上应当支付的相关税费，作为入账价值。捐赠方没有提供有关凭据的，同类或类似固定资产存在活跃市场的，由该市场价格加上应当支付的相关税费，作为入账价值；若同类或类似固定资产不存在活跃市场的，按该项固定资产的预计未来现金流量现值，作为入账价值。

通过非货币性资产交换、债务重组和融资租赁等方式获取的固定资产入账价值的确认,本节不做详述。

四、固定资产增加的核算

（一）账户设置

企业要核算固定资产的增减变动,必须设置"固定资产"账户。该账户的借方所登记的固定资产的原价,其计量属性是多方面的,可能是固定资产的历史成本、重置成本,也可能是可变现净值或现值等,应根据固定资产取得时所确认的成本组成内容和所确定的计量属性入账。该账户的贷方登记的同样是固定资产的原价,意味着固定资产原始价值的减少。但应注意,并不是所有的固定资产原始价值的减少都在该账户的贷方登记。例如,固定资产在使用过程中发生的价值损耗(会计上称为折旧)虽然也属于固定资产原始价值的减少,但这种减少在会计上有特殊的处理方法,即专门设置"累计折旧"账户加以记录,而不是登记在"固定资产"账户的贷方。关于"累计折旧"账户将在本节关于"固定资产折旧的核算"中予以介绍。

为了核算企业在建工程的价值及其增减情况,还需设置"在建工程"账户。企业与固定资产有关的后续支出,包括固定资产发生的日常修理费、大修理费用、房屋的装修费用等,更新改造支出、核算满足固定资产准则规定的固定资产确认条件的,也在本科目核算。本账户应当按照在建工程的具体内容分别设置"建筑工程""安装工程""在安装设备"和"待摊支出"等明细账户。其中,建筑工程的成本包括材料费、人工费和施工机械使用费,以及使用长期借款进行固定资产的建造发生的长期借款利息等;在安装设备的成本包括需要安装设备的买价、包装费用、运输费用、安装费用等。当这些成本发生时计入该账户的借方,表示在建工程成本的增加;工程完工达到可使用状态时,将其发生的全部成本从该账户的贷方转入"固定资产"账户。本账户期末余额在借方,表示在建工程的实际成本。

"工程物资"账户主要核算为企业固定资产工程项目而准备的各种物资的实际成本。该账户借方反映取得上述物资的实际成本,贷方反映领用上述物资的成本,期末借方余额反映企业为工程购入但尚未领用的专用材料的实际成本、尚未交付安装设备的实际成本,以及为生产准备但尚未交付使用的工具及器具的实际成本。该账户应设置"专用材料""专用设备""工具器具"等明细账户。

（二）具体账务处理

企业通过各种方式获取固定资产,借记"固定资产"或"在建工程""应交税费——应交增值税(进项税额)"账户,同时按实际应支付的款项贷记"银行存款""应付账款""股本""长期应付款"等相关账户。

【例7-44】 国泰公司购入不需要安装的生产用设备,取得的增值税专用发票上注明买价30 000元,增值税税额5 100元。另外发生包装费及运输费800元。款项已通过银行支付,设备已交付使用。编制会计分录如下:

借：固定资产　　　　　　　　　　　　　　　　　　　　　　　　　30 800
　　应交税费——应交增值税(进项税额)　　　　　　　　　　　　　 5 100
　　贷：银行存款　　　　　　　　　　　　　　　　　　　　　　　 35 900

【例7-45】 国泰公司注册资本为2 000 000元,今收到阳光公司投入的不需要安装的机器一台,经双方商定,其价值确认为1 000 000元,占阳光公司注册资本的30%。假定不

考虑相关税费,则国泰公司编制会计分录如下:

借:固定资产　　　　　　　　　　　　　　　　　　　　　　　1 000 000
　贷:股本　　　　　　　　　　　　　　　　　　　　　　　　　　600 000
　　　资本公积　　　　　　　　　　　　　　　　　　　　　　　　400 000

【例7-46】国泰公司根据需要自行建造一幢办公楼,以银行存款351 000元购买建造办公楼所需的物资一批。建造时,工程物资全部投入使用,并发生人工费45 000元。3个月后该办公楼建造完工并交付使用。编制会计分录如下。

(1)购入工程物资时:

借:工程物资　　　　　　　　　　　　　　　　　　　　　　　　351 000
　贷:银行存款　　　　　　　　　　　　　　　　　　　　　　　　351 000

(2)领用工程物资和分配人员薪酬时:

借:在建工程　　　　　　　　　　　　　　　　　　　　　　　　396 000
　贷:工程物资　　　　　　　　　　　　　　　　　　　　　　　　351 000
　　　应付职工薪酬　　　　　　　　　　　　　　　　　　　　　　45 000

(3)工程交付使用时:

借:固定资产——办公楼　　　　　　　　　　　　　　　　　　　396 000
　贷:在建工程　　　　　　　　　　　　　　　　　　　　　　　　396 000

注:固定资产减少的账务处理将在介绍固定资产折旧后再详述。

五、固定资产折旧

(一)固定资产折旧的定义

根据前文所述,固定资产属于企业的长期资产,在可使用期间,固定资产的价值随着使用而逐渐发生损耗直至消逝,这种因损耗而减少的价值即为折旧。这里所讲的损耗包括有形损耗和无形损耗。有形损耗是指固定资产在使用过程中由于物理磨损而发生的使用性损耗和由于受自然力影响而发生的自然损耗;无形损耗是指由于技术进步、消费偏好的变化和经营规模扩充等原因而引起的损耗。

因损耗而减少的固定资产的价值,应在其预计使用寿命内采用比较合理的方法进行分摊,一方面形成企业不同会计期间的成本和费用,与当期的收入相配比,从而使这部分价值损耗得以补偿;另一方面折旧的发生会影响固定资产的原始价值,即随着固定资产的使用,其折旧额会越来越多,其原始价值会越来越少。固定资产的原始价值与其折旧额之间的差额称为固定资产的净值。

(二)影响固定资产折旧计算的因素

企业应当按照一定的方法计提固定资产折旧,无论采用哪种方法,固定资产折旧额均会受到以下因素的影响。

(1)固定资产的原始价值,即折旧基数。原始价值越大,固定资产在使用寿命内计提的折旧就越大,反之越小。

(2)固定资产的预计净残值,即指假定固定资产预计使用寿命已满,并处于使用寿命终了时的预期状态。目前从该项资产处置中获得的扣除预计处置费用后的金额,一般是指固定资产的预计残值收入扣除预计清理费用后的净额。固定资产原始价值减去预计净残值后的数额为应计折旧额。固定资产的预计净残值越多，应计折旧额越少，企业计算出来的各期折旧额也就越少；反之，则越多。

（3）固定资产的使用寿命，即指企业使用固定资产的预计期间，或者该固定资产所能生产产品或提供劳务的数量。固定资产的预计使用年限越长，企业计算出来的各期折旧额越少；反之，则越多。

（三）计算固定资产折旧的方法

企业应当根据固定资产所包含的经济利益预期实现方式，合理选择固定资产折旧方法。固定资产折旧的计算方法包括年限平均法、工作量法、双倍余额递减法和年数总和法等。

▶ 1. 年限平均法

年限平均法也称使用年限法或直线法，是将固定资产的应计提折旧总额均衡分摊到各使用年度的一种折旧计算方法。该方法假定固定资产在使用年限内发生均衡消耗。采用这种方法，各年度折旧额相等，不受固定资产使用频率或产品生产数量和提供劳务数量多少的影响。计算公式如下：

固定资产年折旧额＝（原始价值－预计净残值）÷预计使用年限

实务中为了便于计算，折旧额通常是根据折旧率计算出来的，即一定期间内固定资产折旧额对固定资产原值的比率，其公式如下：

年折旧率＝固定资产年折旧额÷固定资产原值×100％

或：

年折旧率＝（1－预计净残值率）÷预计使用年限×100％

月折旧率＝年折旧率÷12

年折旧额＝固定资产原始价值×年折旧率

月折旧额＝固定资产原始价值×月折旧率

【例7-47】国泰公司的一台挖掘机原始价值250 000元，预计净残值率4％，预计使用寿命为5年。计算如下：

年折旧率＝（1－4％）÷5＝19.2％

月折旧率＝19.2％÷12＝1.6％

年折旧额＝250 000×19.2％＝48 000（元）

月折旧额＝250 000×1.6％＝4 000（元）

采用年限平均法计算的各年、月的折旧额相等。其优点是：计算过程简便易行、容易理解。它的缺点是：忽略固定资产的实际使用状况，在每个会计期间都计算提取同样的折旧费用，显然不够合理。

▶ 2. 工作量法

工作量法即以固定资产预计可完成的工作总量为分摊标准，根据各年实际完成的工作量计算折旧的一种方法。该方法假定固定资产的损耗与其完成的工作量成正比，工作量标准根据不同固定资产而有所不同，如机器设备应按工作小时计算折旧、运输工具应按行驶里程计算折旧、建筑施工机械应按工作台班时数计算折旧等。计算公式如下：

单位工作量折旧额＝固定资产原始价值×（1－预计净残值率）÷预计总工作量

年折旧额＝某年实际完成的工作量×单位工作量折旧额

月折旧额＝某月实际完成的工作量×单位工作量折旧额

【例7-48】国泰公司拥有货车一辆，其原始价值150 000元，预计净残值率为5％，预计总里程475 000千米。该货车本月实际行驶里程为3 000千米，本期折旧额的计算如下：

每千米承担的折旧额＝150 000×（1－5％）÷475 000＝0.3（元）

本期折旧额＝3 000×0.3＝900（元）

工作量法的优点：体现了收入与费用相配比的原则，简单实用，即以固定资产的实际工作量为分配固定资产成本的标准，使各年计提的折旧额与固定资产的实际使用程度成正比例关系。工作量法的缺点是将有形损耗看作是引起固定资产折旧的唯一因素。事实上，由于无形损耗的客观存在，固定资产即使不使用也会发生折旧，但工作量法忽略了这一点。

考虑固定资产由于科技进步而引起的无形损耗的客观存在，企业可以按照规定选用双倍余额递减法和年数总和法。

▶ 3. 双倍余额递减法

双倍余额递减法即指在不考虑预计净残值的情况下，以直线法折旧率的双倍为年折旧率，以每期期初固定资产的账面净值为基数计算折旧的一种方法。在这种方法下，各年的折旧率是固定的，折旧额呈递减趋势。在采用这种方法计提折旧时应注意：各年计提折旧后，固定资产账面净值不能低于预计固定资产净残值；当在某个年度按双倍余额递减法计算的年折旧额小于按使用年限法计算的折旧额时，应改用使用年限法计提折旧。其计算公式如下：

年折旧率＝2÷预计使用年限×100％

月折旧率＝年折旧率÷12

年折旧额＝固定资产账面净值×年折旧率

月折旧额＝固定资产账面净值×月折旧率

【例7-49】国泰公司拥有一台设备，原始价值240 000元，预计净残值为9 600元，预计使用5年，按双倍余额递减法对其计提折旧。计算如下：

年折旧率＝2÷5＝40％

各年应计提的折旧额如表7-5所示。

表7-5　固定资产折旧计算表（双倍余额递减法）　　　　单位：元

年次	年初账面净值	年折旧率	年折旧额	累计折旧额	期末账面净值
1	240 000	40％	96 000	96 000	144 000
2	144 000	40％	57 600	153 600	86 400
3	86 400	40％	34 560	188 160	51 840
4	51 840	采用年限法计提折旧	21 120	209 280	30 720
5	30 720		21 120	230 400	9 600

▶ 4. 年数总和法

年数总和法即指企业以固定资产的原值减去其预计残值后的净额为基数，以一个逐年递减的分数计算提取折旧的方法。在这种方法下，各年的折旧基数是固定不变的，折旧率根据固定资产的使用年限来确定，根据这种方法计算出各年的折旧额呈逐年递减趋势。其计算公式如下：

$$年折旧率＝尚可使用年限÷预计使用年限的数字总和$$

其中，"预计使用年限数字之和"为固定资产预计可使用年限的各年自然数字相加之和。

$$月折旧率＝年折旧率÷12$$

$$年折旧额＝（固定资产账面原值－预计净残值）×年折旧率$$

$$月折旧额＝（固定资产账面原值－预计净残值）×月折旧率$$

【例 7-50】国泰公司拥有一套专用设备，原始价值为 100 000 元，预计可使用 5 年，预计净残值率为 4％，该企业采用年数总和法计提折旧，各年应计提的折旧额如表 7-6 所示。

表 7-6　固定资产折旧计算表（年数总和法）　　　　单位：元

年次	尚可使用年限	原值-净残值	年折旧率	年折旧额	累计折旧
1	5	96 000	5÷15	32 000	32 000
2	4	96 000	4÷15	25 600	57 600
3	3	96 000	3÷15	19 200	76 800
4	2	96 000	2÷15	12 800	89 600
5	1	96 000	1÷15	6 400	96 000

对于以上四种折旧方法，企业可根据会计准则的规定结合自身的经营性质和特点选择使用。从上面的举例可以看出，企业采用不同的折旧方法时，每月计算出来的折旧额的差异是比较大的，由于计算出来的折旧额都要分别计入各会计期间的费用，因而折旧额的计提就成为影响各个会计期间费用水平的重要因素，进而影响企业各期利润指标的计算。为了使各期分摊的固定资产的使用费用均衡合理，并且不至于由于固定资产费用的分配而使利润的计算出现较大的波动，根据《企业会计准则》的规定，企业选择的固定资产折旧方法一经确定，一般不得随意变更。

根据我国《企业会计准则》的规定，企业应当至少于每年年度终了，对固定资产的使用寿命、预计净残值和折旧方法进行复核。使用寿命预计数与原先估计数有差异的，应当调整固定资产折旧年限。预计净残值预计数与原先估计数有差异的，应当调整预计净残值。固定资产包含的经济利益预期实现方式有重大改变的，应当改变固定资产折旧方法。固定资产使用寿命、预计净残值和折旧方法的改变应当作为会计估计变更。

（四）固定资产折旧的核算

企业会计实务中，固定资产一般按月计提折旧，并根据固定资产的使用部门或用途计入相关资产的成本或者当期损益。应提取的折旧额应根据企业所使用的计提折旧的方法，利用固定资产折旧计算表计算确定。

▶ 1. 账户设置

进行固定资产折旧的核算应设置"累计折旧"账户。本账户核算企业对固定资产计提的累计折旧，属于固定资产的备抵账户，其余额用以抵减"固定资产"账面余额，以反映固定资产的折余价值。

2. 具体核算

企业按月计提的固定资产折旧计入该账户的贷方,生产车间使用的固定资产计提的折旧计入"制造费用"账户的借方;管理部门使用的固定资产计提的折旧计入"管理费用"账户的借方。企业出售、报废、对外投资和盘亏固定资产时,该资产已经计提的折旧额计入该账户的借方,并分别计入"固定资产清理""长期股权投资"等账户的借方和"固定资产"账户的贷方。本账户期末贷方余额,反映企业固定资产的累计折旧额。

【例7-51】国泰公司本月计提固定资产折旧12 500元,其中生产车间使用的固定资产提取折旧10 000元,企业管理部门使用的固定资产提取折旧2 500元。编制的会计分录如下:

借:制造费用　　　　　　　　　　　　　　　　　　　　　　　　10 000
　　管理费用　　　　　　　　　　　　　　　　　　　　　　　　 2 500
　　贷:累计折旧　　　　　　　　　　　　　　　　　　　　　　　12 500

【例7-52】阳光公司用一台设备向其他公司投资,其原始价值为200 000元,累计折旧为30 000元,经评估确认的现值为170 000元。编制的会计分录如下:

借:长期股权投资　　　　　　　　　　　　　　　　　　　　　　170 000
　　累计折旧　　　　　　　　　　　　　　　　　　　　　　　　 30 000
　　贷:固定资产　　　　　　　　　　　　　　　　　　　　　　　200 000

【例7-53】国泰公司在财产清查中发现盘亏设备一台,其原始价值41 000元,累计折旧为26 000元,发现盘亏后调整该设备的有关账面价值。编制的会计分录如下:

借:待处理财产损溢　　　　　　　　　　　　　　　　　　　　　 15 000
　　累计折旧　　　　　　　　　　　　　　　　　　　　　　　　 26 000
　　贷:固定资产　　　　　　　　　　　　　　　　　　　　　　　 41 000

六、固定资产的清查与处置

(一)固定资产的清查

固定资产清查的是指企业定期或不定期地对固定资产进行全面或局部的检查,以保证实有数与账面数相符,从而真实地反映企业固定资产状况。

根据《企业会计准则》的规定,企业在财产清查中发现的固定资产盘盈、毁损等,要通过"待处理财产损溢"账户进行核算。本账户核算企业在财产清查过程中查明的各种财产盘盈、盘亏和毁损的价值。但应注意的是,企业固定资产的盘盈,应作为前期差错计入"以前年度损益调整"账户。就固定的清查盘点而言,对于盘亏、毁损的各种固定资产应借记本账户,贷记"固定资产"账户。盘亏、毁损的固定资产,按管理权限报经批准后处理时,按"原材料"等账户,按可收回的保险赔偿或过失人赔偿,借记"其他应收款"账户,按本账户借方差额,借记"管理费用""营业外支出"账户,贷记本账户。

【例7-54】国泰公司在财产清查中发现,由某员工负责保管使用的设备因使用不当发生毁损,实际成本为5 000元,已提取折旧3 000元,假定没有残值,也未提减值准备,经批准应由该员工个人赔偿。编制的会计分录如下。

(1)发现的固定资产毁损。

借:待处理财产损溢　　　　　　　　　　　　　　　　　　　　　 2 000

　　　　累计折旧　　　　　　　　　　　　　　　　　　　　　　　　　　300
　　　贷：固定资产　　　　　　　　　　　　　　　　　　　　　　　　5 000
（2）发现的固定资产毁损按管理权限报经批准后处理时：
　　借：其他应收款　　　　　　　　　　　　　　　　　　　　　　　2 000
　　　贷：待处理财产损溢　　　　　　　　　　　　　　　　　　　　　2 000

【例 7-55】 国泰公司在财产清查中发现，企业用于产品生产的一台设备盘亏，实际成本为 180 000 元，已提取折旧 100 000 元，由于参加了财产保险，应由保险公司赔偿部分为 70 000 元，经批准将盘亏净损失 10 000 元转为企业的营业外支出。编制的会计分录如下。

（1）发现的固定资产盘亏：
　　借：待处理财产损溢　　　　　　　　　　　　　　　　　　　　 10 000
　　　　累计折旧　　　　　　　　　　　　　　　　　　　　　　　　100 000
　　　贷：固定资产　　　　　　　　　　　　　　　　　　　　　　　180 000
（2）发现的固定资产盘亏按管理权限报经批准后处理时：
　　借：其他应收款　　　　　　　　　　　　　　　　　　　　　　　70 000
　　　　营业外支出　　　　　　　　　　　　　　　　　　　　　　　 10 000
　　　贷：待处理财产损溢　　　　　　　　　　　　　　　　　　　　80 000

（二）固定资产的处置

　　固定资产的处置通常是指固定资产的出售、报废和毁损。企业在生产经营过程中，因调整经营方针或考虑技术进步等因素，可以将不需要的固定资产出售转让给其他企业。对于那些由于使用而不断磨损直至最终报废，或由于技术进步等原因发生提前报废，或由于遭受自然灾害等非常损失发生毁损的固定资产应及时进行清理。另外，企业因投资、捐赠、债务重组、非货币性资产交换等原因而减少的固定资产，本质上也属于固定资产处置，但本节不对此详述。

　　企业因固定资产的处置而减少的固定资产，一般应通过"固定资产清理"账户进行核算。企业因出售、报废和毁损等原因减少的固定资产转入清理时，应按该项固定资产的账面价值，借记"固定资产清理"账户，按已计提的减值准备，借记"固定资产减值准备"账户，按固定资产账面余额，贷记"固定资产"账户。清理过程中发生的清理费用，借记"固定资产清理"账户，贷记"银行存款"账户。企业收回出售固定资产的价款、报废固定资产的残料价值和变价收入等，应冲减清理支出，按实际收到的出售价款及残料变价收入等，借记"银行存款""原材料"等账户，贷记"固定资产清理"账户。企业计算或收到的应由保险公司或过失人赔偿款时，应冲减清理支出，借记"其他应收款"或"银行存款"账户，贷记"固定资产清理"账户。清理过程中发生的清理净损益，应计入当期损益，若为净收益，借记"固定资产清理"账户，贷记"营业外收入"账户；若为净损失，借记"营业外支出"账户，贷记"固定资产清理"账户。企业在筹建期间发生的固定资产清理净损益，则应计入或冲减管理费用。

　　【例 7-56】 国泰公司有专用设备一台，原值 500 000 元，预计净残值率 4%，已提足折旧，现因使用期满予以批准报废。在清理过程中，以银行存款支付清理费用 30 000 元，取得残料变价收入 26 000 元存入银行。公司应编制的会计分录如下。

(1) 转入清理时：
借：固定资产清理　　　　　　　　　　　　　　　　　　　　20 000
　　累计折旧　　　　　　　　　　　　　　　　　　　　　　480 000
　　贷：固定资产　　　　　　　　　　　　　　　　　　　　　　500 000
(2) 支付清理费时：
借：固定资产清理　　　　　　　　　　　　　　　　　　　　30 000
　　贷：银行存款　　　　　　　　　　　　　　　　　　　　　 30 000
(3) 收到残料变价收入：
借：银行存款　　　　　　　　　　　　　　　　　　　　　　26 000
　　贷：固定资产清理　　　　　　　　　　　　　　　　　　　 26 000
(4) 结转固定资产清理净损失时：
借：营业外支出——处置非流动资产损失　　　　　　　　　　24 000
　　贷：固定资产清理　　　　　　　　　　　　　　　　　　　 24 000

七、固定资产的披露

企业在编制的资产负债表中，应披露"固定资产""在建工程""工程物资"和"固定资产清理"的期末余额和年初余额。在会计报表的附注中，应披露与固定资产有关的下列信息：

(1) 固定资产的确认条件、分类、计量基础和折旧方法。
(2) 各类固定资产的使用寿命、预计净残值和折旧率。
(3) 各类固定资产的期初和期末原值、累计折旧额及固定资产的减值准备累计金额。
(4) 当期确认的折旧费用。
(5) 对固定资产所有权的限制及金额和用于债务担保的固定资产账面价值。
(6) 准备处置的固定资产名称、账面价值、公允价值、预计处置费用和预计处置时间等。

第七节　无形资产

一、无形资产概述

(一) 无形资产的定义

无形资产是指企业过去交易或事项形成的，企业拥有或者控制的、预期会给企业带来经济利益的、没有实物形态的可辨认非货币性资产，包括专利权、非专利技术、商标权、著作权、土地使用权和特许权等。

(二) 无形资产的特征

无形资产主要有如下特征：①无形性，即无形资产符合资产的概念，拥有价值，但是和其他有形资产相比其有没有实物形态；②非货币性；即无形资产能在多个经营周期内使用,并使企业长期受益,所以是非流动资产;③不确定性,即无形资产价值的不确定性较大,新技术水平更新速度的加快或利用无形资产生产的产品市场接受程度发生改变等原因都会使得无形资产的账面价值发生改变;④可辨认性,即无形资产能与企业脱离并独立存在,这也就使得无形资产可以单独转让、许可和交易;⑤企业持有无形资产的目的是服务生产而非销售,即脱离了生产活动,无形资产便失去了其经济价值。

(三) 无形资产的确认

一项资产要作为无形资产予以确认,除了要满足无形资产的定义外,还应满足以下条件:

(1) 与该资产相关的预计未来经济利益很可能流入企业。在判断无形资产产生的经济利益是否流入企业时,企业管理层应对无形资产在预计使用年限内存在的各种因素做出稳健的估计。

(2) 该资产的成本能够可靠计量。无形资产价值的不确定性给无形资产的计量带来了很大的难度。为确保会计信息的真实性、可靠性,无形资产应采用实际成本计量。

二、无形资产的初始计量

企业某一项目的支出,凡符合无形资产的确认条件、构成无形资产成本的支出,都应正确计入无形资产成本。无形资产应当按照成本进行初始计量,由于无形资产取得方式不同,无形资产成本的构成也就有所不同。

购入无形资产的成本,包括购买价款、进口关税、其他税费及直接归属使该项资产达到预定用途所发生的其他支出。

自行开发的无形资产,根据我国《企业会计准则》规定,研究阶段的支出在发生时全部计入当期损益,开发阶段的支出在满足准则规定的资本化条件后计入无形资产的成本,否则计入当期损益。

投资者投入的无形资产,应当按照投资合同或协议约定的价值作为成本,但合同或协议约定价值不公允的除外。

企业合并、非货币性资产交换、债务重组和政府补助取得的无形资产的成本,应当按照相关具体会计准则的规定加以确认。

三、无形资产的核算

(一) 账户设置

▶ 1. "无形资产"账户

本账户核算企业持有的无形资产,包括专利权、非专利技术、商标权、著作权、土地使用权等。外购的无形资产,按应计入无形资产成本的金额,借记本账户,贷记"银行存款"等账户。

购入无形资产超过正常信用条件延期支付价款,实质上具有融资性质的,应按所购无形资产购买价款的现值,借记本账户,按应支付的金额,贷记"长期应付款"账户,按其差额,借记"未确认融资费用"账户。

企业自行开发的无形资产，借记本账户，贷记"研发支出"账户。

企业合并中取得的无形资产，应按其在购买日的公允价值，借记本账户，贷记有关账户。

企业以其他方式取得的无形资产，按不同方式下确定应计入无形资产成本的金额，借记本账户，贷记有关账户。

无形资产预期不能为企业带来经济利益的，应按已计提的累计摊销，借记"累计摊销"账户，原已计提减值准备的，借记"无形资产减值准备"账户，按其账面余额，贷记本账户，按其差额，借记"营业外支出"账户。

出售无形资产时，应按实际收到的金额，借记"银行存款"等账户，按已计提的累计摊销，借记"累计摊销"账户，原已计提减值准备的，借记"无形资产减值准备"账户，按应支付的相关税费，贷记"应交税费"等账户，按其账面余额，贷记本账户，按其差额，贷记"营业外收入——处置非流动资产利得"账户或借记"营业外支出——处置非流动资产损失"账户。

本账户期末借方余额，反映企业无形资产的成本。

▶ 2."研发支出"账户

本账户核算企业进行研究与开发无形资产过程中发生的各项支出。企业自行开发无形资产发生的研发支出，不满足资本化条件的，借记本账户（费用化支出），满足资本化条件的，借记本账户（资本化支出），贷记"原材料""银行存款""应付职工薪酬"等账户。企业以其他方式取得的正在进行中的研究开发项目，应按确定的金额，借记本账户（资本化支出），贷记"银行存款"等科目。以后发生的研发支出，应当比照上述企业自行开发无形资产发生的研发支出的规定进行处理。研究开发项目达到预定用途形成无形资产的，应按本账户（资本化支出）的余额，借记"无形资产"账户，贷记本账户（资本化支出）。期末，企业应将本科目归集的费用化支出金额转入"管理费用"科目，借记"管理费用"科目，贷记本科目（费用化支出）。本科目期末借方余额，反映企业正在进行中的研究开发项目中满足资本化条件的支出。

（二）具体会计处理

【例 7-57】 国泰公司购入一项非专利技术，价款和其他支出共计 200 000 元，用银行存款支付。编制的会计分录如下：

借：无形资产　　　　　　　　　　　　　　　　　　450 000
　　贷：银行存款　　　　　　　　　　　　　　　　　45 0000

【例 7-58】 国泰公司 2017 年 9 月 5 日自行开发一项新产品专利技术。在研究开发过程中，发生材料费 35 000 元，职工工资 10 000 元，另用银行存款支付其他费用 15 000 元。其中符合费用化条件的支出为 8 000 元，资本支出为 52 000 元，2017 年 10 月 30 日，该专利技术达到预定状态。编制的会计分录如下。

(1) 发生研发费用时：

借：研发支出——费用化支出　　　　　　　　　　　8 000
　　　　　　——资本化支出　　　　　　　　　　　52 000
　　贷：原材料　　　　　　　　　　　　　　　　　35 000
　　　　应付职工薪酬　　　　　　　　　　　　　　10 000

银行存款	15 000

(2) 专利技术达到预定用途时：

借：管理费用	8 000
无形资产	52 000
贷：研发支出——费用化支出	8000
——资本化支出	52 000

【例 7-59】 国泰公司收到丁公司作为投资的一项专利权，经评估确认价值为 300 000 元。编制的会计分录如下：

借：无形资产	300 000
贷：实收资本	300 000

四、无形资产的后续计量

无形资产的后续计量主要指在无形资产持有期间，对其成本的计量，通常包含无形资产的摊销和减值测试。

（一）无形资产的摊销

无形资产作为企业的长期资产，能够在未来较长时间内给企业带来经济利益，但无形资产通常有一定的有效期限，它所具有的价值权利或特权终究会结束或消失。因此，企业应当于取得无形资产时分析判断其使用寿命，并将无形资产的成本在其使用寿命内进行摊销。

企业摊销无形资产，应当自无形资产可供使用时起，至不再作为无形资产确认时止。企业选择的无形资产摊销方法，应当反映企业预期消耗该项无形资产所产生的未来经济利益的方式。无法可靠确定消耗方式的，应当采用直线法摊销。企业在取得无形资产的当月开始摊销，处置无形资产的当月不再摊销，即当月增加的无形资产，当月开始摊销；当月减少的无形资产，当月不再摊销。

企业应按月计提无形资产摊销，将其计入当期损益。企业自用的无形资产摊销时，借记"管理费用"账户，贷记"累计摊销"账户。出租的无形资产摊销时，借记"其他业务成本"账户，贷记"累计摊销"账户。

【例 7-60】 国泰公司支付 1 000 万元，有偿取得某段高速公路 10 年经营权。假定不考虑其他税费，该公司有关账务处理如下。

(1) 取得经营权时：

借：无形资产——特许经营权	10 000 000
贷：银行存款	10 000 000

(2) 按年摊销时：

借：管理费用	1 000 000
贷：累计摊销	1 000 000

（二）无形资产的减值测试

随着科学技术的日新月异，无形资产预期为企业带来经济利益的能力很可能受到影响，其资产可能发生减值，因此我国《企业会计准则》规定企业至少应当在每年年末对无形资产进行复核和减值测试。无形资产的预计使用寿命及未来经济利益的预期消耗方式与以前估计不同的,应当改变摊销期限和摊销方法。企业应当在每个会计期间对使用寿命不确定的无形资产的使用寿命进行复核。如果有证据表明无形资产的使用寿命是有限的,应当估计其使用寿命,并按照规定处理。

当无形资产的可回收金额低于其账面价值时,会使得无形资产为企业带来的未来经济利益不足以补偿成本(账面摊余成本),因此,应将可收回金额低于其账面价值的部分确认为减值损失,即借记"资产减值损失"账户,贷记"无形资产减值准备"账户。

【例7-61】国泰公司购入的专利技术具有减值迹象。该专利技术的账面价值为35 000元,经计算可回收金额为290 000元,确认减值损失为60 000元。编制的会计分录如下:

借:资产减值损失　　　　　　　　　　　　　　　　　　　　　　　60 000
　　贷:无形资产减值准备　　　　　　　　　　　　　　　　　　　60 000

五、无形资产的披露

企业在编制的资产负债表中应披露"无形资产"和"研发支出"的期末余额和期初余额。在附注中披露与无形资产有关的下列信息:

(1)无形资产的期初和期末账面余额、累计摊销额及累计减值损失金额。

(2)使用寿命有限的无形资产,其使用寿命的估计情况;使用寿命不确定的无形资产,使用寿命不确定的判断依据。

(3)无形资产摊销方法。

(4)用于担保的无形资产账面价值、当期摊销额等情况。

(5)计入当期损益和确认为无形资产的研究开发支出。

同步检测练习

一、名词解释

资产　流动资产　存货　固定资产　原始价值　折旧　无形资产

二、单项选择题

1. 作为企业的辅助结算账户,用于借款转存、借款归还和其他结算的资金收付的办理的账户是(　　)。

A. 基本存款账户　　　　　　　　　　B. 一般存款账户

C. 专用存款账户　　　　　　　　　　D. 临时存款账户

2. 下列各项中,通过"其他货币资金"科目核算的是(　　)。

A. 银行支票存款　　　　　　　　　　B. 银行本票存款

C. 出差人员的差旅费　　　　　　　　D. 备用金

3. 下列选项中,违反现金管理制度的是(　　)。

A. 企业以现金支付各种劳保支出和福利费

B. 核定后的库存现金限额,开户单位应当严格遵守,超出部分应于当日终了前存入银行

C. 未经批准,企业从现金收入中直接支付现金支出

D. 出纳人员根据收付款凭证登记现金日记账

4. 企业现金清查中，对于现金短缺，如果经查明应由相关责任人赔偿的，经批准后应计入（　　）。
   A. 财务费用　　　　　　　　　　B. 管理费用
   C. 其他应收款　　　　　　　　　D. 营业外支出

5. 乙企业2017年10月10日售出商品，当日收到面值100 000元，年利率5％，期限6个月的商业承兑汇票一张。企业取得该票据时的入账价值为（　　）元。
   A. 100 000　　　　　　　　　　B. 101 250
   C. 105 000　　　　　　　　　　D. 115 000

6. 某企业在2017年10月8日销售商品100件，该商品单价为1 500元，增值税税率为17％，该企业给购货方10％的商业折扣，购货方尚未支付货款，则该企业应收账款的入账价值为（　　）元。
   A. 175 500　　　　　　　　　　B. 174 000
   C. 157 950　　　　　　　　　　D. 172 500

7. A企业通过对应收款项的风险进行分析，决定按应收账款余额的一定比例计提坏账。"坏账准备"科目的年初余额为4 000元，"应收账款"和"其他应收款"科目的年初余额分别为30 000元和10 000元。当年，不能收回的应收账款2 000元确认为坏账损失。"应收账款"和"其他应收款"科目的年末余额分别为60 000元和10 000元，假定该企业年末确定的坏账提取比例为10％。该企业年末应提取的坏账准备为（　　）元。
   A. 1 000　　　　　　　　　　　B. 3 000
   C. 5 000　　　　　　　　　　　D. 7 000

8. 材料采购过程中，运输途中发生的合理损耗在工业企业应直接计入（　　）。
   A. 存货成本　　　　　　　　　　B. 主营业务成本
   C. 营业外支出　　　　　　　　　D. 当期损益

9. 某企业为增值税一般纳税企业，适用的增值税税率为17％，适用的消费税税率为10％。该企业委托其他单位（增值税一般纳税企业）加工一批属于应税消费品的原材料，该批委托加工原材料收回后直接用于销售。发出材料的成本为18万元，支付的不含增值税的加工费为9万元，支付的增值税为1.53万元。该批原材料已加工完成并验收入库，则原材料成本为（　　）万元。
   A. 27　　　　　　　　　　　　　B. 28
   C. 30　　　　　　　　　　　　　D. 31.53

10. 企业在材料收入的核算中，需在月末暂估入账并于下月月初红字冲回的是（　　）。
    A. 月末购货发票账单未到，但已入库的材料
    B. 月末购货发票账单已到，货款未付但已入库的材料
    C. 月末购货发票账单已到，货款已付且已入库的材料
    D. 月末购货发票账单已到，货款已付但未入库的材料

三、多项选择题

1. 下列各项中，使得企业银行存款日记账余额会小于银行对账单余额的有（　　）。
   A. 企业开出支票，对方未到银行兑现
   B. 银行误将其他公司的存款计入本企业银行存款账户

C. 银行代扣水电费，企业尚未接到通知
D. 委托收款结算方式下，银行收到结算款项，企业尚未收到通知

2. 小规模纳税企业委托其他单位加工材料收回后用于直接对外出售的，其发生的下列支出中，应计入委托加工物资成本的有（　　）。

A. 加工费　　　　　　　　　　　　B. 增值税
C. 发出材料的实际成本　　　　　　D. 受托方代收代缴的消费税

3. 下列说法中，正确的是（　　）。

A. 银行存款账户分为3种
B. 一个企业只能开立一个基本存款账户
C. 一般存款账户不得办理现金支取
D. 开立一般存款账户实行开户许可证制度

4. 对于采用成本法核算的长期股权投资，下列各项中，符合现行会计制度规定的有（　　）。

A. 对于被投资企业宣告分派的股票股利，应按其享有的份额调增长期股权投资的账面价值
B. 对于被投资企业所有者权益的增加额，应按其享有的份额调增长期股权投资的账面价值
C. 对于被投资企业宣告分派的现金股利，如果属于投资后实现的净利润，应按其享有的份额确认投资收益
D. 对于被投资企业宣告分派的现金股利，如果属于投资前实现的净利润，应按其享有的份额调减长期股权投资的账面价值

5. 企业结转固定资产清理净损益时，可能涉及的会计科目有（　　）。

A. 管理费用　　　　　　　　　　　B. 营业外收入
C. 营业外支出　　　　　　　　　　D. 长期待摊费用

6. 甲企业2017年为自行开发并取得的专利权发生的下列费用中，根据《企业会计准则》不应计入该专利权入账价值的有（　　）。

A. 发生的注册费
B. 发生的聘请律师费
C. 研究阶段发生的材料费
D. 研究阶段发生的研究人员的工资

四、判断题

1. 月末一次加权平均法有利于存货成本日常管理与控制。（　　）
2. 固定资产按所有权可分为自有固定资产和租入固定资产。（　　）
3. 企业应当定期或者至少于每年年度终了，对其他应收款进行检查，预计其可能发生的坏账损失，并计提坏账准备。（　　）
4. 委托加工物资收回后，直接用于对外销售的，委托方应将缴纳的消费税计入委托加工物资的成本。（　　）
5. 企业在筹建期间发生的各项筹建支出应先计入"长期待摊费用"，在开始经营后的第一个月一次转入当期损益。（　　）

五、简答题

1. 简述资产的含义及其组成。
2. 为何要编制银行存款余额调节表？有哪些调节方法？
3. 存货数量的确定有哪两种方法？请比较它们的优缺点。
4. 简述固定资产折旧的范围及其方法。
5. 简述固定资产折旧与无形资产摊销的异同点。
6. 简述依规定企业允许使用现金的范围。
7. 简述实地盘存制的特点。
8. 简述投资的特点。
9. 简述金融资产的概念及其分类。
10. 持有至到期投资具有什么特点？

六、业务处理题

1. 某企业销售一批商品，售价 750 000 元，给予购货方的商业折扣为 20%，货到后买方发现商品质量不合格，要求在价格上给予 3% 的折让。

要求：请据此编制相应的会计分录。（"应交税费"科目要求写出明细科目）

2. 某企业 A 材料采用计划成本进行计算，材料的计划成本为 10 元/千克，A 材料的成本差异分配率按本月全部材料到月末计算。企业的增值税税率为 17%。12 月发生如下相关业务：

（1）月初，A 材料期初结存 1 000 千克，材料成本差异为节约 1 500 元。

（2）2 日，购买 A 材料 1 000 千克，发票账单上注明价款为 10 000 元，增值税税额为 1 700 元，材料尚未入库，款项已支付。

（3）3 日，向乙公司销售商品一批，价款 200 000 元，货款尚未收到。

（4）5 日，拨付给外单位委托加工 A 材料 1 000 千克。

（5）10 日，购入 A 材料一批 5 000 千克，计划成本 50 000 元，材料已经运到，并验收入库，但发票等结算凭证至月末尚未到达，货款尚未支付。

（6）15 日，购入 A 材料一批，3 000 千克，发票账单上注明价款为 25 000 元，增值税税额为 4 250 元，该批材料的计划成本为 30 000 元，材料已验收入库，货款已通过银行存款支付。

（7）20 日，投资者投资转入一批 A 材料，双方按评估确认其公允价值为 20 000 元，投资方增值税税率为 17%。

（8）31 日，企业对应收乙公司的货款进行了减值测试，企业决定按照 10% 计提坏账准备。

要求：编制上述业务相关的会计分录。

3. 企业 2015 年年末应收账款余额为 5 000 万元；2016 年确认坏账损失 50 万元，年末应收账款余额为 4 000 万元；2017 年收回已转销的坏账 30 万元，年末应收账款余额为 4 500 万元。坏账准备提取比率为 5‰。

要求：计算各年坏账准备提取数，并编制有关会计分录。

4. A 企业销售一批商品给 B 公司，货款 20 000 元，增值税税率为 17%，B 公司签发了一张 23 400 元、3 个月期限的无息商业承兑汇票。

要求：

（1）编制 A 公司收到票据、到期收到货款、到期不能收到货款的会计处理。

（2）假设 A 公司持票 1 个月后向银行申请贴现，贴现率为 12%，计算贴现息并编制相应会计分录。

（3）如果 A 公司贴现后，到期 B 公司无款支付给贴现银行，A 公司负连带责任支付款项，银行从 A 公司的账户中将票据款划回的会计分录。

第八章 负债会计

引导案例

阿里小微更名为"蚂蚁金服"

阿里小微金融服务集团终于走出了"筹建"阶段,正式以"蚂蚁金服"的品牌亮相了。

阿里小微在北京召开的发布会上公布了阿里小微金融服务集团的正式名称:"蚂蚁金服"。在这次发布会上,蚂蚁金服除了正式改名之外,还宣布了旗下的产品品牌、业务范围和整体集团架构。

蚂蚁金服集团包括了此前支付宝公司的业务和此前阿里原金融部门的业务,当然还有蚂蚁金服参与申请筹办的浙江网商银行。具体而言,这些业务品牌包括支付宝、支付宝钱包、余额宝、招财宝、蚂蚁小贷及网商银行。原有支付宝公司和网商银行的加入并不让人意外,唯一值得注意的是,这其中,蚂蚁小贷的部分应该包括了阿里小微金融服务集团从阿里巴巴集团手中购买的中小企业贷款业务和其他相关服务的特定证券和资产(花费了32.19亿元)。但发布会现场并没有提到由阿里巴巴集团董事局主席马云参股的众安保险。

在股权方面,根据蚂蚁金服官方的说法,蚂蚁金服与阿里巴巴集团的关系仍是关联公司的关系,只是目前双方之间并没有股权关系,是两家独立的法人实体。

根据蚂蚁金服首席财务官井贤栋在发布会现场的说法,蚂蚁金服将会以云计算和大数据为基础来构建与现有银行系统不同的征信体系和信用文化。在这个信用体系之上,蚂蚁金服想要发展出支付平台、融资平台、保险平台和理财平台等。

我们可以通过一个简单的梳理来看到蚂蚁金服旗下几个品牌的业务运行状况:

首先是与消费者有着直接关系、对蚂蚁金服来说最重要的支付宝业务,其中包括支付宝支付平台和支付宝钱包移动产品。支付宝刚刚公布的数据称,支付宝平台的实名用户已经超过3亿,接入了200多家金融机构;而支付宝钱包移动客户端的活跃用户数已经达到1.9亿。另一个重要数据是,在支付宝平台每天8 000万笔支付中,移动支付的笔数已经超过了50%。支付宝钱包是阿里巴巴正在重点押注的未来:无论是开放平台还是类微信公众平台的"服务窗",还是基于这两个平台延伸出来的线下商户服务——"未来医院""未来商圈""未来出行"等计划,支付宝钱包都已经成为蚂蚁金服甚至阿里巴巴集团在移动端的最重要阵地。

其次是两个重要的互联网金融部分——依附在支付宝平台上的余额宝和招财宝。它们就像是支付宝资金池中的"活期存款"和"定期存款",其背后分别是天弘基金"增利宝"和40多家金融机构的理财产品。余额宝已经不必再多赘言,更有意思的是有着一些P2P融资性质的招财宝,包括了中小企业贷、个人贷、万能险和分级基金等产品,它将金融机构开放,金融机构可以在招财宝上向个人和中小企业出售它们的理财和融资产品。也就是说,通过余额宝和招财宝,支付宝已经从第三方支付服务转向了更加全面和更有想象力的互联网金融理财服务。

最后是蚂蚁小贷和网商银行。蚂蚁小贷的前身为阿里小贷,为小微企业和网商个人创业者提供互联网化、批量化和数据化的小额贷款服务,产品包括阿里信用贷款、网商贷、淘宝信用贷款、订单贷款等;而网商银行在2014年9月29日获得银监会批复,蚂蚁金服以"浙江蚂蚁小微金融服务集团"这一公司主体在其中参股30%,主要的服务对象是电子商务平台上的小微企业和草根消费者,产品则会是一些"有网络特色、适合网络操作、结构相对简单的金融服务和产品"。不过,网商银行有着"20万以下存款和500万以下贷款"这样的限定,也就是说,它无法介入大型企业和政府的存款和借贷业务,只能通过互联网的方式、面向中小企业和农村市场进行金融创新。

讨论与思考:
1. 什么是负债会计?
2. 负债会计由哪些内容构成?
3. 如何理解企业负债经营?

第一节 负债概述

一、负债的定义与特征

我国《企业会计准则》对负债的定义是:"负债是指企业过去的交易或者事项形成的、预期会导致经济利益流出企业的现时义务。"负债主要具有以下特点。

(一)负债是企业过去经济业务所产生的现在的经济负担

只有当企业实际已经承担了相应义务的交易或事项确实发生时,才能在会计处理中确认这项负债。例如,企业向供应商赊购材料或商品,就应对其负有偿还货款的义务。而未来的经济业务,本身并不产生现存的经济责任,因而不属于企业的负债。

(二)负债是特定或合理估计的债权人在将来某个时日履行的强制性责任

负债是一种具有强制性的责任,包括负债的承担者、偿还时间、利率,以及对不能按期偿还的惩罚措施等。某项可有可无的、不具有强制性的责任不能确认为负债。

(三)负债金额能够用货币计量或估计

任何一项负债通常都可以用货币进行计量,而这种计量可以是确定的偿还金额,也可以是没有确定的金额，但可以合理地加以判断或估计。而那些无法用货币计量的，如企业对当地政府的一些承诺，包括社会治安、计划生育、环境卫生、居民就业等，则不属于企业的负债。

（四）负债能够以债权人所能接收的方式(如资金的支付或劳务的提供等)清偿

不论何种原因产生的负债，企业都必须在未来某一特定时间偿还，这种义务的偿还意味着企业经济利益的减少。

二、负债的分类

企业可以根据负债的不同特点和标准对其进行分类。

（一）按偿还期限的长短分类

按偿还期限的长短划分，负债可以分为流动负债和长期负债或非流动性负债。这是负债的基本分类方法。流动负债是指企业将在一年或长于一年的一个营业周期内偿还的债务，包括短期借款、应付票据、应付账款、预收账款、应付职工薪酬、应交税费、应付股利、其他应付款、预提费用等，以及一年内到期的长期借款等；长期负债是指偿还期在一年或超过一年的一个营业周期以上的债务，包括长期借款、应付债券、长期应付款、专项应付款等。

（二）按负债金额目前是否确定分类

按负债金额目前是否确定划分，负债可以分为金额确定的负债和金额需估计的负债。金额确定的负债是指企业必须根据合同或其他规定，到期偿还已知的一定金额给债权人的债务，如短期借款、应付账款等；金额需估计的负债是指企业现时存在的一种潜在负债，是给予法令、契约、承诺或惯例而隐含有可能发生的负债，如应交所得税、产品质量保证义务等。金额需估计的负债很多是因为或有负债而产生的，但需要注意的是，或有负债不是负债。

（三）按负债偿还的方式分类

按负债偿还的方式划分，负债可以分为货币性负债和非货币性负债。货币性负债是指企业将以已知的货币偿付的债务，如短期借款、应付职工薪酬等；非货币性负债是指企业将以实物或劳务偿还的债务，如预收账款、产品质量担保负债等。

（四）按负债是否有担保品分类

按负债是否有担保品划分，负债可以分为有担保负债和无担保负债。有担保负债可分为不动产抵押负债、动产负债和有价证券抵押负债等；无担保负债通常是基于企业的商业信用作担保而产生的债务，如应付账款、应付票据等。

（五）按负债是否因金融工具而形成分类

按负债是否因金融工具而形成划分，负债可以分为金融负债和非金融负债。金融负债是指企业的下列负债：①向其他单位交付现金或其他金融资产的合同义务；②在潜在不利的条件下，与其他单位交换金融资产或金融负债的合同义务；③将来须用或可用自身权益工具进行结算的非衍生工具的合同义务，企业根据该合同将交付非固定数量的自身权益工具；④将来须用或可用企业自身权益工具进行结算的衍生工具的合同义务，但企业以固定金额的现金或其他金融资产换取固定数量的自身权益工具的衍生工具合同义务除外。

第二节 流动负债

流动负债按照产生原因可以大致分为：①借贷活动形成的流动负债，如从银行或其他金融机构借入的短期借款；②结算过程中形成的流动负债，如购入材料形成的一笔待结算的应付款项或应付票据等；③经营活动形成的流动负债，如应付职工薪酬、应交税费等会计核算中权责发生制的运用而产生的负债；④利润分配过程中产生的流动负债，如应付股利等。此外，流动负债还可视应付金额是否确定分为确定金额的流动负债、应付金额视经营情况而定的流动负债和应付金额需要估计的流动负债。本节按照第一节中的分类方法对流动负债进行介绍。

一、短期借款

短期借款是指企业向银行或其他金融机构借入的期限在一年以下的各种借款。企业由于季节性生产或资金临时周转困难而出现资金暂时短缺时，可向银行或其他金融机构申请贷款，以保证生产经营的正常运转。

为了核算短期借款业务，企业应设置"短期借款"账户。该账户属于负债类账户，贷方登记借入的各种短期借款额，借方登记归还的借款额，期末余额在贷方，表示尚未归还的短期借款。"短期借款"账户应按债权人（银行或金融机构名称）分设明细账。

企业借款时，除了归还借入的本金外，还应支付相应利息。短期借款利息属于企业的筹资成本，应该计入"财务费用"账户，最终转入当期损益。实际核算时，如果短期借款的利息是按季、按半年支付，或者利息是在借款到期时连同本金一起归还且数额较大时，为了正确计算各期的盈亏，通常采用预先提取的办法进行会计处理，即设置"预提费用"账户，通过这个账户记录企业已经发生但是尚未支付的利息费用。在预提各期的借款利息时，借记"财务费用"账户，贷记"预提费用"账户；实际支付时，按已经预提的利息金额借记"预提费用"账户，按实际支付的利息金额与预提数的差额（尚未提取的部分）借记"财务费用"账户，按实际支付的利息金额贷记"银行存款"账户。如果短期借款的利息是按月支付，或者利息是在借款到期时连同本金一起归还且数额不大的，可以在实际支付或收到银行的计息通知时，直接计入当期损益，借记"财务费用"账户，贷记"银行存款"账户。总而言之，短期借款利息的预提或支付均不通过"短期借款"账户核算，而是通过"预提费用""银行存款"核算。

【例8-1】国泰公司2017年5月1日从银行取得短期借款10万元，年利率6％，期限3个月，按月支付利息。编制的会计分录如下：

(1) 5月1日，借入款项时：

借：银行存款　　　　　　　　　　　　　　　　　　　　　　　　　　100 000
　　贷：短期借款　　　　　　　　　　　　　　　　　　　　　　　　　　100 000

(2) 5月31日，确认当月利息费用500(100 000×6％÷12)元时：

借：财务费用　　　　　　　　　　　　　　　　　　　　　　　　　　　500
　　贷：银行存款　　　　　　　　　　　　　　　　　　　　　　　　　　500

6月末、7月末的利息费用处理相同。

(3) 8月1日,归还借款本金时:

借:短期借款 100 000
 贷:银行存款 100 000

【例8-2】国泰公司2016年9月1日从银行取得短期借款60万元,年利4%,期限6个月,借款期满一次还本付息,利息采用每月预提方式进行处理,编制会计分录如下:

(1) 2016年9月1日,借入款项时:

借:银行存款 600 000
 贷:短期借款 600 000

(2) 2016年9月30日,预提利息费用2 000(600 000×4%÷12)元时:

借:财务费用 2 000
 贷:预提费用 2 000

以后5个月预提利息费用均需做上述相同的会计分录。

(3) 2017年3月1日,归还借款本息时:

借:短期借款 600 000
  预提费用 12 000
 贷:银行存款 612 000

二、应付账款与应付票据

(一)应付账款

应付账款是指因购买材料、商品或接受劳务供应等经营活动应支付的款项。这是买卖双方在购销活动中由于取得物资、使用劳务与支付账款在时间上不一致而产生的负债,主要包括材料、商品或劳务的价款和相应的增值税税款,以及由供货单位代垫的运费等。

应付账款应在有关偿付义务成立时确认,然而在实务中,为了提高账务处理的效率,具体确认原则根据不同情况处理。在物资和发票账单同时到达的情况下,应付账款一般待物资验收入库后,按发票账单登记入账。这主要是为了确认所购入的物资是否在质量、数量和品种上都与合同上订明的条件相符,以免因先入账再在验收时发现购入物资错、漏、破损等问题进行调账;在物资和发票账单不是同时到达的情况下,由于应付账款要根据发票账单登记入账,有时候货物已到,发票账单要间隔较长时间才能到达,但由于这时负债已经成立,故应作为一项负债予以反映。为了在资产负债表中客观反映企业所拥有的资产和承担的债务,在实际中采用在月末终了时将所购物资和应付债务估计入账的办法。

为了反映、监督实际发生的应付账款,企业应设置"应付账款"账户进行核算,并按供应单位设置明细账,进行明细核算。该账户属于负债类账户,贷方登记应付账款的发生额,借方登记应付账款的偿还和抵减额,期末余额一般在贷方,表示尚未偿还的应付账款。

【例8-3】国泰公司向海达公司购买生产用材料一批,增值税专用发票注明价款80 000元,增值税税额13 600元。发票账单等结算凭证已收到,材料验收入库,货款尚未支付。国泰公司编制的会计分录如下:

(1) 购入材料时：

借：在途物资 80 000
　　应交税费——应交增值税(进项税额) 13 600
　　　贷：应付账款——海达公司 93 600

(2) 材料验收入库时：

借：原材料 80 000
　　贷：在途物资 80 000

注：假设存货采用实际成本入账。

应付账款通常按到期值入账，对于购入的资产附有现金折扣条件的，会计处理方法有总价法和净价法等。我国目前实务中对购货的现金折扣一般采用总价法处理。有关购货中现金折扣的会计处理方法与应收账款下现金折扣的处理原理相类似，此处不再赘述。

（二）应付票据

应付票据，即短期应付票据，是指由付款人开出并承诺在指定日期无条件支付确定的金额给收款人或持票人的书面证明。本节所介绍的应付票据仅限于企业签发的尚未到期兑现的商业汇票，即企业根据合同进行延期罚款的商品交易，或采用商业汇票结算方式而发生的、由签发人签发、承兑人承兑的商业汇票。商业汇票按承兑人不同可分为商业承兑汇票和银行承兑汇票。我国商业汇票的付款期限最长不超过6个月，因此，将应付票据归于流动负债进行管理和核算。

对于企业开出、承兑的商业汇票，在会计上设置"应付票据"账户进行核算，该账户属于负债类账户，贷方登记企业开出的承兑汇票金额，借方登记实际支付票据的金额，期末余额在贷方，表示尚未归还的票据金额。

当企业开出票据并办妥承兑手续后，应结合出具票据的目的，以票据面值，借记"材料采购""应交税费""应交账款"等账户，贷记"应付票据"账户。发生的银行承兑汇票手续费，作为一般的金融手续费计入"财务费用"账户核算。

应付票据到期后，应按其到期值借记"应付票据"账户，贷记"银行存款"账户。对于不带息票据，其账面余额即为到期值；对于带息票据，其账面余额和到期值若有差额，即为尚未计提的票据利息，应在票据到期时确认。当企业不能偿付到期应付票据时，应根据承兑人的不同而进行不同的账务处理。如果是商业承兑汇票到期，企业无力支付款项，应按票据面值借记"应付票据"账户，贷记"应付账款"账户。如果是银行承兑汇票到期无法偿付，由于有承兑银行向原债权人的承诺现作保证，企业与原债权人的债权债务关系由承兑银行承接后结清，与此同时企业形成了与承兑银行的债权债务关系。承兑银行将其作为逾期贷款，所以企业在注销"应付票据"账户的同时，应贷记"短期借款"账户。承兑银行以一定比率按日加收罚息，应计入企业的"财务费用"账户。

【例8-4】 国泰公司赊购一批原材料，价款100 000元，增值税税额为17 000元，该公司开出等值的不带息银行承兑汇票结算。编制的会计分录如下。

(1) 开出汇票，获得开户银行的承兑时：

借：在途物资 100 000
　　应交税费——应交增值税(进项税额) 17 000
　　　贷：应付票据 117 000

(2) 材料验收入库时：
借：原材料　　　　　　　　　　　　　　　　　　　　　　　　　100 000
　　贷：在途物资　　　　　　　　　　　　　　　　　　　　　　　　　100 000
注：假设存货采用实际成本入账。
(3) 票据到期，兑付票据金额时：
借：应付票据　　　　　　　　　　　　　　　　　　　　　　　　117 000
　　贷：银行存款　　　　　　　　　　　　　　　　　　　　　　　　　117 000
(4) 假如该票据到期，该公司无力偿还这笔款项，则由银行先行支付，作为对企业的短期借款：
借：应付票据　　　　　　　　　　　　　　　　　　　　　　　　117 000
　　贷：短期借款　　　　　　　　　　　　　　　　　　　　　　　　　117 000
假如该票据为商业承兑汇票，海达公司无力偿还这笔款项，应转为应付账款：
借：应付票据　　　　　　　　　　　　　　　　　　　　　　　　117 000
　　贷：应付账款　　　　　　　　　　　　　　　　　　　　　　　　　117 000

三、应付职工薪酬

企业为了生产经营，必须接受职工或其他人员提供的服务，同时以各种形式向提供服务者支付报酬。职工薪酬就是企业为获得职工提供的知识、技能、时间和精力而给予职工的各种形式的报酬及其他相关支出，具体包括：①职工工资、奖金、津贴和补贴；②职工福利费；③社会保险费与住房公积金；④工会经费和职工教育经费；⑤非货币性福利；⑥辞退福利；⑦其他与获得职工服务相关的支出。职工薪酬作为企业生产经营活动的一项必要支出，应在实际发生时根据职工提供服务的受益对象的不同，分别形成企业的成本费用或计入有关资产的成本，即应由生产产品、提供劳务负担的职工薪酬，计入产品成本或劳务成本；应由在建工程、无形资产负担的职工薪酬，计入建造固定资产或无形资产成本；其他的职工薪酬计入当期损益。本节主要介绍应付工资、职工福利费的核算，其他职工薪酬的核算原理与其相类似，不再赘述。

企业应设置"应付职工薪酬"账户来反映和监督职工薪酬的发生和分配情况，该账户属于负债类账户，用来核算企业应付职工薪酬总额的计算和实际支出情况。其贷方登记本月计算的应付职工薪酬总额，包括各种工资、奖金、津贴和福利费等，借方登记本月实际支付的职工薪酬总额数。月末如为贷方余额，表示本月应付职工薪酬大于实际支付职工薪酬的差额，即应付而未付的职工薪酬。该账户可以根据其内容设置明细账户进行明细核算。

（一）应付职工工资

应付职工工资是应付职工薪酬的重要组成部分，包括计时工资、计件工资、奖金、津贴和补贴、加班加点工资，以及特殊情况下的工资，如产假、探亲假等支付的工资。在实际工作中，为了简化现金收付手续，一般从应付工资中代扣职工应交的各种款项，如代扣社会保险费、住房公积金和个人所得税等。这样，每月直接发给职工个人的工资就等于应付工资减去代扣款项之后的差额。支付工资时，实际支付给职工的部分，借记"应付职工薪酬"账户，贷记"银行存款"或"库存现金"账户；由企业代扣代缴各种扣款时，借记"应付职工薪酬"账户，贷记"应交税费""其他应收款"或"其他应付款"等账户。若有逾期未领工资,应从"应付职工薪酬"账户转入"其他应付款"账户。

对企业各月发放的工资总额,在月末应按照职工所在的工作岗位及工资费用的来源进行分配,计入有关的成本、费用。其中,生产工人工资计入生产成本,车间管理人员工资计入制造费用,行政管理人员工资计入管理费用,销售人员的工资计入销售费用,福利部门人员工资、专职工会干部的工资分别从平时提取的福利费、工会经费中开支,应由工程负担的人员工资,计入在建工程成本。

【例 8-5】国泰公司 2017 年 2 月"工资汇总表"列示应发工资 108 000 元。其中,生产工人的工资 56 000 元,车间管理人员的工资 7 000 元,厂部管理人员的工资 13 000 元,在建工程人员工资 5 000 元,医务及福利部门人员工资 4 000 元,无形资产研发部门人员工资 23 000 元。该公司编制的会计分录如下。

(1) 按实发工资 218 050 元从银行提取现金时:

　　借:库存现金　　　　　　　　　　　　　　　　　　　108 000
　　　　贷:银行存款　　　　　　　　　　　　　　　　　　　108 000

(2) 发放工资时:

　　借:应付职工薪酬——工资　　　　　　　　　　　　108 000
　　　　贷:库存现金　　　　　　　　　　　　　　　　　　　108 000

(3) 根据工资汇总表,分配本月工资费用时:

　　借:生产成本　　　　　　　　　　　　　　　　　　　 56 000
　　　　制造费用　　　　　　　　　　　　　　　　　　　　7 000
　　　　管理费用　　　　　　　　　　　　　　　　　　　 13 000
　　　　在建工程　　　　　　　　　　　　　　　　　　　　5 000
　　　　应付福利费　　　　　　　　　　　　　　　　　　　4 000
　　　　研发支出　　　　　　　　　　　　　　　　　　　 23 000
　　　　贷:应付职工薪酬——工资　　　　　　　　　　　108 000

(二) 应付职工福利

应付福利费是指企业按照规定从费用中提取的,专门用于职工福利支出的资金。这是企业使用了职工的劳动技能、知识等以后除了有义务承担必要的劳动报酬外,还必须负担的对职工福利方面的义务。职工福利费主要用于职工医疗卫生费用和职工困难补助。为了保证职工的身体健康和提高职工的有利待遇,根据国家规定,企业可以按照职工工资总额的一定比例在成本费用中列支职工福利费。

从费用中提取职工福利费,应设置"应付职工薪酬——福利费"账户进行核算。该账户属于应付职工薪酬的明细账户。按规定提取的职工福利费计入贷方,并按照职工所在的方位进行分配:从事生产经营人员的福利费,计入生产成本;行政管理人员的福利费,计入管理费用等;在建工程人员的福利费,应计入"在建工程";销售人员的福利费,应计入销售费用,实际支付福利费时计入借方,余额一般在贷方,表示福利费的结余金额。

【例 8-6】承例 8-5,国泰公司 2017 年 2 月应提取福利费 15 120(108 000×14%)元,另支付职工生活困难补助费和医疗费共计 2 000 元。该公司编制的会计分录如下:

(1) 提取职工福利费时:

　　借:生产成本　　　　　　　　　　　　　　　　　　　　7 840

制造费用	980
管理费用	1 820
在建工程	700
应付福利费	560
研发支出	3 220
贷：应付职工薪酬——职工福利	15 120

（2）支付福利费时：

借：应付职工薪酬——职工福利	15 120
贷：银行存款	15 120

应付工资、福利费之外的职工薪酬的核算与上述两类内容相类似，只是处理的明细账户有差异，本节不再赘述。

四、应交税费

企业生产经营过程中，必须依照我国税法和其他法规的有关规定，承担各种税金和附加费的缴纳义务。应交税费是指企业按照税法规定计算的各种应缴纳的税金和附加费，包括增值税、消费税、所得税、资源税、土地增值税、城市维护建设税、房产税、土地使用税、车船税、教育费附加、矿产资源补偿费等。

按照税法规定，企业应按期向税务部门进行各种税金的纳税申报（如销售商品、提供劳务应缴纳的增值税、消费税），并及时缴纳税款。为了便于企业纳税申报和税务部门对应交税费金额的检查核实，企业应设置"应交税费"账户，并在该账户下设置有关明细账户进行核算，该账户的贷方登记应缴纳的各种税费，借方登记已缴纳或应抵扣的各种税费，期末贷方余额为欠缴税费。但实务中，有些不需要申报应交税金和清缴结算的税金，如印花税、耕地占用税等，可不通过"应交税费"账户核算。

（一）应交增值税的账务处理

增值税是在我国境内销售货物或者提供加工、修理修配劳务，以及进口货物的单位和个人，就其取得的货物或应税劳务销售额，以及进口货物金额计算税款的一种流转税。为了严格增值税的征收管理和对某些经营规模小的纳税人简化计税办法，我国将纳税人按其经营规模及会计核算健全与否，划分为一般纳税人和小规模纳税人。两类纳税人在计税方法上不同，相应的会计处理方法也就存在差别。一般纳税人企业采用"购进扣税法"计算增值税税额，基本税率为17％；小规模纳税人企业采用简易办法计算增值税税额，征税率一般为3％。

为了会计核算能真实反映增值税的应交、缴纳、抵扣、减免、退税等情况，避免企业重复纳税或不足纳税，企业应在"应交税费"账户下设置"应交增值税"明细账户，并要求一般纳税人对明细账进一步设置专栏，其中包括借方的"进项税额""已交税金"专栏，贷方的"销项税额""进项税额转出""出口退税"专栏。企业购进货物或接受应税劳务支付的进项税额，以及实际已缴纳的增值税税额，应计入该账户的借方；销售货物或提供应税劳务所收取的销项税额等，应计入该账户的贷方。期末，该账户借方余额，反映企业尚未抵扣的增值税；如为贷方余额，则反映企业应缴纳的增值税。

▶ 1. 一般纳税人应交增值税的账务处理

增值税一般纳税人,销售货物或提供劳务可以开具增值税专用发票;购入货物取得的增值税专用发票上注明的增值税税额可用以抵扣销项税额。其在账务处理上主要特点如下。

(1) 购进阶段,账务处理时实行价与税的分离,价与税分离的依据是增值税专用发票上注明的增值税和价款,属于价款部分,计入购入货物的成本;属于增值税部分,计入进项税额。

(2) 销售阶段,销售价格作为销售收入,向购买方收取的增值税作为销项税额。如果销售价格中含税,应还原为不含税价格作为销售收入,向购买方收取的增值税则作为销项税额。

【例 8-7】国泰公司为增值税一般纳税人,本期购入一批商品,增值税专用发票上注明商品价款为 580 000 元,增值税税额为 98 600 元。货款已经支付,商品已经验收入库。该公司当期销售产品收入为 1 800 000 元(不含应向购买者收取的增值税),货款尚未收到。假设该公司适用的增值税税率为 17%。根据上述经济业务,该公司应编制的会计分录如下:

(1) 购入商品时:
借:库存商品　　　　　　　　　　　　　　　　　　　　　　580 000
　　应交税费——应交增值税(进项税额)　　　　　　　　　　 98 600
　　贷:银行存款　　　　　　　　　　　　　　　　　　　　　678 600

(2) 销售产品时:
借:银行存款　　　　　　　　　　　　　　　　　　　　　2 106 000
　　贷:主营业务收入　　　　　　　　　　　　　　　　　　1 800 000
　　　　应交税费——应交增值税(销项税额)　　　　　　　　 306 000

▶ 2. 小规模纳税人应交增值税的账务处理

由于小规模纳税人对增值税采用简易计算办法,所以会计处理中不需要再对"应交税费——应交增值税"设置专栏核算。

小规模纳税人在销售货物或提供劳务时,一般只能开具普通发票。账务处理时,小规模纳税人应将含增值税的发票价款进行价税分离,以价税合计金额借记"银行存款""应收账款"等账户,以分离后的不含税价和增值税分别贷记"主营业务收入""应交税费——应交增值税"等账户。

【例 8-8】国泰公司为增值税小规模纳税人。3 月份该公司购入一批原材料,增值税专用发票列明价款为 100 000 元,增值税税额为 17 000 元,货款尚未支付,材料已验收入库。该材料采用实际成本计价。本月公司销售产品一批,开具普通发票上的价款为 309 000 元,适用的增值税征收率为 3%,款项尚未收到。该公司应编制的会计分录如下。

(1) 购入原材料时:
借:原材料　　　　　　　　　　　　　　　　　　　　　　117 000
　　贷:应付账款　　　　　　　　　　　　　　　　　　　　117 000

(2) 销售产品时,产品的不含税价格 = 309 000/(1+3%) = 300 000(元),应交增值税税额 = 300 000×3% = 9 000(元):

借:应收账款　　　　　　　　　　　　　　　　　　　　　309 000

贷：主营业务收入	300 000
应交税费——应交增值税	9 000

(二) 应交消费税的账务处理

消费税是对我国境内生产、委托加工及进口应税消费品（主要包括烟、酒、化妆品、高档次及高能耗的消费品）的单位和个人征收的一种税。在对货物普遍征收增值税的基础上，选择少数消费品再征收一道消费税，主要是为了调整产业结构，引导消费方向，保证国家财政收入。

根据不同的应税消费品，消费税的征收有从价定率和从量定额两种方法。采用从价定率是根据商品销售价格和规定的税率计算应交消费税；从量定额是根据商品的销售量和规定的单位税额计算应交消费税。

根据现行制度的规定，为了核算应该由企业经营活动负担的税金及附加，包括消费税、城市维护建设税、资源税、土地增值税和教育费附加等，企业应设置"营业税金及附加"账户，该账户属于损益类账户。企业按照税法有关规定计算出应由主营和附营业务负担的税金及附加，计入该账户的借方，同时计入"应交税费"账户下设置的"应交消费税""应交城建税""应交教育费附加"等明细账户的贷方。下面举例说明消费税的计算和缴纳的会计处理。

【例8-9】 国泰公司为增值税一般纳税人。本月销售一批应税消费品，不含税增值税价款为1 000 000元，款项以银行存款形式收回。该业务适用的增值税税率为17%，消费税税率为5%。该批应税消费品的生产成本为850 000元。该公司编制的会计分录如下。

(1) 确认销售收入时：

借：银行存款	1 170 000
贷：主营业务收入	1 000 000
应交税费——应交增值税（销项税额）	170 000

(2) 确认应承担的消费税时，应交消费税＝1 000 000×5%＝50 000(元)：

借：营业税金及附加	50 000
贷：应交税费——应交消费税	50 000

(3) 结转销售成本时：

借：主营业务成本	850 000
贷：库存商品	850 000

(三) 其他应交税费的账务处理

▶ 1. 应交土地增值税的账务处理

土地增值税是对有偿转让土地使用权、地上建筑物及其附着物征收的一种税。

房地产开发企业销售房地产承担的土地增值税，应借记"营业税金及附加"账户，贷记"应交税费——应交土地增值税"账户；企业转让固定资产承担的土地增值税，应借记"固定资产清理"账户，贷记"应交税费——应交土地增值税"账户；企业转让无形资产承担的土地增值税，应与无形资产的账面价值、转让所得款项、其他转让支出等一并轧抵后计入"营业外收入"或"营业外支出"账户核算。

▶ 2. 应交资源税的账务处理

资源税是对从事应税资源的开采或生产而销售或自用征收的一种税。收购应税矿产品的企业承担代扣代缴义务。

企业销售开采的矿产品承担的资源税,应借记"营业税金及附加"账户,贷记"应交税费——应交资源税"账户;企业自用开采的矿产品承担的资源税,应借记"生产成本""制造费用"等账户,贷记"应交税费——应交资源税"账户。在收购应税矿产品时,企业代扣代缴的资源税应计入收购成本,账务处理时,以实际支付的收购款与代扣代缴的资源税之和,借记"材料采购(或在途物资、原材料等)"账户,以实际支付的收购款和代扣代缴的资源税分别贷记"银行存款"和"应交税费——应交资源税"账户。

▶ 3. 应交城市维护建设税及教育费附加的账务处理

城市维护建设税是以流转税为计税基础的一种税。企业应根据实际应交的增值税和消费税税额合计,以及适用税率,计算确定应缴纳的城市维护建设税,并根据流转税的产生环节,分别借记"营业税金及附加""固定资产清理""营业外收入(支出)"等账户,贷记"应交税费——应交城市维护建设税"账户。

教育费附加是国家为了发展我国的教育事业,提高人民的文化素质而征收的一项费用。这项费用与城建税一样,也是按照企业应交流转税(增值税、消费税)的一定比例计算,并与流转税一起缴纳。借记"营业税金及附加"等相关账户,贷记"应交税费——应交教育费附加"账户。

五、应付股利

公司的利润分配由公司董事会提出,最终由公司股东大会批准,按照股东大会批准的利润分配方案进行利润分配。自宣告之日起,应付现金股利就构成一项流动负债。现金股利一经宣告,就形成一项负债,即按应支付的现金股利,借记"利润分配——应付股利"账户,贷记"应付股利"账户。待企业如数拨出一笔现款存入受托的证券公司或银行,用于实际支付股东的现金股利,此时,借记"应付股利"账户,贷记"银行存款"等账户。

【例8-10】国泰公司股东大会根据2016年盈利情况,决定2017年股利分配方案为:每10股普通股派发0.65元的现金股利,共计650 000元。该公司编制会计分录如下。

(1) 计算应付现金股利时:

借:利润分配——应付股利　　　　　　　　　　　　　　　　650 000
　　贷:应付股利——现金股利　　　　　　　　　　　　　　　　650 000

(2) 支付现金股利时:

借:应付股利——现金股利　　　　　　　　　　　　　　　　650 000
　　贷:银行存款　　　　　　　　　　　　　　　　　　　　　　650 000

六、其他流动负债

在企业资产负债表中,除了上述五类比较常见的流动负债以外,还有一些其他原因形成的流动负债,如其他应付款等。

其他应付款是指除了应付票据、应付账款、应付职工薪酬等以外与企业活动直接或间接相关的其他各种应付和暂收款项,包括应付租入固定资产和包装物的租金、存入保证金,以及计算工资过程中的各种代扣应付款项。这些暂收、应付或代扣的款项也构成了企业的流动负债,在我国会计实务中通过设置"其他应付款"账户对其进行核算。

【例 8-11】 国泰公司 2017 年 4 月收到购货客户租用周转包装物的押金 5 000 元存入银行。相关账务处理如下。

（1）收到包装物押金时：

借：银行存款　　　　　　　　　　　　　　　　　　　　　　　　5 000
　　贷：其他应付款——存入保证金　　　　　　　　　　　　　　　　　5 000

（2）收回包装物，退还押金时：

借：其他应付款——存入保证金　　　　　　　　　　　　　　　　　　5 000
　　贷：银行存款　　　　　　　　　　　　　　　　　　　　　　　　5 000

第三节　长期负债

一、长期负债概述

企业为了扩大经营规模，增加各种长期耐用的固定资产，如添置大型设备、购买房地产、增置或扩建厂房，需要大量的资金，这些所需的资金不能仅仅依靠企业的正常经营资金，也不能以企业举借短期债务来满足，而要通过筹措长期资金来补足。

企业为筹集可供长期使用的资金，而对债权人形成偿还期限在一年或超过一年的一个营业周期以上的债务，即称为长期负债或非流动负债。它包括向银行或其他金融机构借入的长期借款，以及为了筹集长期资金而发行的各种债券、长期应付款、专项应付款等。长期负债具备金额较大、偿还期限较长、可以分期偿还等特点。本节重点介绍长期借款和应付债券的核算。

二、长期借款

长期借款是企业向银行或其他金融机构借入的、偿还期限超过一年的各种借款。

长期借款的核算内容包括借款本金的核算、借款利息的核算、外币借款发生的外部折合差额的核算等。企业在会计核算中设置"长期借款"账户，核算借入的长期借款的本息。该账户属于负债类账户，贷方登记取得的长期借款本金及利息，借方登记归还的本金及利息，期末余额在贷方，反映尚未归还的借款本金及利息。该账户应按借款的种类或用途设置明细账户，进行明细分类核算。

长期借款利息的支付方式，应根据借款合同的规定，可以采取在借款期限内分期支付的方式，也可以采取到期一次性支付的方式，但不论采取哪种方式，长期借款的利息都应根据权责发生制的要求，按照借款合同规定的利率逐期计算并进行资本化或费用化。具体来说，就是在该长期借款所进行的长期工程项目完工之前发生的利息，应将其资本化，计入该工程成本；在工程完工达到可使用状态之后产生的利息支出应停止借款利息资本化而予以费用化，即在利息发生的当期将其直接计入财务费用。因此，企业取得长期借款时，应借记"银行存款"账户，贷记"长期借款"账户；计算利息时应借记"在建工程""财务费用"等账户，贷记"长期借款"账户；偿还借款、支付利息时应借记"长期借款"账户，贷记"银行存款"账户。

【例 8-12】国泰公司为建造一厂房，于 2015 年 1 月向银行借入一笔为期 3 年的长期借款 2 000 000 元，年利率 7%，单利计息并按年支付，到期一次还本。厂房两年后完工投入使用。该公司从 2015 年 1 月编制相关分录如下。

(1) 2015 年 1 月借入款项时：

借：银行存款　　　　　　　　　　　　　　　　　　　　　　2 000 000
　　贷：长期借款　　　　　　　　　　　　　　　　　　　　　　2 000 000

(2) 2015 年、2016 年年末，各支付借款利息 140 000（2 000 000×7%）元：

借：在建工程　　　　　　　　　　　　　　　　　　　　　　　140 000
　　贷：银行存款　　　　　　　　　　　　　　　　　　　　　　140 000

(3) 2015 年各月月末，分别计算当月借款利息 11 666.67（140 000÷12）元：

借：财务费用　　　　　　　　　　　　　　　　　　　　　　11 666.67
　　贷：长期借款　　　　　　　　　　　　　　　　　　　　　11 666.67

(4) 2017 年年末，全部偿还该笔借款的本金和利息：

借：长期借款　　　　　　　　　　　　　　　　　　　　　　2 140 000
　　贷：银行存款　　　　　　　　　　　　　　　　　　　　　2 140 000

如果企业借入的是外币借款，借款本息的归还都应使用借款货币，所发生的外币折合差额可按上述借款费用的处理方法处理。

三、应付公司债券

(一) 债券的性质

债券是企业约定在一定日期支付一定的本金及定期支付一定利息给持有人的有价证券。发行债券是企业筹措长期资金的主要方法之一，通过发行债券，企业巨额债务分为若干等份，以公开募集的方式向社会举借，以吸收大量长期资金。发行债券筹集的资金可用于购建固定资产，也可用于补充流动资金，但不得用于弥补亏损和非生产性支出。

债券一般通过银行、投资信托公司或其他金融机构发行，也可由企业自己发行。发行的方式通常有包销、代销和直接发售三种。包销是由银行、投资机构或其他经纪人按照一定的价格承包全部债券，然后再转售给其他投资人，它是由银行、投资机构或经纪人自负盈亏的发售方式。代销是由经纪人代为销售，从中获取佣金，未售出部分则归还发行企业的发售方式。直接发售是发行企业直接销售给投资人，不通过中介机构的发售方式。目前我国证券法规定禁止使用此种方式。

债券的基本要素包括债券面值、债券利率、债券发行价格和债券偿还期限。债券面值即票面价值，即企业在还款日应偿付的本金额。债券利率，又称票面利率，即债券发行人承诺每年根据这个利率来支付利息。

(二) 债券的分类

▶ 1. 按债券发行有无担保划分

按债券发行有无担保划分，债券可分为抵押债券和信用债券。

(1) 抵押债券，又称有担保债券，是指以特定的资产作为抵押的债券的抵押品既可以是不动产，也可以是动产或有价证券。这种债券一旦发行人违约，信托企业便可将抵押品变卖以支付积欠债券持有人的款项。

(2) 信用债券,又称无担保债券,是指没有任何特定的资产作为抵押品的债券。这种债券全凭举债人的信用而发行,具有较大的风险,所以利率也较高。

2. 按债券记名与否划分

按记名与否划分,债券可分为记名债券和无记名债券。

(1) 记名债券,是指企业在发行债券时,债券票面上记有债券持有人的姓名,并在企业债权人名册中进行登记的债券。这种债券到期时,债券持有人可持债券,凭本人身份证明领取本息。

(2) 无记名债券,是指债券票面上不记载持有人姓名的债券。这种债券通常附有息票,付息时,债券持有人将息票剪下,据以领取利息,所以又称为息票债券。

3. 按特殊偿还方式划分

按特殊偿还方式划分,债券可分为可转换债券和可赎回债券。

(1) 可转换债券,是指债券发行一定期间后,持有人可以按一定价格转换成企业股票的债券。这种债券既有债券性质,又有股票性质。其持有人可根据具体情况,在转换期间内自愿行使转换权力。

(2) 可赎回债券,是指债券发行企业有权在债券到期日以前,按特定的价格提前赎回的债券。

4. 按还本方式划分

按还本方式,债券可分为一次还本债券和分期还本债券。

(1) 一次还本债券,是指本金于到期日一次偿还的债券。

(2) 分期还本债券,是指本金分期偿还的债券。

5. 按付息方式划分

按付息方式划分,债券可分为普通债券和收益债券。

(1) 普通债券,是指票面上载明一定利率的债券。

(2) 收益债券,是指债券的利息取决于企业收益的债券。这种债券随企业当期有无收益和收益额的大小来确定利息的多少,与优先股有些相似。

(三) 债券价格的确定与发行

1. 债券价格的确定

债券利率又称名义利率,作为债券的一个构成要素,是参照资金市场情况、企业的信用地位、目前获利能力及未来发展前景等因素而制定的。但由于债券发行要经过决议、申请、批准、委托、出售等程序,因此在发行时可能会出现票面利率高于或低于市场利率的情况。而票面利率是已经确定的,在这种情况下发行企业只能调整债券的发行价格,使债券的发行价格等于它内在的"经济价值",即以其所支付的本息按市场利率折算的现值。如果市场利率等于债券票面利率,则债券的发行价格正好等于其面值,债券按面值发行;如果市场利率小于债券票面利率,则债券的发行价格要大于其面值,债券按溢价发行;如果市场利率大于债券票面利率,则债券的发行价格小于其面值,债券按折价发行。

债券发行价格的计算公式如下:

债券发行价格=到期偿还本金×复利现值系数+各期利息×年金现值系数

注：复利现值系数和年金现值系数都按市场利率计算。

【例8-13】国泰公司为筹集生产经营所需资金于2015年1月1日发行5年期债券总面值100万元，票面利率为10%，每年6月30日及12月31日各付息一次，到期一次还本。下面分别假设发行时市场利率为10%、8%和12%，计算不同利率水平下的债券价格。

(1) 当市场利率为10%时：

债券发行价格＝1 000 000×(5%，10期复利现值系数)＋
　　　　　　　50 000×(5%，10期年金现值系数)
　　　　　　＝1 000 000×0.613 91＋50 000×7.721 74＝1 000 000(元)

(2) 当市场利率为8%时：

债券发行价格＝1 000 000×(4%，10期复利现值系数)＋
　　　　　　　50 000×(4%，10期年金现值系数)
　　　　　　＝1 000 000×0.675 56＋50 000×8.110 90＝1 081 110(元)

债券溢价金额＝1 081 110－1 000 000＝81 110(元)

(3) 当市场利率为12%时：

债券发行价格＝1 000 000×(6%，10期复利现值系数)＋
　　　　　　　50 000×(6%，10期年金现值系数)
　　　　　　＝1 000 000×0.558 40＋50 000×7.360 09＝926 400(元)

债券折价金额＝1 000 000－926 400＝73 600(元)

由上述可见，债券的发行价格随市场利率的变动而呈反方向变动，即当市场利率低于债券票面利率时，债券发行价格高于其面值，发行价格高于债券面值的部分，称为债券溢价。当市场利率高于债券票面利率时，债券发行价格低其面值，发行价格低于债券面值的部分，称为债券折价。

▶ 2. 债券发行的账务处理

为了反映和监督债券的发行、归还和付息情况，发行债券的企业应设置"应付债券"账户。该账户贷方登记应付债券的本金和应计利息，借方登记偿还债券本金和支付利息的金额，余额在贷方，表示尚未偿还的债券本金和利息。该账户应下设"面值""利息调整"等明细账户，进行明细分类核算。

企业发行债券无论是按面值还是溢价或折价，均应按债券面值计入"应付债券——面值"账户。当企业按面值发行债券时，债券价格与债券面值一致，可按债券面值金额借记"银行存款"等账户，贷记"应付债券——面值"账户。当企业溢价发行债券时，债券价格高于债券面值金额，按实际收到的款项借记"银行存款"等账户，按债券的面值金额贷记"应付债券——面值"账户，按实际收到的款项与票面金额的差额贷记"应付债券——利息调整"账户。当企业折价发行债券时，债券价格低于债券面值金额，按实际收到的款项借记"银行存款"等账户，按债券的面值金额贷记"应付债券——面值"账户，按实际收到的款项与票面金额的差额借记"应付债券——利息调整"账户。

(1) 债券按面值发行。

【例8-14】承例8-13，当国泰公司发行债券时，市场利率恰好等于票面利率10%时，则公司按面值发行债券，收到款项并存入银行。其账务处理如下：

借：银行存款　　　　　　　　　　　　　　　　　　　　　1 000 000

贷：应付债券——面值　　　　　　　　　　　　　　　　　　　　　　　1 000 000

（2）债券按溢价发行。债券溢价发行意味着企业将要以高于市场实际利率支付利息，所以溢价的实质是发行企业为以后各期多付利息而预先从债券持有人处得到的补偿。

【例8-15】承例8-14，当该公司发行债券时，市场利率为8%，则公司按1 081 110元的溢价发行债券，收到款项并存入银行。其账务处理如下：

　　借：银行存款　　　　　　　　　　　　　　　　　　　　　　　　　　　1 081 110
　　　贷：应付债券——面值　　　　　　　　　　　　　　　　　　　　　　　1 000 000
　　　　　　　　——利息调整　　　　　　　　　　　　　　　　　　　　　　　　81 110

（3）债券按折价发行。债券折价发行意味着企业将要以低于市场实际利率支付利息，所以折价的实质是发行企业为以后各期少付利息而预先给债券持有人的补偿。

【例8-16】承例8-14，当该公司发行债券时，市场利率为12%，则公司按926 400元的折价发行债券，收到款项并存入银行。其账务处理如下：

　　借：银行存款　　　　　　　　　　　　　　　　　　　　　　　　　　　　926 400
　　　　应付债券——利息调整　　　　　　　　　　　　　　　　　　　　　　　73 600
　　　贷：应付债券——面值　　　　　　　　　　　　　　　　　　　　　　　1 000 000

（三）债券利息的计提与调整

债券存续期内，企业应在计息日根据权责发生制的要求，按债券面值和票面利率计提应付债券的利息费用，并按所筹资金的用途，分别计入财务费用或有关资产的成本，即借记"财务费用""在建工程"或"研发支出"等账户。同时，对于一次还本付息的债券利息应贷记"应付债券——应计利息"账户，而对于分期付息、一次还本的债券利息则应贷记"应付利息"账户。

当公司溢价或折价发行债券时，发行公司实质上是按市场利率承担利息费用。由于债券溢价是发行公司在债券存续期间因每期多付利息而预先得到的补偿，因此，发行公司实际利息费用总额，应为按票面利率计算的利息总额扣除债券溢价。溢价总额应该在债券存续期逐期摊销，抵减按票面利率计算的每期利息费用。而债券折价是发行公司在债券存续期间因每期少付利息而预先给予投资者的补偿，因此，发行公司实际利息费用总额，应为按票面利率计算的利息总额加上债券折价。折价总额应该在债券存续期间逐期摊销，增加按票面利率计算的每期利息费用。会计规范一般要求对债券溢价和折价的摊销应采用实际利率法。

实际利率法是以债券发行时的实际利率乘以每期期初债券的账面价值（亦称摊余成本），计算当期的利息费用，利息费用与实际支付利息的差额，即为该期溢价、折价的摊销额。用公式表示如下：

　　　　　　当期实际利息费用＝债券该期期初账面价值×实际利率
　　　　　　　　当期应付利息＝债券面值×票面利率
　　　　　　当期溢价摊销额＝当期应付利息－当期实际利息费用
　　　　　　当期折价摊销额＝当期实际利息费用－当期应付利息

▶ 1. 按面值发行债券的利息处理

如前文所述，对于分期付息、一次还本的长期债券利息的计算和支付情况，企业应设置"应付利息"账户。该账户属于负债类账户，贷方登记按票面利率计算的企业债券应付的利息，借方登记实际支付的利息，期末贷方余额反映企业应付未付的债券利息。对于平价发行的分期付息、一次还本债券，每期计提利息时应借记"财务费用""在建工程"等账户，贷记"应付利息"账户。

【例 8-17】承例 8-14，如平价发行债券，计息期末账务处理如下。

第一个付息日，2015 年 6 月 30 日：

借：财务费用 50 000
　　贷：应付利息 50 000

实际支付本期利息时：

借：应付利息 50 000
　　贷：银行存款 50 000

其余各期做相同会计分录。

▶ 2. 溢价发行债券的溢价摊销

【例 8-18】仍以例 8-14 所列资料为例，如果溢价发行债券，按实际利率法编制债券溢价摊销表（见表 8-1）。

表 8-1　国泰股份有限公司债券溢价摊销表（实际利率法）　　　　单位：元

付息日期	利息费用(a)=上期(e)×4%	实际支付利息(b)=面值×5%	溢价摊销额(c)=(b)-(a)	摊销余额(d)=上期(d)-(c)	摊余成本(e)=上期(e)-(c)
2015 年 1 月 1 日				81 110	1 081 110
2015 年 6 月 30 日	43 244	50 000	6 756	74 354	1 074 354
2015 年 12 月 31 日	42 974	50 000	7 026	67 328	1 067 328
2016 年 6 月 30 日	42 693	50 000	7 307	60 021	1 060 021
2016 年 12 月 31 日	42 401	50 000	7 599	52 422	1 052 422
2017 年 6 月 30 日	42 097	50 000	7 903	44 519	1 044 519
2017 年 12 月 31 日	41 781	50 000	8 219	36 300	1 036 300
2018 年 6 月 30 日	41 452	50 000	8 548	27 752	1 027 752
2018 年 12 月 31 日	41 110	50 000	8 890	18 862	1 018 862
2019 年 6 月 30 日	40 754	50 000	9 246	9 616	1 009 616
2019 年 12 月 31 日	40 384	50 000	9 616	0	1 000 000
合　计	418 890	500 000	81 110	—	—

该公司编制的会计分录如下。

(1) 2015 年 6 月 30 日，核算溢价摊销额时：

借：财务费用 43 244
　　应付债券——利息调整 6 756
　　贷：应付利息 50 000

实际支付本期利息时：
借：应付利息　　　　　　　　　　　　　　　　　　　　　　50 000
　　贷：银行存款　　　　　　　　　　　　　　　　　　　　　　　50 000

（2）2015年12月31日，核算溢价摊销额时：
借：财务费用　　　　　　　　　　　　　　　　　　　　　　42 974
　　应付债券——利息调整　　　　　　　　　　　　　　　　　7 026
　　贷：应付利息　　　　　　　　　　　　　　　　　　　　　　50 000

实际支付本期利息时：
借：应付利息　　　　　　　　　　　　　　　　　　　　　　50 000
　　贷：银行存款　　　　　　　　　　　　　　　　　　　　　　　50 000

其余各期根据表8-1中数据进行类似账务处理。

▶ 3. 折价发行债券的溢价摊销

【例8-19】仍以例8-14所列资料为例，如果折价发行债券，按实际利率法编制债券折价摊销表（见表8-2）。

表8-2　折价摊销表（实际利率法）　　　　　　　　　　单位：元

付息日期	利息费用(a)＝上期(e)×4%	实际支付利息(b)＝面值×5%	溢价摊销额(c)＝(a)－(b)	摊销余额(d)＝上期(d)－(c)	摊余成本(e)＝上期(e)－(c)
2015年1月1日				73 600	926 400
2015年6月30日	55 584	50 000	5 584	68 016	931 984
2015年12月31日	55 919	50 000	5 919	62 097	937 903
2016年6月30日	56 274	50 000	6 274	55 823	944 177
2016年12月31日	56 651	50 000	6 651	49 172	950 828
2017年6月30日	57 050	50 000	7 050	42 122	957 878
2017年12月31日	57 473	50 000	7 473	34 649	965 351
2018年6月30日	57 921	50 000	7 921	26 728	973 272
2018年12月31日	58 396	50 000	8 396	18 332	981 668
2019年6月30日	58 900	50 000	8 900	9 432	990 568
2019年12月31日	59 434	50 000	9 434	0	1 000 000
合　　计	573 600	500 000	73 600	—	—

该公司编制的会计分录如下。

（1）2015年6月30日，核算溢价摊销额时：
借：财务费用　　　　　　　　　　　　　　　　　　　　　　55 584
　　贷：应付利息　　　　　　　　　　　　　　　　　　　　　　50 000
　　　　应付债券——利息调整　　　　　　　　　　　　　　　　5 584

实际支付本期利息时：

借：应付利息　　　　　　　　　　　　　　　　　　　　　　　　　50 000
　　　　贷：银行存款　　　　　　　　　　　　　　　　　　　　　　　　　　50 000
（2）2018年12月31日，核算溢价摊销额时：
　　借：财务费用　　　　　　　　　　　　　　　　　　　　　　　　　55 919
　　　　贷：应付利息　　　　　　　　　　　　　　　　　　　　　　　　　　50 000
　　　　　　应付债券——利息调整　　　　　　　　　　　　　　　　　　　　5 919
实际支付本期利息时：
　　借：应付利息　　　　　　　　　　　　　　　　　　　　　　　　　50 000
　　　　贷：银行存款　　　　　　　　　　　　　　　　　　　　　　　　　　50 000
其余各期根据表8-2中数据进行类似账务处理。

（四）债券还本的核算

债券都有到期日，届时发行企业应根据发行债券时规定的还本期限与方式，偿还债券持有人的本金。无论是面值发行、溢价发行还是折价发行的债券到期时，对于分期付息到期还本的债券，在偿还时均可按票面价值借记"应付债券——面值"账户，贷记"银行存款"账户。对于到期一次还本付息的债券，到期时除偿还债券本金外，还需要偿付利息。由于其每期应付利息已计入"应付债券——应计利息"账户的贷方，故偿付本息时应借记"应付债券——面值"和"应付债券——应计利息"账户，贷记"银行存款"账户。

【例8-20】仍以例8-14所列资料为例，国泰公司于2017年年末偿还本金100万元。账务处理如下：
　　借：应付债券——面值　　　　　　　　　　　　　　　　　　　　1 000 000
　　　　贷：银行存款　　　　　　　　　　　　　　　　　　　　　　　　1 000 000

四、预计负债

预计负债是指偿还金额、时间不确定，需要根据有关资料进行估计确认的负债，主要包括企业对外提供担保和产品质量保证等而形成的负债。这里仅就产品质量保证负债的确认与核算做简要介绍。为了扩大市场份额，更好地吸引顾客，企业在销售产品时通常附带产品质量保证书，承诺在规定期限内对所售产品的质量负责，即对那些由于质量原因发生的故障和损坏，企业为顾客免费提供修理、更换零部件等服务。也就是说，企业在销售发生时，就已经承担了一项在将来履行的质量保证义务。企业做出质量保证承诺的目的是扩大当期的销售市场，增加当期的销售收入。在履行该项义务时，不可避免地会导致资产的消耗。根据收入与费用配比的原则，应该将以后期间履行承诺导致的经济利益流出确认为扩大收入当期发生的费用。在费用已经确认但尚未实际支付的期间就应该确认为负债，通常称为产品质量保证负债。由于在销售时无法确定修理费用的发生时间、金额和客户，履行该项承诺而导致的经济利益流出就无法准确计量，需要根据历史经验和有关资料进行估计。

为了反映企业各项预计负债的增减变动情况，企业应设置"预计负债"账户。该账户属于负债类账户，贷方登记各项预计负债的增加数，借方登记各项预计负债的清偿数，期末余额在贷方，表示企业已确认尚未支付的预计负债。

对于产品质量保证而言，在一般情况下，这项负债的金额可以根据已经销售产品在质量担保期内的返修率，以及平均单位返修费用等资料进行合理的估计。估计入账时，借记"销售费用""管理费用"等有关账户，贷记"预计负债——产品质量保证"账户。实际支付时，借记"预计负债——产品质量保证"账户，贷记"银行存款"等账户。

【例8-21】国泰公司2017年5月份出售某种产品500台，每台售价为200元，产品的保修期为半年。根据过去的经验，返修率为1.5%，平均每台修复费用25元。5月份没有发生返修情况。根据这些资料，可计算出5月末的产品质量保证负债为187.5(500×1.5%×25)元。相关账务处理如下。

(1) 2017年5月31日估计负债时：

借：销售费用　　　　　　　　　　　　　　　　　　　　　　　　　187.5
　　贷：预计负债——产品质量保证　　　　　　　　　　　　　　　　　　187.5

(2) 假设到6月30日实际发生的返修费用为150元：

借：预计负债——产品质量保证　　　　　　　　　　　　　　　　　　150
　　贷：银行存款　　　　　　　　　　　　　　　　　　　　　　　　　150

同步检测练习

一、名词解释

负债　流动负债　长期应付款　应付职工薪酬　长期借款

二、单项选择题

1. 企业的应付账款确实无法支付的，经确认后作为(　　)处理。
   A. 坏账准备　　　　　　　　　　　　B. 资本公积
   C. 营业外收入　　　　　　　　　　　D. 其他业务收入

2. 短期借款利息核算不会涉及的账户是(　　)。
   A. 预提费用　　　　　　　　　　　　B. 应付利息
   C. 财务费用　　　　　　　　　　　　D. 银行存款

3. 企业缴纳当月的增值税，应通过的账户是(　　)。
   A. 应交税费——应交增值税(转出多交增值税)
   B. 应交税费——应交增值税(转出多交增值税)
   C. 应交税费——未交增值税
   D. 应交税费——应交增值税(已交税金)

4. 委托加工应纳消费税物资(非金银首饰)收回后直接出售的应税消费品，其由受托方代扣代缴的消费税，应计入(　　)账户。
   A. 管理费用　　　　　　　　　　　　B. 委托加工物资
   C. 营业税金及附加　　　　　　　　　D. 应交税费——应交消费税

5. 甲企业因采购商品开出3个月期限的商业票据一张，该票据的票面价值为400 000元，票面年利率为10%，该应付票据到期时，企业应支付的金额为(　　)元。
   A. 400 000　　　　　　　　　　　　　B. 440 000
   C. 410 000　　　　　　　　　　　　　D. 415 000

6. 甲公司为增值税一般纳税人企业。因山洪暴发毁损库存材料一批，实际成本为20 000元，收回残料价值800元，保险公司赔偿11 600元。甲企业购入材料的增值税税率为17%,该批毁损原材料的非常损失净额是( )元。
  A. 7 600   B. 18 800
  C. 8 400   D. 11 000

7. "应付账款"账户期初余额为10 000元,本期贷方发生额为8 000元,借方发生额为5 000元,则期末贷方余额为( )元。
  A. 13 000   B. 3 000
  C. 7 000   D. 15 000

8. 甲公司结算本月应付职工工资共300 000元,代扣职工个人所得税5 000元,实发工资295 000元,以下企业会计处理中,不正确的是( )。
  A. 借:管理费用   300 000
      贷:应付职工薪酬——工资   300 000
  B. 借:应付职工薪酬——工资   5 000
      贷:应交税费——应交个人所得税   5 000
  C. 借:其他应收款   5 000
      贷:应交税费——应交个人所得税   5 000
  D. 借:应付职工薪酬——工资   295 000
      贷:银行存款   295 000

9. 甲公司于2016年10月1日发行5年期面值总额为100万元的债券,债券票面年利率为12%,到期一次还本付息,按面值发行(发行手续费略)。2017年6月30日,该公司应付债券的账面价值为( )元。
  A. 1 000 000   B. 1 120 000
  C. 1 090 000   D. 1 080 000

10. 甲公司生产一种具有国际先进水平的数控机床,按照国家有关规定,该公司的此种产品适用增值税先征后返政策,即先按规定征收增值税,然后按实际缴纳增值税税额返还60%。2016年1月1日,该公司实际缴纳增值税120万元,2017年3月,甲公司实际收到返还的增值税税额72万元。甲公司所做会计处理正确的是( )。
  A. 借:银行存款   720 000
      贷:营业外收入   720 000
  B. 借:银行存款   720 000
      贷:资本公积   720 000
  C. 借:银行存款   720 000
      贷:应交税费——应交增值税   720 000
  D. 借:应交税费——应交增值税   720 000
      贷:营业外收入   720 000

三、多项选择题

1. 在进行会计核算时,若贷记"应付职工薪酬——福利费",则对应借记的科目有( )。
  A. 制造费用   B. 营业费用
  C. 生产成本   D. 管理费用

2. 下列各项工资中,不应由"管理费用"列支的有( )。

A. 生产人员工资 B. 行政人员工资
C. 车间管理人员工资 D. 医务人员工资

3. 企业下列各项行为中，应视同销售必须计算缴纳增值税销项税额的有（ ）。
A. 将货物对外捐赠 B. 销售代销货物
C. 委托他人代销货物 D. 委托他人保管货物

4. 企业下列各项行为中，应作为增值税进项税额转出处理的有（ ）。
A. 工程项目领用本企业的材料 B. 工程项目领用本企业的产品
C. 非常损失造成的存货盘亏 D. 以产品对外投资

5. 企业支付短期利息时，可能借记的会计科目有（ ）。
A. 短期借款 B. 预提费用
C. 应付利息 D. 财务费用

6. "预收账款"科目贷方登记（ ）。
A. 预收货款金额
B. 企业向购货方发货后冲销的预收货款的数额
C. 退回对方多付的货款
D. 购货方补付的货款

7. 下列各项中，一定计入"财务费用"的有（ ）。
A. 支付银行承兑汇票的手续费 B. 期末计算带息商业汇票的利息
C. 销售企业实际发生的现金折扣 D. 发行债券计提的利息

8. 甲企业为一般纳税人企业，其购进货物支付了相关税金，应计入货物成本的有（ ）。
A. 与客户签订购货合同支付了印花税
B. 购入工程物资时支付增值税，取得对方开具的专用发票
C. 进口商品支付的关税
D. 购买一批材料，预计将用于食堂，已支付增值税，取得对方开具的专用发票

9. 下列各项中，属于其他应付款核算范围的有（ ）。
A. 职工未按期领取的工资 B. 应付经营租入固定资产租金
C. 存出投资款 D. 应付、暂收所属单位、个人的款项

10. 应付债券的利息有可能计入的账户有（ ）。
A. 预提费用 B. 财务费用
C. 管理费用 D. 在建工程

四、判断题

1. 短期借款利息在预提或实际支付时均应通过"短期借款"科目核算。（ ）
2. 对企业来说，从会计核算上看增值税是与企业损益无关的税金。（ ）
3. 企业购入货物验收入库后，若发票账单尚未收到，应在月末按照估计的金额确认一笔负债，反映在资产负债表有关负债项目内。（ ）
4. 企业向股东宣告的现金股利，在尚未支付给股东之前，是企业股东权益的一个组成部分。（ ）
5. "长期借款"账户的月末余额，反映企业尚未支付的各种长期借款的本金。（ ）
6. 甲公司按合同约定，由外部机修公司对其数控车床进行修理，甲公司根据合同应

付机修公司修理费10 000元,增值税1 700元。若上述款项均未支付,甲公司应贷记"应付账款"10 000元,贷记"应交税费——应交增值税(销项税额)"1 700元。   (   )

7. 甲公司为增值税一般纳税人企业,其下属独立核算的乙公司为小规模纳税人企业。乙公司销售产品一批,开具普通发票中注明货款36 888元,已知甲公司适用增值税税率为17%,乙公司征收率为6%,则其应纳增值税为5 359.79元。   (   )

8. 企业按规定计算出应交的矿产资源补偿费应区分受益对象计入相关产品成本或当期损益。   (   )

9. 企业无法支付的到期商业汇票,应按应付本息金额将其转入"应付账款"科目。   (   )

10. 企业以自己产品赠送他人,由于会计处理时不做销售核算,所以不用计算增值税。   (   )

五、简答题

1. 什么是负债?负债的基本特征有哪些?
2. 简述带息票据与不带息票据在会计处理上的差异。
3. 什么是流动负债?流动负债应如何计价?
4. 运用长期负债筹措资金与投资者增资相比,对企业有何利弊?
5. 借款费用应如何进行处理?
6. 流动负债与长期负债有何区别?各包括哪些内容?
7. 如何确认和计量应付账款?
8. 应交税费与应付款项的主要区别是什么?
9. 什么是溢折价摊销的实际利率法?
10. 企业哪些税金应通过"营业税金及附加"账户核算?

六、业务处理题

1. 某企业2017年4月份发生如下经济业务:

(1) 根据供电部门通知,企业本月应付电费6万元。其中,生产车间电费5万元,企业行政管理部门电费1万元。

(2) 购入不需要安装的设备一台,价款及价外费用100 000元,增值税专用发票上注明的增值税税额17 000元,款项尚未支付。

(3) 生产车间委托外单位修理机器设备,对方开具的专用发票上注明修理费用2 000元,增值税税额340元,款项已用银行存款支付。

(4) 库存材料因意外火灾毁损一批,对方开来的专用发票上注明修理费用2 000元,增值税税额340元,款项已用银行存款支付。

(5) 建造厂房领用生产用原材料20 000元,其购入时支付的增值税为3 400元。

(6) 医务室维修领用原材料2 000元,其购入时支付的增值税为340元。

(7) 出售一栋办公楼,出售收入640 000元已存入银行。该办公楼的账面原价为800 000元,已提折旧200 000元;出售过程中用银行存款支付清理费用10 000元。

要求:编制上述业务会计分录。

2. 某企业于2017年1月1日向银行借入150 000元,期限6个月,年利率8%,该借款本金到期后一次归还,利息分月预提,按季支付。

要求：做出有关会计处理。

3. 甲企业为增值税一般纳税人。该企业2017年发生如下经济业务：

(1) 3月8日，开出一张面值为117 000元、期限5个月的不带息银行承兑汇票，缴纳承兑手续费58.5元，用于采购一批材料。增值税专用发票上注明的材料价款为100 000元，增值税税额为17 000元。

(2) 3月1日，开出带息商业承兑汇票一张，面值200 000元，用于抵付其前欠乙公司的货款。该票据票面利率6%，期限3个月。

(3) 3月31日，计算乙企业开出的带息应付票据应计利息。

(4) 5月31日，开出的带息商业汇票到期，企业以银行存款全额支付到期票款和3个月的票据利息。

(5) 假定5月31日，带息商业汇票到期，企业无力支付票款和利息费用。

(6) 8月8日，甲企业于3月8日开出的商业汇票到期。甲企业通知其开户银行以银行存款支付票款。

要求：根据上述经济业务做出有关的会计处理。

4. 某企业为增值税一般纳税人，2017年7月发生以下经济业务：

(1) 2日，购入原材料一批，增值税专用发票上注明货款80 000元，增值税税额13 600元，货物尚未到达，货款和进项税额已用银行存款支付。该企业采用计划成本对原材料进行核算。

(2) 4日，购入免税农产品一批，价款60 000元，规定的扣除率为13%，货物尚未到达，货款已用银行存款支付。

(3) 6日，购入不需要安装设备一台，价款及运输保险等费用合计200 000元，增值税专用发票上注明的增值税税额34 000元，款项尚未支付。

(4) 10日，销售产品一批，价款300 000元，按规定应收取增值税税额51 000元，提货单和增值税专用发票已交给买方，款项尚未收到。

(5) 12日，购入基建工程所用物资一批，价款及运输保险等费用合计150 000元，增值税专用发票上注明的增值税税额25 500元，物资已验收入库，款项尚未支付。

(6) 16日，为外单位代加工电脑桌500个，每个收取加工费120元，适用的增值税税率17%，加工完成，款项已收到并存入银行。

(7) 17日，该企业因火灾毁损库存商品一批，其实际成本50 000元，经确认损失外购材料的增值税8 500元。

(8) 19日，建造厂房领用生产用原材料60 000元，原材料购入时支付的增值税为10 200元。

(9) 22日，企业将自己生产的产品用于自行建造职工俱乐部。该批产品的成本为70 000元，计税价格为110 000元。增值税税率为17%。

(10) 30日，以银行存款缴纳本月增值税70 000元。

要求：根据上述经济业务做出有关的会计处理。

5. 甲公司2017年职工薪酬的有关资料如下：

(1) 3月，应付工资总额872 000元，工资费用分配汇总表中列示的产品生产人员工资为540 000元，车间管理人员工资为140 000元，企业行政管理人员工资为118 000元，销售人员工资为 64 000 元，医务人员工资为 10 000 元。

（2）3 月，企业根据历史经验数据和实际情况，提取职工福利费 136 080 元，其中，应计入基本生产车间生产成本的金额为 89 600 元，应计入制造费用的金额为 19 600 元，应计入管理费用的金额为 26 880 元。

（3）3 月，根据国家规定的计提标准计算，甲企业应向社会保险经办机构缴纳职工基本养老保险费、医疗保险费、失业保险费等共计 291 600 元，其中，应计入基本生产车间生产成本的金额为 192 000 元，应计入制造费用的金额为 42 000 元，应计入管理费用的金额为 57 600 元。

（4）4 月 3 日，根据"工资结算汇总表"结算上月应付职工工资总额 872 000 元，代扣职工房租 60 000 元，企业代垫职工家属医药费 5 000 元，代扣职工个人所得税共计 8 000 元，实发工资 799 000 元。

（5）4 月 4 日，以现金支付职工张某生活困难补助 1 500 元。

（6）4 月 5 日，以银行存款缴纳职工基本养老保险费、医疗保险费、失业保险费等 291 600 元。

要求：根据上述经济业务编制有关会计分录。

5. 某企业为一般纳税人，2017 年 6 月发生以下经济业务：

（1）销售所生产的产品，价款 150 000 元（不含增值税），适用的消费税税率 30%。货款尚未收到。

（2）在建工程领用自产商品 100 000 元，应纳增值税 20 400 元，应纳消费税 12 000 元。

（3）福利部门领用产品一批，该产品的成本 80 000 元，市场价格 120 000 元（不含增值税），适用的消费税税率为 10%，增值税税率为 17%。

要求：根据上述经济业务做出有关的会计处理。

第九章 收入、费用、利润会计

引导案例

请你帮华强钢铁公司计算成本

2017年12月，华强钢铁公司成本记录如下：
(1) 直接材料成本200 000元；
(2) 直接人工成本为直接材料成本的1/4；
(3) 制造费用为直接人工成本的4/7。

讨论与思考：
1. 计算华强钢铁公司12月的制造成本。
2. 收入可分为哪几种？
3. 费用会计与成本会计是一回事吗？

第一节 收入会计

会计上的收入是指企业在日常活动中形成的、会导致所有者权益增加的、与所有者投入资本无关的经济利益的总流入。注意其与税法收入概念的不同。日常活动是指为完成经营目标从事的经常性及相关的活动。该定义强调了收入来源于企业的日常经营活动，把收入和利得区分开来。从收入的性质来看，收入可以分为四类：销售商品收入、提供劳务收入、让渡资产使用权收入和建造合同收入。

一、销售商品收入

(一) 销售商品收入的确认和计量

▶ 1. 销售商品收入的确认

销售商品收入只有同时满足以下条件时，才能加以确认：①企业已将商品所有权上的主要风险和报酬转移给购货方；②企业既没有保留通常与所有权相联系的继续管理权，也没有对已售出的商品实施有效控制；③收入的金额能够可靠地计量；④相关的经济利益很可能流入企业；⑤相关的已发生或将发生的成本能够可靠地计量。

根据收入和费用配比原则，与同一项销售有关的收入和成本应在同一会计期间予以确认。成本不能可靠计量，相关的收入也不能确认，如已收到价款，收到的价款应确认为一项负债。针对收入的定义，要求把握以下内容：确认一项收入，首先要看是否真正把商品或劳务卖给了或提供给对方；其次要看与交易相关的经济利益能否流入企业，即有没有把握把钱收回来。收入是公司、企业持续经营的基本条件，也是公司、企业获得利润实现盈利的前提条件。

▶ 2. 销售商品收入的计量

企业应当按照从购货方已收或应收的合同或协议价款确定销售商品收入金额，但已收或应收的合同或协议价款不公允的除外。从购货方已收或应收的合同或协议价款，通常为公允价值。某些情况下，合同或协议价款的收取采用递延方式，如分期收款销售商品，实质上具有融资性质的，应当按照应收的合同或协议价款的公允价值确定销售商品收入金额。应收的合同或协议价款与其公允价值之间的差额，应当在合同或协议期间内采用实际利率法进行摊销，冲减财务费用。

（二）销售商品收入的会计处理

销售商品取得收入涉及商业折扣、现金折扣、销售折让的处理，由于此内容在第七章中已经有论述，此处只是再次复习概念。

▶ 1. 商业折扣

销售商品涉及商业折扣的，应当按照扣除商业折扣后的金额确定销售商品收入金额。商业折扣是指企业为促进商品销售而在商品标价上给予的价格扣除。商业折扣是企业最常用的促销手段。商业折扣一般在交易发生时即已确定，它仅仅是确定实际销售价格的一种手段，不需在买卖双方任何一方的账上反映，所以商业折扣对应收的入账价值没有影响。因此，在存在商业折扣的情况下，企业应收账款入账金额应按扣除商业折扣以后的实际售价确认。

▶ 2. 现金折扣

现金折扣是指企业为了鼓励客户在一定期限内早日偿还货款而给予客户的折扣优惠。现金折扣对于销售企业来说，称为销货折扣；对于购货企业来说，称为购货折扣。现金折扣一般表示为"2/10，1/20，n/30"等。"2/10"表示如果客户在10天内偿付货款，给予2%的折扣；"1/20"表示如果客户在第11~20天内偿付货款，给予1%的折扣；"n/30"表示若客户在第21~30天内付款，则应付全价，无折扣。现金折扣使得企业应收账款的实收数额，随着客户付款的时间不同而有所差异。现金折扣在实际发生时，计入当期损益（财务费用）。

▶ 3. 销售折让

销售折让是指企业的商品发运后，由于商品的品种、质量等不符合规定的要求或因其他原因应退货而未退货的商品，对购买方在价格上给予的额外折让。给予销售折让会使企业销售收入相应减少,所以应对销售收入进行调整。从理论上讲,企业应当按月计算收入、结转成本、计算盈亏,所以发生的销售折让应冲减销售产品那个月份的销售收入。但在实际工作中却难以做到。实际做法是:一般不管属于本年销售的产品还是以前年度销售的产品,都在给予购买者销售折让的当月冲减销售收入。企业已经确认销售商品收入的售出商品发生销售折让的,应当在发生时冲减当期的销售商品收入。销售折让属于资产负债表日后事项的,适用《企业会计准则第29号——资产负债表日后事项》。

【例9-1】国泰公司在2017年8月1日向甲公司销售一批商品,开出的增值税专用发票上注明的销售价款为10 000元,增值税税额为1 700元。为及早收回货款,国泰公司和甲公司约定的现金折扣条件为:2/10,1/20,n/30。假定计算现金折扣时不考虑增值税税额。国泰公司的账务处理如下。

(1) 8月1日销售实现时,按销售总价确认收入:

借:应收账款　　　　　　　　　　　　　　　　　　　　　　　11 700
　　贷:主营业务收入　　　　　　　　　　　　　　　　　　　　10 000
　　　　应交税费——应交增值税(销项税额)　　　　　　　　　1 700

(2) 如果甲公司在8月9日付清货款,则按销售总价10 000元的2%享受现金折扣200元,实际付款11 500(11 700－200)元:

借:银行存款　　　　　　　　　　　　　　　　　　　　　　　11 500
　　财务费用　　　　　　　　　　　　　　　　　　　　　　　　200
　　贷:应收账款　　　　　　　　　　　　　　　　　　　　　　11 700

(3) 如果甲公司在8月16日付清货款,则按销售总价10 000元的1%享受现金折扣100元,实际付款11 600元:

借:银行存款　　　　　　　　　　　　　　　　　　　　　　　11 600
　　财务费用　　　　　　　　　　　　　　　　　　　　　　　　100
　　贷:应收账款　　　　　　　　　　　　　　　　　　　　　　11 700

(4) 如果甲公司在8月底才付清货款,则按全额付款:

借:银行存款　　　　　　　　　　　　　　　　　　　　　　　11 700
　　贷:应收账款　　　　　　　　　　　　　　　　　　　　　　11 700

【例9-2】国泰公司向乙公司销售一批商品,开出的增值税专用发票上注明的销售价款为800 000元,增值税税额为136 000元。乙公司在验收过程中发现商品质量不合格,要求在价格上给予5%折让。假定国泰公司已确认销售收入,款项尚未收到,发生的销售折让允许扣减当期增值税税额。国泰公司的账务处理如下。

(1) 销售实现时:

借:应收账款　　　　　　　　　　　　　　　　　　　　　　　936 000
　　贷:主营业务收入　　　　　　　　　　　　　　　　　　　　800 000
　　　　应交税费——应交增值税(销项税额)　　　　　　　　　136 000

(2) 发生销售折让时:

借:主营业务收入　　　　　　　　　　　　　　　　　　　　　40 000

应交税费——应交增值税（销项税额）	6 800
贷：应收账款	46 800

（3）实际收到款项时：

借：银行存款	889 200
贷：应收账款	889 200

（三）销售退回的处理

销售退回，是指企业售出的商品由于质量、品种不符合要求等原因而发生的退货。

（1）对于未确认收入的售出商品发生销售退回的，企业应按已计入"发出商品"科目的商品成本金额，借记"库存商品"科目，贷记"发出商品"科目。

（2）对于已确认收入的售出商品发生退回的，企业应在发生时冲减当期销售商品收入，同时冲减当期销售商品成本。

（3）已确认收入的售出商品发生的销售退回属于资产负债表日后事项的，应当按照有关资产负债表日后事项的相关规定进行会计处理。

【例9-3】国泰公司在2016年12月18日向丙公司销售一批商品，开出的增值税专用发票上注明的销售价款为50 000元，增值税税额为8 500元。该批商品成本为30 000元。为及早收回货款，国泰公司和丙公司约定的现金折扣条件为：2/10，1/20，n/30。丙公司在2016年12月27日支付货款。2017年4月5日，该批商品因质量问题被丙公司退回，国泰公司当日支付有关款项。假定计算现金折扣时不考虑增值税，销售退回不属于资产负债表日后事项。国泰公司的账务处理如下：

(1) 2016年12月18日销售实现时，按销售总价确认收入：

借：应收账款	58 500
贷：主营业务收入	50 000
应交税费——应交增值税（销项税额）	8 500
借：主营业务成本	30 000
贷：库存商品	30 000

(2) 2016年12月27日收到货款时，按销售总价50 000元的2%享受现金折扣1 000元，实际收款57 500元：

借：银行存款	57 500
财务费用	1 000
贷：应收账款	58 500

(3) 2017年4月5日发生销售退回时：

借：主营业务收入	50 000
应交税费——应交增值税（销项税额）	8 500
贷：银行存款	57 500
财务费用	1 000
借：库存商品	30 000
贷：主营业务成本	30 000

（四）特殊销售商品业务的处理（见表 9-1）

表 9-1 特殊销售商品业务的处理

销售方式			收入确认与计量
代销商品	视同买断方式	受托方取得代销商品后，无论是否能够卖出，是否获利，均与委托方无关	委托方发出商品，符合收入确认条件时确认收入
		若受托方没有将商品售出时可以将商品退回给委托方，或受托方因代销商品出现亏损时可以要求委托方补偿	委托方收到代销清单时确认收入
	收取手续费方式		委托方收到代销清单时确认收入
预收款销售方式			发出商品时
分期收款销售商品			应当按照应收的合同或协议价款的公允价值确定销售商品收入金额
附有销售退回条件的商品销售	根据以往经验能够合理估计退货可能性		应在发出商品时确认收入，并在期末确认与退货相关负债
	不能合理估计退货可能性		应在售出商品退货期满时确认收入
售后回购	属于融资交易		不确认收入
	有确凿证据表明满足收入确认条件		按售价确认收入
售后租回	属于融资交易		不确认收入
	有确凿证据表明认定为经营租赁的售后租回交易是按照公允价值达成的		按售价确认收入
以旧换新销售			按销售商品收入确认条件确认收入

【例 9-4】（视同买断方式）国泰公司委托乙公司销售商品100件，协议价为300元/件，成本为150元/件。代销协议约定，乙企业取得代销商品后，无论是否能够卖出、是否获利，均与国泰公司无关。这批商品已经发出，货款尚未收到，国泰公司开出的增值税专用发票上注明的增值税税额为3 400元。

借：应收账款   35 100
　　贷：主营业务收入   30 000
　　　　应交税费——应交增值税（销项税额）   5 100
借：主营业务成本   15 000
　　贷：库存商品   15 000

【例 9-5】（收取手续费方式）国泰公司委托丙公司销售商品200件，商品已经发出，每件成本60元。合同约定丙公司应按每件100元对外出售，国泰公司按销售价的10%向丙公司支付手续费。丙公司实际销售100件，开出的增值税专用发票上注明销售价款为10 000元，增值税税额为17 000元，款项已经收到。国泰公司收到丙公司开具的代销清单时，向丙公司开具一张相同金额的增值税专用发票。假定国泰公司发出商品时纳税义务尚未发生，不考虑其他因素。

1. 国泰公司的账务处理如下

(1) 发出商品时：

借：委托代销商品　　　　　　　　　　　　　　　　　　　　12 000
　　贷：库存商品　　　　　　　　　　　　　　　　　　　　　　　12 000

(2) 收到代销清单时：

借：应收账款　　　　　　　　　　　　　　　　　　　　　　11 700
　　贷：主营业务收入　　　　　　　　　　　　　　　　　　　　　10 000
　　　　应交税费——应交增值税（销项税额）　　　　　　　　　　 1 700
借：主营业务成本　　　　　　　　　　　　　　　　　　　　 6 000
　　贷：委托代销商品　　　　　　　　　　　　　　　　　　　　　 6 000
借：销售费用　　　　　　　　　　　　　　　　　　　　　　 1 000
　　贷：应收账款　　　　　　　　　　　　　　　　　　　　　　　 1 000

(3) 收到丙公司支付的货款时：

借：银行存款　　　　　　　　　　　　　　　　　　　　　　10 700
　　贷：应收账款　　　　　　　　　　　　　　　　　　　　　　　10 700

2. 丙公司的账务处理如下

(1) 收到商品时：

借：委托代销商品　　　　　　　　　　　　　　　　　　　　20 000
　　贷：委托代销商品款　　　　　　　　　　　　　　　　　　　　20 000

(2) 对外销售时：

借：银行存款　　　　　　　　　　　　　　　　　　　　　　11 700
　　贷：应付账款　　　　　　　　　　　　　　　　　　　　　　　10 000
　　　　应交税费——应交增值税（销项税额）　　　　　　　　　　 1 700

(3) 收到发票时：

借：应交税费——应交增值税（进项税额）　　　　　　　　　 1 700
　　贷：应付账款　　　　　　　　　　　　　　　　　　　　　　　 1 700
借：委托代销商品款　　　　　　　　　　　　　　　　　　　10 000
　　贷：委托代销商品　　　　　　　　　　　　　　　　　　　　　10 000

(4) 支付货款并计算代销手续时：

借：应付账款　　　　　　　　　　　　　　　　　　　　　　11 700
　　贷：银行存款　　　　　　　　　　　　　　　　　　　　　　　10 700
　　　　主营业务收入　　　　　　　　　　　　　　　　　　　　　 1 000

【例 9-6】（预收款销售商品）国泰公司与乙公司签订协议，采用预收款方式向乙公司销售一批商品。该商品实际成本为 700 000 元。协议规定，该批商品销售价格为 1 000 000 元，增值税税额为 170 000 元；乙公司应在协议签订时预付 60% 的货款，剩余货款于两个月后支付。国泰公司的账务处理如下。

(1) 收到 60% 货款时：

借：银行存款 600 000
　　贷：预收账款 600 000
（2）收到剩余货款及增值税税额并确认收入时：
借：预收账款 600 000
　　银行存款 570 000
　　贷：主营业务收入 1 000 000
　　　　应交税费——应交增值税（销项税额） 170 000
借：主营业务成本 700 000
　　贷：库存商品 700 000

【例 9-7】（售后回购）2016 年 5 月 1 日，国泰公司向乙公司销售一批商品，开出的增值税专用发票上注明销售价款为 100 万元，增值税税额为 17 万元。该批商品成本为 80 万元；商品已发出，款项已经收到。协议约定，国泰公司应于 9 月 30 日将所售商品购回，回购价为 110 万元。国泰公司的账务处理如下。

（1）5 月 1 日发出商品时：
借：银行存款 1 170 000
　　贷：其他应付款 1 000 000
　　　　应交税费——应交增值税（销项税额） 170 000
借：发出商品 800 000
　　贷：库存商品 800 000

（2）回购价大于原售价的差额，应在回购期间提及利息费用，计入当期财务费用。由于回购期为 5 个月，货币时间价值影响不大，采用直线法计提利息，每月计提利息费用为 2(10×0.5)万元。

借：财务费用 20 000
　　贷：其他应付款 20 000

（3）9 月 30 日回购商品时，收到的增值税专用发票上注明的商品价格为 110 万元，增值税税额为 18.7 万元。假定商品已验收入库，款项已经支付。

借：财务费用 20 000
　　贷：其他应付款 20 000
借：库存商品 800 000
　　贷：发出商品 800 000
借：其他应付款 1 100 000
　　应交税费——应交增值税（进项税额） 187 000
　　贷：银行存款 1 287 000

二、提供劳务收入

提供劳务收入是指企业从事建筑安装、修理修配、交通运输、仓储租赁、金融保险、邮电通信、咨询经纪、文化体育、科学研究、技术服务、教育培训、餐饮住宿、中介代理、卫生保健、社区服务、旅游、娱乐、加工，以及其他劳务服务活动取得的收入。提供劳务收入的确认应满足下列条件。

(一) 提供劳务的交易结果能够可靠估计

▶1. 提供劳务的交易结果能够可靠估计的条件

提供劳务的交易结果能否可靠估计，依据以下条件进行判断。如同时满足下列条件，则表明提供劳务交易的结果能够可靠地估计：收入的金额能够可靠地计量；相关的经济利益很可能流入企业；交易的完工进度能够可靠地确定。

企业确定提供劳务交易的完成进度，通常可以选用下列方法：已完工的测量、已经提供的劳务占应提供劳务总量的比例，以及已经发生的成本占估计总成本的比例。交易中已发生和将要发生的成本能够可靠地计量。

▶2. 完工百分比法的具体应用

企业应当按照从接受劳务方已收或应收的合同或协议价款确定提供劳务收入总额，但已收或应收的合同或协议价款不公允的除外。

在采用完工百分比法确认收入时，收入和相关成本应按以下公式计算：

本期确认的收入＝提供劳务收入总额×完工进度－
以前会计期间累计已确认提供劳务收入

本期确认的成本＝提供劳务预计成本总额×完工进度－
以前会计期间累计已确认提供劳务成本

【例9-8】 国泰公司于2017年12月1日接受一项设备安装任务，安装期为三个月，合同总收入6 000 000元，至12月31日已预收安装费440 000元，实际发生安装费280 000元(假定均为安装人员薪酬)，估计还会发生120 000元。假定国泰公司按实际发生的成本占总成本的比例确定劳务的完工进度。

1. 计算

实际发生的成本占估计总成本的比例＝280 000/(280 000＋120 000)＝70%

2016年2月28日确认的提供劳务收入＝600 000×70%－0＝420 000(元)

2016年12月31日结转的提供劳务成本＝(280 000＋120 000)×70%＝280 000(元)

2. 账务处理

(1) 实际发生劳务成本时：

借：劳务成本　　　　　　　　　　　　　　　　　　　　　　280 000
　　贷：应付职工薪酬　　　　　　　　　　　　　　　　　　　　280 000

(2) 预收劳务款时：

借：银行存款　　　　　　　　　　　　　　　　　　　　　　440 000
　　贷：预收账款　　　　　　　　　　　　　　　　　　　　　　440 000

(3) 2017年12月31日确认提供劳务收入并结转劳务成本时：

借：应收账款　　　　　　　　　　　　　　　　　　　　　　420 000
　　贷：主营业务收入　　　　　　　　　　　　　　　　　　　　420 000
借：主营业务成本　　　　　　　　　　　　　　　　　　　　280 000
　　贷：劳务成本　　　　　　　　　　　　　　　　　　　　　2 800 000

(二) 提供劳务交易结果不能可靠估计

企业在资产负债表日提供劳务交易结果不能够可靠估计的，应当根据不同情况分别处理。

(1) 已经发生的劳务成本预计能够得到补偿的,应当按照已经发生的劳务成本金额确认提供劳务收入,并按相同金额结转劳务成本。

(2) 已经发生的劳务成本预计只能部分得到补偿的,应当按照能够得到补偿的劳务成本金额确认收入,并按已经发生的劳务成本结转劳务成本。

(3) 已经发生的劳务成本预计全部不能得到补偿的,应当将已经发生的劳务成本计入当期损益,不确认提供劳务收入。

【例9-9】国泰公司于2016年12月25日接受乙公司委托,为其培训一批学员,培训期为6个月,2017年1月1日开学。协议约定,乙公司应向国泰公司支付培训费总额为60 000元,分三次等额支付:第一次在开学时预付,第二次在2017年3月1日支付,第三次在培训结束时支付。2017年1月1日,乙公司预付第一次培训费。截至2017年2月28日,国泰公司发生培训费成本为30 000元(假定均为培训人员薪酬)。2016年3月1日,国泰公司得知乙公司发生困难,后两次培训费是否收回难以确定。国泰公司账务处理如下:

(1) 2017年1月1日收到乙公司预付的培训费时:

借:银行存款　　　　　　　　　　　　　　　　　　　　20 000
　　贷:预收账款　　　　　　　　　　　　　　　　　　　20 000

(2) 实际发生培训支出30 000元时:

借:劳务成本　　　　　　　　　　　　　　　　　　　　30 000
　　贷:应付职工薪酬　　　　　　　　　　　　　　　　　30 000

(3) 2017年3月1日确认提供劳务收入并结转劳务成本时:

借:预收账款　　　　　　　　　　　　　　　　　　　　20 000
　　贷:主营业务收入　　　　　　　　　　　　　　　　　20 000
借:主营业务成本　　　　　　　　　　　　　　　　　　30 000
　　贷:劳务成本　　　　　　　　　　　　　　　　　　　30 000

(三) 同时销售商品和提供劳务交易

企业与其他企业签订的合同或协议包括销售商品和提供劳务时,销售商品部分和提供劳务部分能够区分且能够单独计量的,应当将销售商品的部分作为商品处理,将提供劳务的部分作为提供劳务处理。

销售商品部分和提供劳务部分不能够区分,或虽能区分但不能单独计量的,应当将销售商品部分和提供劳务部分全部作为销售商品处理。

(四) 特殊劳务交易

下列提供劳务满足收入确认条件的,应按规定确认收入。

(1) 安装费,在资产负债表日根据安装的完工进度确认收入。安装工作是商品销售附带的条件,安装费在确认商品销售实现时确认收入。

(2) 宣传媒介的收费,在相关的广告或商业行为开始出现于公众面前时确认收入。广告的制作费,在资产负债表日根据制作广告的完工进度确认收入。

(3) 为特定客户开发软件的收费,在资产负债表日根据开发的完工进度确认收入。

(4) 包括在商品售价内可区分的服务费,在提供服务的期间内分期确认收入。

(5) 艺术表演、招待宴会和其他特殊活动的收费,在相关活动发生时确认收入。收费涉及几项活动的,预收的款项应合理分配给每项活动,分别确认收入。

(6) 申请入会费和会员费只允许取得会籍，所有其他服务或商品都要另行收费的，在款项收回不存在重大不确定性时确认收入，申请入会费和会员费能使会员在会员期内得到各种服务或商品，或者以低于非会员的价格销售商品或提供服务的，在整个受益期内分期确认收入。

(7) 属于提供设备和其他有形资产的特许权费，在交付资产或转移资产所有权时确认收入；属于提供初始及后续服务的特许权费，在提供服务时确认收入。

(8) 长期为客户提供重复的劳务收取的劳务费，在相关劳务活动发生时确认收入。

三、让渡资产使用权收入的确认和计量

如果合同或协议规定一次性收取使用费，且不提供后续服务的，应当视同销售该项资产一次性确认收入；提供后续服务的，应在合同或协议规定的有效期内分期确认收入。如果合同或协议规定分期收取使用费的，应按合同或协议规定的收款时间和金额或规定的收费方法计算确定的金额，分期确认收入。

(一) 让渡资产使用权收入的确认

让渡资产使用权收入主要包括：①利息收入，主要是指金融企业对外贷款形成的利息收入，以及同业之间发生往来形成的利息收入等；②使用费收入，主要是指企业转让无形资产(如商标权、专利权、专营权、版权)等资产的使用权形成的使用费收入。

让渡资产使用权收入同时满足下列条件的，才能予以确认：①相关的经济利益很可能流入企业；②收入的金额能够可靠地计量。

(二) 让渡资产使用权收入的计量

▶ 1. 利息收入

企业应在资产负债表日，按照他人使用本企业货币资金的时间和实际利率计算确定利息收入金额。按计算确定的利息收入金额，借记"应收利息""银行存款"等科目，贷记"利息收入""其他业务收入"等科目。

【例 9-10】甲商业银行于 2017 年 10 月 1 日向乙公司发放一笔贷款 200 万元，期限为 1 年，年利率 5%，甲商业银行发放贷款时没有发生交易费用，该贷款合同利率其实际利率相同。假定甲商业银行按季度编制财务报表，不考虑其他因素。甲商业银行的账务处理如下：

(1) 2017 年 10 月 1 日对外贷款时：

借：贷款　　　　　　　　　　　　　　　　　　　　2 000 000
　　贷：吸收存款　　　　　　　　　　　　　　　　　　2 000 000

(2) 2017 年 12 月 31 日确认利息收入时：

借：应收利息　　　　　　　　　　　　　　　　　　　　25 000
　　贷：利息收入　　　　　　　　　　　　　　　　　　　25 000

▶ 2. 使用费收入

使用费收入应当按照有关合同或协议约定的收费时间和方法计算确定。如果合同或协议规定一次性收取使用费，且不提供后续服务的，应当视同销售该项资产一次性确认收入；提供后续服务的，应在合同或协议规定的有效期内分期确认收入。如果合同或协议规定分期收取使用费的，应按合同或协议规定的收款时间和金额或规定的收费方法计算确定

的金额分期确认收入。

第二节 费用会计

一、费用的含义

广义的费用泛指公司、企业在生产和销售商品，提供劳务等生产经营过程中所产生的各种耗费。公司、企业要进行生产经营活动必然相应地发生一定的费用。费用是经营成果的扣除要素，收入扣除相应费用后形成一定期间的利润。费用产生于过去的交易或事项，它可以表现为资产的减少或负债的增加。费用通常分为生产成本和期间费用。生产成本即产品生产成本，由直接材料、直接人工和制造费用三个成本项目组成；期间费用包括管理费用、销售费用和财务费用。注意，费用和支出是两个不同的概念，支出概念比费用概念范围大，支出分为有效益和没有效益两种，有效益的支出形成资产或成为费用，如购买材料形成存货资产、支付总经理工资形成管理费用；无效益的支出则形成损失，如因交通事故支付给对方的赔偿款。狭义的费用仅指与本期营业收入项配比的那部分耗费。费用应按照权责发生制和配比原则确认，凡属于本期发生的费用不论其款项是否支付，均确认为本期费用；反之，则不属于本期发生的费用，即使其款项已在本期支付，也不确认为本期费用。

二、费用的确认

费用的确认指何时、以何种金额登记本期发生的费用。费用的确认，主要依据的是费用配比原则。传统会计观念认为，费用是产生营业收入所花费的努力，因此，收入和费用是密切相关的，确认费用必须与收入的确认配合在一起进行，因而费用的确认亦称为费用的配比。费用的确认主要有三种方式：按配比原则加以确认、按分配方法加以确认和直接确认。

在确认费用时，首先应当划分生产费用和非生产费用。生产费用是指与企业日常活动有关的费用，如生产产品所发生的原材料费用、人工费用等；非生产费用是指不应由生产费用负担的费用，如构建固定资产所发生的费用。其次，应分清生产费用与产品成本的界限。生产费用与一定的时期相联系，而与生产产品无关；产品成本与一定品种和熟练的产品相联系，而不论发生在哪一期。最后，应当分清生产费用和期间费用的界限。生产费用应当计入产品成本；而期间费用直接计入当期损益。

三、费用的核算

（一）管理费用

管理费用是指企业为组织和管理企业生产经营所发生的管理费用，包括企业在筹建期间的开办费、董事会和行政管理部门在企业的经营管理中发生或者应由企业统一负担的公司经费、工会费用、中介费、咨询费、土地使用税、印花税、研究费用、排污费及企业生产车间和行政管理部门发生的固定资产修理费。

【例 9-11】国泰公司 8 月份发生以下管理费用：以银行存款支付业务招待费 7 200 元；计提管理部门使用的固定资产折旧 8 000 元；分配管理人员工资 12 000 元，提取职工福利费 1 680 元；计提应交城镇土地使用税 3 500 元；摊销无形资产 2 000 元，月末结转管理费用。

(1) 支付业务招待费：

借：管理费用——业务招待费　　　　　　　　　　　　　　　　7 200
　　贷：银行存款　　　　　　　　　　　　　　　　　　　　　　7 200

(2) 计提折旧费：

借：管理费用　　　　　　　　　　　　　　　　　　　　　　　8 000
　　贷：累计折旧　　　　　　　　　　　　　　　　　　　　　　8 000

(3) 分配工资及计提福利费：

借：管理费用——工资及福利费　　　　　　　　　　　　　　　13 680
　　贷：应付职工薪酬　　　　　　　　　　　　　　　　　　　　13 680

(4) 计提应交城镇土地使用税：

借：管理费用——城镇土地使用税　　　　　　　　　　　　　　3 500
　　贷：应交税费——应交城镇土地使用税　　　　　　　　　　　3 500

(5) 摊销无形资产：

借：管理费用——无形资产摊销　　　　　　　　　　　　　　　2 000
　　贷：无形资产　　　　　　　　　　　　　　　　　　　　　　2 000

(6) 结转管理费用：

借：本年利润　　　　　　　　　　　　　　　　　　　　　　　34 380
　　贷：管理费用　　　　　　　　　　　　　　　　　　　　　　34 380

(二) 销售费用

销售费用是指企业在销售商品和材料、提供劳务的过程中发生的各种费用，包括企业在销售过程中发生的保险费、包装费、展览费和广告费、运输费和装卸费等，以及为销售本企业商品而专设的销售机构的职工薪酬、业务费、折旧费、固定资产修理费等费用。

【例 9-12】国泰公司 8 月份发生的销售费用包括：以银行存款支付广告费 5 000 元；以现金支付应由公司负担的销售费用；笔记本电脑的运输费 800 元；本月分配给专设销售机构的职工工资 4 000 元，提取的职工福利费 560 元。月末将全部销售费用结转。

(1) 支付广告费：

借：销售费用——广告费　　　　　　　　　　　　　　　　　　5 000
　　贷：银行存款　　　　　　　　　　　　　　　　　　　　　　5 000

(2) 支付运输费：

借：销售费用——运输费　　　　　　　　　　　　　　　　　　800
　　贷：银行存款　　　　　　　　　　　　　　　　　　　　　　800

(3) 分配职工工资及提取福利费：

借：销售费用——工资及福利费　　　　　　　　　　　　　　　4 560

      贷：应付职工薪酬   4 560
（4）月末结转销售费用：
借：本年利润   10 360
    贷：销售费用   10 360

（三）财务费用

财务费用是指企业为筹集生产经营所需资金而发生的筹集费用，包括利息支出、汇兑损益，以及相关的手续费、企业发生的现金折扣或收到的现金折扣等。

【例 9-13】中石油 8 月份发生如下事项：接到银行通知，已划拨本月银行借款利息5 000元；银行转来存款利息2 000元。月末结转财务费用。

（1）划拨本月银行借款利息：
借：财务费用——利息支出   5 000
    贷：银行存款   5 000
（2）银行转来存款利息：
借：银行存款   2 000
    贷：财务费用   2 000
（3）月末结转财务费用：
借：本年利润   3 000
    贷：财务费用   3 000

第三节 利润会计

利润是企业在一定期间的经营成果，是企业的收入减去有关的成本与费用后的差额。收入大于成本费用即盈利，小于成本费用即亏损。利润通常包括营业利润、投资净收益和营业外收支净额等几部分。

营业利润是反映公司、企业营业活动的财务成果，包括主营业务利润和其他业务利润。

投资净收益反映公司、企业投资活动的财务成果，是投资收益和投资损失相抵后的余额。

营业外收支净额是反映与公司、企业正常生产经营活动无关的那些活动所形成的收支，是营业外收入和营业外支出相抵后的余额。

一、利润总额

按总括收益观点，企业的利润总额包括产品销售利润、投资净收益和营业外净收入三部分。其中，产品销售利润等于产品销售收入减去产品销售成本、产品销售费用及产品销售税金及附加；其他业务利润为其他业务收入与其他业务支出之差；投资净收益等于投资收益减去投资损失；营业外净收入等于营业外收入减去营业外支出。产品销售利润加上其他业务利润减去管理费用与财务费用构成营业利润（按当期经营观点，营业利润再加上投资净收益就形成企业的利润总额),营业利润加上投资净收益、营业外净收入及以前年度损益调整就最后形成企业的利润总额。

$$营业利润=营业收入-营业成本-营业税费-期间费用-资产减值损失+公允价值变动净损益+投资净收益$$

$$利润总额=营业利润+营业外收入-营业外支出$$

$$净利润=利润总额-所得税费用$$

二、营业外收支的核算

▶ 1. 营业外收入的核算

营业外收入是指企业发生的与生产经营无直接关系的各项收入,包括处理固定资产净收益、罚没收入、教育费附加返还款等。"营业外收入"账户结构如下:

借方	营业外收入	贷方
期末转入"本年利润"		发生营业外收入(损益)

▶ 2. 营业外支出的核算

营业外支出是指企业发生的与生产经营无直接关系的各项支出,包括固定资产盘亏、处置固定资产净损失、非常损失、罚款支出、捐赠支出等。"营业外支出"账户结构如下:

借方	营业外支出	贷方
发生营业外支出(损益)		期末转入"本年利润"

三、本年利润的核算

本年利润是企业为了在一个账户中计算本年企业所实现的经营成果而专门设置的一个汇集类账户。它属于所有者权益科目。"本年利润"账户结构如下:

借方	本年利润	贷方
支出类账户转入数		收入类账户转入数
月末余额:年内累计亏损 年终全年利润转入"利润分配——未分配利润"		月末余额:年内累计净利润 年终全年亏损转入"利润分配——未分配利润"
		年终无余额

第九章 收入、费用、利润会计

> 同步检测练习

一、名词解释

收入　营业收入　营业外收入　其他业务收入　劳务收入　其他业务成本　营业外支出

二、单项选择题

1. 根据《企业会计准则》的规定，企业支付的税款滞纳金应当计入(　　)。
   A. 财务费用　　　　　　　　　　B. 其他业务支出
   C. 营业外支出　　　　　　　　　D. 营业费用

2. 企业对于已经发生但尚未确认销售收入的商品成本，应借记的会计科目是(　　)。
   A. 在途物资　　　　　　　　　　B. 库存商品
   C. 主营业务成本　　　　　　　　D. 发出商品

3. 对于在合同中规定了买方有权退货条款的销售，如无法合理确定退货的可能性，则符合商品销售收入确认条件的时点是(　　)。
   A. 发出商品时　　　　　　　　　B. 收到货款时
   C. 签订合同时　　　　　　　　　D. 买方正式接受商品或退货期满时

4. 下列各项中，应当计入工业企业产品成本的是(　　)。
   A. 销售费用　　　　　　　　　　B. 管理费用
   C. 财务费用　　　　　　　　　　D. 制造费用

5. 某企业只生产一种产品。2017年4月1日期初在产品成本3.5万元，4月份发生如下费用：生产领用材料6万元，生产工人工资2万元，制造费用1万元，管理费用1.5万元，广告费0.8万元；月末在产品成本3万元。该企业4月份完工产品的生产成本为(　　)万元。
   A. 8.3　　　　　　　　　　　　 B. 9
   C. 9.5　　　　　　　　　　　　 D. 11.8

6. 企业按规定计算缴纳的下列税金，应当计入相关资产成本的是(　　)。
   A. 房产税　　　　　　　　　　　B. 城镇土地使用税
   C. 城市维护建设税　　　　　　　D. 车辆购置税

7. 某企业2017年度利润总额为315万元，其中国债利息收入为15万元。当年按税法核定的全年计税工资为250万元，实际分配并发放工资为230万元。假定该企业无其他纳税调整项目，适用的所得税税率为33%。该企业2017年所得税费用为(　　)万元。
   A. 92.4　　　　　　　　　　　　B. 99
   C. 105.6　　　　　　　　　　　 D. 181.5

8. 企业取得与收益相关的政府补助，用于补偿已发生相关费用的，直接计入补偿当期的(　　)。
   A. 资本公积　　　　　　　　　　B. 营业外收入
   C. 其他业务收入　　　　　　　　D. 主营业务收入

9. 某企业年初未分配利润为100万元，本年净利润为1 000万元，按10%计提法定盈余公积，按5%计提任意盈余公积，宣告发放现金股利为80万元，该企业期末未分配利润为( )万元。
A. 855 B. 867
C. 870 D. 874

10. 某企业2017年2月主营业务收入为100万元，主营业务成本为80万元，管理费用为5万元，资产减值损失为2万元，投资收益为10万元。假定不考虑其他因素，该企业当月的营业利润为( )万元。
A. 13 B. 15
C. 18 D. 23

三、多项选择题

1. 根据《企业会计准则》的规定，下列各项中，应计入企业产品成本的有( )。
A. 生产工人的工资 B. 车间管理人员的工资
C. 企业行政管理人员的工资 D. 6个月以上病假人员的工资

2. 企业在计提下列各项减值准备时，应通过"管理费用"科目核算的有( )。
A. 坏账准备 B. 存货跌价准备
C. 长期投资减值准备 D. 固定资产减值准备

3. 企业发生的下列各项利息支出，可能计入财务费用的有( )。
A. 应付债券的利息 B. 短期借款的利息
C. 带息应付票据的利息 D. 筹建期间的长期借款利息

4. 下列各项中，影响企业营业利润的有( )。
A. 管理费用 B. 财务费用
C. 所得税费用 D. 商品销售成本

5. 下列各项费用中，不应计入产品生产成本的有( )。
A. 营业费用 B. 管理费用
C. 财务费用 D. 制造费用

6. 企业发生的下列费用中，应计入管理费用的有( )。
A. 广告费 B. 业务招待费
C. 矿产资源补偿费 D. 研究与开发费

7. 下列各项中，影响营业利润的项目有( )。
A. 已销商品成本 B. 原材料销售收入
C. 出售固定资产净收益 D. 转让股票所得收益

8. 企业跨期提供劳务的，期末可以按照完工百分比法确认收入的条件包括( )。
A. 劳务总收入能够可靠地计量 B. 相关的经济利益能够流入企业
C. 劳务的完成程度能够可靠地确定 D. 劳务总成本能够可靠地计量

9. 下列各项中，属于期间费用的有( )。
A. 行政管理人员工资 B. 生产工人工资
C. 销售人员工资 D. 季节性停工损失

10. 下列各项中，不影响工业企业营业利润的有( )。
A. 计提的工会经费 B. 发生的业务招待费
C. 收到退回的所得税 D. 处置投资取得的净收益

四、判断题

1. 企业为客户提供的现金折扣应当在实际发生时冲减当期收入。（　）
2. 在分期收款销售方式下，企业应按照合同约定的收款日期分期确认销售收入。（　）
3. 企业对于跨年度且期末能对交易结果做出可靠估计的劳务，应采用完工百分比法确认收入。（　）
4. 企业报销离退休人员的医药费，应在应付福利费列支。（　）
5. 企业在确认商品销售收入后发生的销售折让，应在实际发生时计入财务费用。（　）
6. 企业劳务的开始和完成分属于不同的会计期间，且在资产负债表日提供劳务交易的结果能够可靠估计的，应采用完工百分比法确认劳务收入。（　）
7. 企业发生毁损的固定资产的净损失，应计入营业外支出。（　）
8. 企业出售原材料取得的款项扣除其成本及相关费用后的净额，应当计入营业外收入或营业外支出。（　）

五、简答题

1. 简述收入确认的条件。
2. 对于跨年度劳务收入的确认和计量应如何进行？
3. 在确认他人使用本企业资产所取得的收入时应遵循的原则是什么？
4. 简述完工百分比法在收入确认中的运用。
5. 什么是劳务收入？劳务收入应如何进行确认与计量？
6. 简述产品成本与费用的联系与区别。
7. 简述费用归集与分配的一般规律。
8. 简述间接费用与期间费用的不同点。
9. 简述所得税会计的重要意义。
10. 简述产品成本核算的意义及其特点。

六、业务处理题

1. 甲企业为增值税一般纳税人，增值税税率为17%。采用备抵法核算坏账。2017年12月1日，甲企业"应收账款"科目借方余额为500万元，"坏账准备"科目贷方余额为25万元，计提坏账准备的比例为期末应收账款余额的5%。

12月份，甲企业发生如下相关业务：

(1) 12月5日，向乙企业赊销商品一批，按商品价目表标明的价格计算的金额为1 000万元（不含增值税），由于是成批销售，甲企业给予乙企业10%的商业折扣。

(2) 12月9日，一个客户破产，根据清算程序，有应收账款40万元不能收回，确认为坏账。

(3) 12月11日，收到乙企业的销货款500万元，存入银行。

(4) 12月21日，收到2016年已转销为坏账的应收账款10万元，存入银行。

(5) 12月30日，向丙企业销售一批商品，增值税专用发票上注明的售价为100万元，增值税税额为17万元。甲企业为了及早收回货款而在合同中规定的现金折扣条件为：2/10，1/20，n/30。（假定现金折扣不考虑增值税）

要求：
(1) 编制甲企业上述业务的会计分录。
(2) 计算甲企业本期应计提的坏账准备并编制会计分录。
("应交税金"科目要求写出明细科目和专栏名称)

2. 甲上市公司为增值税一般纳税人，库存商品采用实际成本核算，商品售价不含增值税，商品销售成本随销售同时结转。2017年3月1日，W商品账面余额为230万元。2017年3月发生的有关采购与销售业务如下：

(1) 3月3日，从A公司采购W商品一批，收到的增值税专用发票上注明的货款为80万元，增值税为13.6万元。W商品已验收入库，款项尚未支付。

(2) 3月8日，向B公司销售W商品一批，开出的增值税专用发票上注明的售价为150万元，增值税为25.5万元，该批W商品实际成本为120万元，款项尚未收到。

(3) 销售给B公司的部分W商品由于存在质量问题，3月20日B公司要求退回3月8日所购W商品的50%，经过协商，甲上市公司同意了B公司的退货要求，并按规定向B公司开具了增值税专用发票（红字），发生的销售退回允许扣减当期的增值税销项税额，该批退回的W商品已验收入库。

(4) 3月31日，经过减值测试，W商品的可变现净值为230万元。

要求：
(1) 编制甲上市公司上述(1)、(2)、(3)项业务的会计分录。
(2) 计算甲上市公司2017年3月31日W商品的账面余额。
(3) 计算甲上市公司2017年3月31日W商品应确认的存货跌价准备并编制会计分录。

("应交税费"科目要求写出明细科目和专栏名称)

3. 东方公司2017年11月发生下列经济业务：

(1) 11月6日，按规定报销行政管理部门差旅费850元，以现金支付。

(2) 11月9日，公司开出转账支票一张，购买账册须支付印花税450元。

(3) 11月13日，公司开出转账支票一张，支付水电费，金额3 800元。其中，生产车间2 000元，行政管理部门1 800元。

(4) 11月15日，公司用银行存款支付销售产品的运输费、途中保险费、包装费，合计8 500元。

(5) 11月25日，公司收到银行转来的利息通知，公司银行存款利息收入3 300元已存入银行存款账户。

(6) 公司按规定预提当期短期借款利息4 200元。

(7) 11月30日，公司材料费用分配表情况如下：本月生产产品耗用60 000元，生产车间耗用3 000元；行政管理部门耗用材料5 000元；专营销售机构耗用材料3 000元。

(8) 11月30日，根据公司工资及福利费分配表所列，本月份基本生产车间生产产品的生产人员工资28 500元，提取福利费3 990元；车间管理人员工资10 000元，提取的职工福利费1 400元；行政管理部门人员的工资8 000元，提取的职工福利费1 120元；专营销售机构人员的工资2 000元，提取的职工福利费280元。

(9) 11月30日，公司本月共发生折旧费用8 500元。其中，基本生产车间5 200元，辅助生产车间 1 100 元，行政管理部门 1 800 元，专营销售机构 400 元。

（10）11 月 30 日，结转"管理费用""营业费用""财务费用"科目的余额。

要求：根据所发生的经济业务编制会计分录。

4．某企业出售、报废和毁损的固定资产的净收益 5 000 元，转入营业外收入。

5．某企业盘盈材料 27 000 元，按规定进行结转。

6．某公司盘亏材料 3 400 元，按规定予以转销。

第十章 所有者权益会计

引导案例

宝通股份有限公司利润分配概况

宝通股份有限公司 2015 年度实现的税后利润为 50 000 000 元。股东代表大会通过的利润分配方案如下：

(1) 决定提取 10% 的税后利润作为法定盈余公积金，8% 的税后利润作为任意盈余公积金。

(2) 从 2015 年度的税后利润 50 000 000 元中提取 8% 的法定公益金。

(3) 决定每 10 股普通股派发 0.30 元的现金股利，共计 12 000 000 元，另每 10 股普通股送 2 股红股，共计 10 000 000 元。

截至 2016 年 6 月 30 日，提取的法定盈余公积金中的 2 000 000 元用于转赠股本，任意盈余公积中的 2 000 000 元用于派发股利，1 000 000 元用于弥补以前年度的亏损。2016 年 1—6 月，共动用法定公益金 3 500 000 元购买职工宿舍。

讨论与思考：

1. 编写有关盈余公积的提取和使用的会计分录。
2. 编写有关法定公益金的提取和使用的会计分录。
3. 编写有关未分配利润的会计分录。

第一节 实收资本

按照我国有关法律规定，投资者设立企业首先必须投入资本。实收资本是投资者投入资本形成法定资本的价值。最初企业成立时，表现为企业在工商局注册时的注册资本（是投资人投入企业的"本钱"，原始份额），企业在运营过程中还有可能包括各种资本转增实收资本的部分。例如，A 企业将资本公积 1 000 000 元，盈余公积 500 000 转增资本，要注意这是所有者权益内部的增减变化，总的所有者权益并没有变化，这就像是把左口袋的钱放到右口袋，整个钱数总额一分也没有增加。之所以要转增实收资本，一方面，通过转增这种信号传递给投资者资本实力雄厚、资本在不断壮大的信息；另一方面，我国《公司法》明文规定，只有转增为股本，也就是实收资本，才算资本保值增值，实现资本积累。则 A 企业处理如下：

借：资本公积　　　　　　　　　　　　　　　　　　　　　1 000 000
　　盈余公积　　　　　　　　　　　　　　　　　　　　　　500 000
　贷：实收资本　　　　　　　　　　　　　　　　　　　　　1 500 000

实收资本的构成比例，即投资者的出资比例或股东的股份比例，通常是确定所有者在企业所有者权益中所占的份额和参与企业财务经营决策的基础，也是企业进行利润分配或股利分配的基础，同时还是企业清算时确定所有者对净资产要求权的依据。实收资本份额的高低代表业主剩余索取权的高低。在股份有限公司，实收资本为股本。

企业的实收资本包括国家、单位、个人对企业的各种投资。所有者向企业投入的资本，在一般情况下无须偿还，可以长期周转使用。

一、实收资本的确认

企业应按照企业章程、合同、协议或有关规定，根据实际收到的货币、实物及无形资产来确认投入资本。设立公司必须经过中国注册会计师进行验资：①对于以货币投资的，主要根据收款凭证加以确认与验证。对于外方投资者的外汇投资，应取得投资来源地外汇管理局的证明。②对于以房屋建筑物、机器设备、材料物资等实物资产作价出资的，应以各项有关凭证为依据进行确认，并应进行实物清点、实地勘察以核实有关投资，房屋建筑物应具备产权证明。③对于以专利权、专有技术、商标权、土地使用权等无形资产作价出资的，应以各项有关凭证及文件资料作为确认与验证的依据。外方合营者出资的工业产权与专有技术，必须符合规定的条件。

投资者以现金投入的资本，应以实际收到或者存入企业开户银行的金额，借记"银行存款"科目，贷记"实收资本"科目和"资本公积"科目，所有者权益项目增加都在贷方，减少在借方。

投资者以非现金资产投入的资本，应按投资各方确认的价值，借记有关资产科目，贷记"实收资本"科目和"资本公积"科目。投资者投入的无形资产，按投资各方确认的价值作为实际成本。但是，为首次发行股票而接受投资者投入的无形资产，应按该无形资产在投资方的账面价值作为实际成本。

外商投资企业的投资者投入的外币，合同约定汇率的，按合同约定的汇率折合，企业应以收到外币当日的即期汇率折合的人民币金额，借记"银行存款"等科目，贷记"实收资本"科目。

股份有限公司投入股本业务是通过"股本"科目核算的。公司收到股东投入的股本及分配股票股利时，计入该科目的贷方；公司按法定程序报经批准减少注册资本的，在实际发还股款、注销股本或收购股票时，计入该科目的借方。该科目的余额在贷方，表示股东的股本总额。股本科目应按不同的股东设置明细科目。由于股份有限公司有新设立的，也有原企业改组的，这就决定了在投入股本核算上必有差别。

二、实收资本的核算

由于企业组织形式不同，所有者投入资本的会计核算方法也有所不同。除股份有限公司对股东投入资金应设置"股本"科目外，其余企业均设置"实收资本"科目核算企业实际收到的投资者投入的资本。

"实收资本"账户贷方反映企业实际收到的投资者缴付的资本，借方反映企业按法定程序减资时所减少的注册资本数额。简而言之，"实收资本"这个科目，贷方记增加数，借方记减少数，余额在贷方，反映投资者投入企业的资本总额。"实收资本"账户按投资者设置明细账。企业除通过"实收资本"总账和明细账进行实收资本核算外，还需设置股东名册，详细登记股东姓名或名称、住所及出资额等。

投资人可以用现金投资，也可以用现金以外的其他有形资产投资；符合国家规定比例的，还可以用无形资产投资。企业收到投资时，一般应做如下会计处理：①收到投资人投入的现金，应在实际收到或者存入企业开户银行时，按实际收到的金额，借记"库存现金""银行存款"科目，贷记"实收资本"科目；②收到投资人以实物资产投资的，应在办理实物产权转移手续时，借记有关资产科目，贷记"实收资本"科目；③收到投资人以无形资产投资的，应按照合同、协议或公司章程规定，移交有关凭证时，借记"无形资产"科目，贷记"实收资本"科目。

企业增加资本的途径如下。

（1）将资本公积转为实收资本。会计上应借记"资本公积"科目，贷记"实收资本"科目。

（2）将盈余公积转为实收资本。在会计上应借记"盈余公积"科目，贷记"实收资本"科目。这里要注意的是，资本公积和盈余公积均属于所有者权益，转为实收资本时，如为独资企业则比较简单，直接结转即可；如为股份公司或有限责任公司，应按原投资者所持股份同比例增加各股东的股权，股份公司具体可以采取发放新股的办法。

（3）所有者（包括原企业所有者和新投资者）投入。企业应在收到投资者投入的资金时，借记"银行存款""固定资产"等科目，贷记"实收资本"等科目。

（一）实收资本增加的核算

▶ 1. 股东以现金投入

股东以现金投入的资本，应以实际收到或存入企业开户银行的金额作为实收资本入账。

【例10-1】国泰公司收到丙股东投入的货币资金1 000 000元，款项已经收妥入账。其会计分录如下：

借：银行存款　　　　　　　　　　　　　　　　　　　　　　　　1 000 000
　　贷：实收资本　　　　　　　　　　　　　　　　　　　　　　　　1 000 000

▶ 2. 外商以外币出资

外商投资企业的股东投入外币，企业在处理外币交易和对外币财务报表进行折算时，应当采用交易发生日的即期汇率将外币金额折算为记账本位币金额反映；也可以采用按照系统合理的方法确定的、与交易发生日即期汇率近似的汇率折算。

即期汇率，通常是指中国人民银行公布的当日人民币外汇牌价的中间价。企业发生的外币兑换业务或涉及外币兑换的交易事项，应当按照交易实际采用的汇率（即银行买入价或卖出价）折算。

【例10-2】国泰公司收到A股东（外商）投入的外币100 000美元，收到投资当日汇率为1∶7.0，账务处理如下：

借：银行存款——美元户　　　　　　　　　　　　　　　　　　　700 000
　　贷：实收资本——乙股东　　　　　　　　　　　　　　　　　　　700 000

▶ 3. 以非现金资产出资

企业接受的实物资产和无形资产投资，应按评估或双方确定的价值（或实物的发票价值）及相关的税金作为实收资本入账。同时借记"固定资产""原材料""无形资产"等科目，贷记"实收资本"科目，对于资产价值超过其在注册资本中所占有的份额，计入"资本公积——资本溢价"科目。

【例10-3】某企业收到C股东投入的原材料一批，评估确认不含税价值为200 000元，增值税专用发票列明税款为34 000元。该企业接受投资时的会计分录如下：

借：原材料　　　　　　　　　　　　　　　　　　　　　　　　　　200 000
　　应交税费——应交增值税（进项税额）　　　　　　　　　　　　　34 000
　　贷：实收资本——丙股东　　　　　　　　　　　　　　　　　　　234 000

【例10-4】A公司由B、C、D三个公司共同投资设立，按出资协议，B公司以现金出资30万元；C公司以一套全新设备出资，增值税发票上注明价款40万元，增值税6.8万元；D公司以现金出资40万元，同时以一项专利权出资，协商确定价值为20万元。A公司接受投资时的会计分录如下：

借：银行存款　　　　　　　　　　　　　　　　　　　　　　　　　700 000
　　固定资产　　　　　　　　　　　　　　　　　　　　　　　　　　468 000
　　无形资产——专利权　　　　　　　　　　　　　　　　　　　　　200 000
　　贷：实收资本——B公司　　　　　　　　　　　　　　　　　　　300 000
　　　　　　　——C公司　　　　　　　　　　　　　　　　　　　468 000
　　　　　　　——D公司　　　　　　　　　　　　　　　　　　　600 000

（二）企业实收资本的变动

▶ 1. 资本公积转增资本

企业将资本公积转增资本时，应按照转增金额，借记"资本公积"账户，贷记"实收资本"账户。

【例10-5】光明公司按法定程序办妥增资手续，以资本公积100 000元转增注册资本。假定不考虑其他因素，光明公司应编制会计分录如下：

借：资本公积　　　　　　　　　　　　　　　　　　　　　　　　　100 000
　　贷：实收资本　　　　　　　　　　　　　　　　　　　　　　　　100 000

▶ 2. 盈余公积转增资本

企业将盈余公积转增资本时，应按照转增金额，借记"盈余公积"账户，贷记"实收资本"账户。

【例10-6】阳光公司因扩大经营规模需要，经股东大会批准，将盈余公积500 000元转

增注册资本。假定不考虑其他因素,阳光公司应编制会计分录如下:

  借:盈余公积   500 000

    贷:实收资本   500 000

(三) 实收资本减少的核算

  企业实收资本减少的原因大体有两种:一是资本过剩;二是企业发生重大亏损而需要减少实收资本。有限责任公司和一般企业发还的投资比较简单,企业按法定程序报经批准减少注册资本的,借记"实收资本"科目,贷记"库存现金""银行存款"等科目。

第二节 资本公积

一、资本公积概述

  资本公积是企业收到的投资者的超出其在企业注册资本所占份额,以及直接计入所有者权益的利得和损失等。资本公积包括资本溢价(股本溢价)和直接计入所有者权益的利得和损失等。资本溢价是企业收到投资者的超出其在企业注册资本(或股本)中所占份额的投资。形成资本溢价(或股本溢价)的原因有溢价发行股票、投资者超额缴入资本等。

  资本公积是投资者或者他人投入企业、所有权归属于投资者,并且金额上超过法定资本部分的资本或者资产。资本公积从形成来源上看,它不是由企业实现的利润转化而来的,从本质上讲应属于投入资本范畴,因此,它与留存收益有根本区别,因为后者是由企业实现的利润转化而来的。基于此,在核算资本公积时,关键的一点是要将其收益项目相区分。也就是资本公积是所有者权益的增加,但却不能像利润那样用来分配给投资者,它可以用来转增资本。

二、资本公积与实收资本(或股本)留存收益的区别

  资本公积与实收资本虽然都属于投入资本范畴,但两者有所区别。

  (1) 实收资本一般是投资者投入的,为了谋求投资利益的法定资本,与企业注册资本相一致,因此,实收资本在来源和资金上,都有严格限制;资本公积有特定来源,另外有些来源形成的资本公积,并不需要由原投资者投入,也并不一定需要谋求投资利益。

  (2) 资本公积与净利润不同。在会计中通常需要划分资本和收益的界限,收益是企业经营活动产生的结果,可分配给股东。资本公积是企业所有者投入资本的一部分,具有资本属性,与企业净利润无关,所以不能作为净利润的一部分。

三、资本公积的组成

  《企业会计准则》中规定,企业形成的资本公积在"资本公积"账户核算。该账户按"资本溢价"和"其他资本公积"两个明细科目进行会计核算。其贷方登记企业资本公积的增加数,借方登记资本公积的减少数,期末余额在贷方,反映企业资本公积实有数。

（一）资本溢价

▶ 1. 一般企业资本溢价

企业创立时，要经过筹建、试生产经营、开辟市场等过程，这种投资具有风险性。当企业进入正常生产经营，资本利润率一般要高于创立阶段，这是企业创立者付出了代价的。所以新加入的投资者要付出大于原投资者的出资额，才能取得与原有投资者相同的投资比例。投资者投入的资本中按其投资比例计算的出资额部分，应计入"实收资本"账户，超出部分计入"资本公积——资本溢价"账户。

▶ 2. 股份有限公司股本溢价

在股票溢价发行时，公司发行股票的收入，相当于股票面值部分计入"股本"账户，超过股票面值的溢价收入（含股票发行冻结期间的利息收入）计入"资本公积"账户。与发行权益性证券直接相关的手续费、佣金等交易费用，借记"资本公积——股本溢价"等账户，贷记"银行存款"等账户。

股份有限公司采用收购本公司股票方式减资的，按股票面值和注销股数计算的股票面值总额，借记"股本"科目，按所注销的库存股的账面余额，贷记"库存股"科目，按其差额，借记"资本公积——股本溢价"账户，股本溢价不足冲减的，应借记"盈余公积""利润分配——未分配利润"科目；购回股票支付的价款低于面值总额的，应按股票面值余额，贷记"库存股"科目，按其差额，贷记"资本公积——股本溢价"科目。股本溢价不足冲减的，应借记"盈余公积""利润分配——未分配利润"科目。

▶ 3. 同一控制下企业合并涉及的资本公积

同一控制下企业合并形成的长期股权投资，应在合并日按取得被合并方所有者权益账面价值的份额，借记"长期股权投资"科目，按享有被投资单位已宣告但尚未发放的现金股利或利润，借记"应收股利"科目，按支付的合并对价的账面价值，贷记有关资产科目或借记有关负债科目，按其差额，贷记或借记"资本公积——资本溢价（股本溢价）"科目；资本公积不足冲减的，应借记"盈余公积""利润分配——未分配利润"科目。

▶ 4. 拨款转入形成的资本公积

《企业会计准则》规定，企业收到国家拨入的专门用于技术改造、技术研究等的拨款项目完成后，形成各项资产的部分，应按实际成本借记"固定资产"等科目，贷记有关科目，同时借记"专项应付款"科目，贷记"资本公积——股本溢价"科目。

（二）其他资本公积

▶ 1. 股权投资价值变动

股权投资价值变动是投资单位对被投资单位的长期股权投资采用权益法核算时，在持股比例不变的情况下，被投资单位除净损益以外所有者权益的其他变动，投资单位按其持股比例计算应享有的份额。企业采用权益法核算长期股权投资时，长期投资的账面价值将随着被投资单位所有者权益的增减而增加或减少，以使长期股权投资的账面价值与应享有被投资单位所有者权益的份额基本保持一致。被投资单位净资产的变动除了实际的净损益会影响净资产外，还有其他原因增加的资本公积，企业应按其持股比例计算应享有的份额，借记"长期股权投资——所有者权益其他变动"账户，贷记"资本公积——其他资本公积"账户。

▶ 2. 自用房地产或存货转换为采用公允价值模式计量的投资性房地产

自用房地产或存货转换为采用公允价值模式计量的投资性房地产时，应按该项房地产在转换日的账面价值，借记"投资性房地产——成本"账户；按已计提的累计摊销或累计折旧，借记"累计摊销""累计折旧"账户；已计提减值准备的，借记"存货跌价准备""无形资产减值准备""固定资产减值准备"账户；按其账面余额，贷记"库存商品""无形资产""固定资产"账户。同时，按该项房地产在转换日的公允价值大于其账面价值的差额，借记"投资性房地产——公允价值变动"账户，贷记"资本公积——其他资本公积"账户。处置投资性房地产时，按该项投资性房地产在转换日计入资本公积的金额，借记"资本公积——其他资本公积"科目，贷记"其他业务收入"科目。

▶ 3. 将持有至到期投资重分类为可供出售金融资产

根据金融工具确认和计量准则，将持有至到期投资重分类为可供出售金融资产，应在重分类日按该项持有至到期投资的公允价值，借记"可供出售金融资产"账户；已计提减值准备的，借记"持有至到期投资减值准备"账户；按其账面余额，贷记"持有至到期投资——成本、利息调整、应计利息"账户；按其差额，贷记或借记"资本公积——其他资本公积"账户。

▶ 4. 将可供出售金融资产重分类为采用成本或摊余成本计量的金融资产

企业根据金融工具确认和计量准则将可供出售金融资产重分类为采用成本或摊余成本计量的金融资产，应在重分类日按可供出售金融资产的公允价值，借记"持有至到期投资"等账户，贷记"可供出售金融资产"账户。对于有固定到期日的，与其相关的原计入"资本公积——其他资本公积"账户的余额，应在该项金融资产的剩余期限内，在资产负债表日，按采用实际利率法计算确定的摊销额，借记或贷记"资本公积——其他资本公积"账户，贷记或借记"投资收益"账户。对于没有固定到期日的，与其相关的原计入"资本公积——其他资本公积"账户的金额，应在处置该项金融资产时，借记或贷记"资本公积——其他资本公积"账户，贷记或借记"投资收益"账户。

▶ 5. 可供出售金融资产的公允价值变动及减值损失

资产负债表日，可供出售金融资产的公允价值高于其账面余额的差额，借记"可供出售金融资产"账户，贷记"资本公积——其他资本公积"账户；公允价值低于其账面余额的差额，做相反的会计分录。确定可供出售金融资产发生减值的，按应减记的金额，借记"资产减值损失"账户，按应从所有者权益中转出原计入资本公积的累计损失金额，贷记"资本公积——其他资本公积"账户，按其差额贷记"可供出售金融资产——公允价值变动"。对于已确认减值损失的可供出售金融资产，在随后的会计期间公允价值上升的，应在原已计提的减值准备金额内，按恢复增加的金额，借记"可供出售金融资产"账户，贷记"资本公积——其他资本公积"账户。

▶ 6. 套期保值产生利得或损失

资产负债表日，满足运用套期会计方法条件的现金流量套期和境外经营净投资套期产生的利得，属于有效套期的，应按套期工具产生的利得借记"套期工具"科目，贷记"公允价值变动损益""资本公积——其他资本公积"等科目；被套期项目产生损失做相反的会计分录。

▶ 7. 递延所得税涉及的资本公积

资产负债表日,预计未来期间很可能无法获得足够的应纳税所得额用以抵扣可抵扣暂时性差异的,按原已确认的递延所得税资产中应减记的金额,借记"所得税费用——递延所得税""资本公积——其他资本公积"等科目,贷记"递延所得税资产"科目。与直接计入所有者权益的交易或事项相关的递延所得税资产,借记"递延所得税资产"科目,贷记"资本公积——其他资本公积"科目。与直接计入所有者权益的交易或事项相关的递延所得税负债,借记"资本公积——其他资本公积"科目,贷记"递延所得税负债"科目。

四、资本公积的主要用途

根据我国《公司法》等法律的规定,资本公积的用途主要是用来转增资本(或股本)。资本公积从本质上讲属于投入资本的范畴,由于我国采用注册资本制度等原因导致了资本公积的产生,所以,将资本公积转增资本可以更好地反映投资者的权益。

资本公积转增资本既没有改变企业的投入资本总额,也没有改变企业的所有者权益(净资产)总额,应不会增加企业的价值,那么,将资本公积转增资本还有何意义和经济影响呢?一种解释是,资本公积转增资本可以改变企业投入资本的结构,体现企业稳健、持续发展的潜力,因为企业实收资本一般不会用于投资者的分配或者用于弥补亏损,即使是在企业破产的情况下,它也将被优先分配给债权人;另一种解释是,对于股份有限公司而言,它会增加投资者持有的股份,从而增加公司股票的流通量,进而可以激活股价,提高股票的交易量和资本的流动性。

为了确保转增的资本公积体现其经济价值,避免虚增资本,对于企业接受的非现金资产的捐赠,以及企业对被投资单位的长期股权投资采用权益法时,因被投资单位接受捐赠等原因增加的资本公积,企业按其投资比例计算而增加的资本公积,考虑到这些资本公积的增加,并非是现金的增加,所以在价值的确定上,往往是公允价值,但在目前我国市场发展尚不充分的情况下,公允价值较难取得,尤其是在许多资产尚未存在活跃市场的情况下。因此,考虑到这些资本公积入账价值的不确定性,出于稳健性原则的考虑,我国对于上述两项资本公积项目,首先将其计入"接受捐赠非现金资产准备"和"股权投资准备"科目,在相关资产处置之前,不得用于转增资本。

五、资本公积的核算

由于不同来源的资本公积的特点不同,所以核算要求也有所不同。以下分别阐述资本公积各项目的核算要求。

(一) 资本(或股本)溢价的核算

资本(或股本)溢价是由企业投资者投入的资金超过了其在注册资本中所占的份额所形成的,那么,为什么投资者会多投入资金呢?以下分为一般企业和股份有限公司分别进行阐述。

▶ 1. 资本(或股本)溢价产生的原因

(1) 一般企业资本溢价产生的原因。一般而言,当企业创立时,出资者认缴的出资额即为其注册资本,应全部计入"实收资本"科目,为此,不会出现资本溢价。但是,当企业重组并有新的投资者加入时,为了维护原投资者的利益,新加入的新投资者投入的资本就不一定全部能作为实收资本处理,其原因主要如下。

① 补偿原投资者在企业资本公积和留存收益中享有的权益。在新投资者加入前,企业所有者权益中,除了原始投资——实收资本外,还有在企业创立后的生产经营过程中实现的利润留在企业所形成的留存收益(包括每年提取的盈余公积和历年未分配利润),甚至还有可能存在接受他人捐赠资产等原因所形成的资本公积。显然,留存收益和资本公积属于原投资者的权益,但没有转入实收资本,然而,如果新投资者一旦加入,则将与原投资者共享该部分权益,为了补偿原投资者的权益损失,新投资者如果需要获得一定的投资比例,就需要付出比原投资者在获取该投资比例时所投入的资本更多的出资额。

② 补偿企业未确认的自创商誉。企业从创立、筹建、生产运行,到开拓市场、构造企业的管理体系等,都会在无形之中增加企业的商誉,进而增加企业的财富,但是在现行会计制度下,出于会计计量上的不确定性和会计稳健性原则等的考虑,企业不能够确认其自创商誉,因此,在企业的所有者权益中,并没有体现因自创商誉而使企业所有者财富增加的部分。然而,如果新投资者加入企业,将毫无疑问地会分享到自创商誉的益处,鉴于自创商誉在创造过程中需要大量的付出,而这些付出又都是原投资者所承担的,因此,根据"谁投资,谁受益"的原则,自创商誉的收益权应该归属于原投资者,如今新投资者要加入企业,分享其收益权,那么,就必须付出更多的投入资本,以补偿原投资者在自创商誉收益权方面的损失。在这种情况下,新投资者投入的资本,也会超过其按投资比例在实收资本中所拥有的部分,从而产生资本公积。

③ 其他原因。在企业重组活动中,除了上述两个原因之外,新投资者为了获得对企业的控制权、行业准入、政策扶持或者所得税优惠等原因,也会导致其投入资本高于其在实收资本中按其投资比例所享有的份额部分,从而产生资本公积。

(2) 股份有限公司股本溢价产生的原因。股份有限公司是以发行股票的方式筹集股本的,股票是企业签发的证明股东按其所持有股份享有的权利和承担的义务的书面证明。在我国采用注册资本制的情况下,根据国家有关规定,股份有限公司的股本总额应该与注册资本相等,而且应当等于股票的面值和股份总数的乘积,并且股票面值统一为1元。

由于股票面值是确定的,股票发行规模在我国一般也是事先确定的,在这种情况下,如果投资者看好企业的发展前景,踊跃认购股票,就会导致股票的发行价格高于股票面值,即出现股票溢价发行的情况。股票溢价发行的原因是多方面的,其中有资金供求关系的原因,有不同投资者对股票价值的评估不同的原因,也有补偿原投资者在企业资本公积留存收益中享有的权益及补偿未确认的自创商誉的原因等。当股票溢价发行时,企业取得的超出股票面值的溢价收入应计入资本公积,新老股东共享。其中,对于委托证券商代理发行股票而支付的手续费、佣金等,由于直接导致了股东权益的减少,所以应首先从溢价收入中予以扣除,企业应按扣除手续费、佣金后的净额,作为资本公积予以确认。

(二) 资本(或股本)溢价的账务处理

▶ 1. 一般企业资本溢价的账务处理

对于一般企业(如有限责任公司等),在收到投资者投入资金时,按实际收到的金额或确定的价值,借记"银行存款""固定资产"等科目,按其在注册资本中所占的份额,贷记"实收资本"科目,按其差额,贷记"资本公积——资本溢价"科目。

【例10-7】丁投资者为了占有F公司注册资本(1 000万元)的20%的份额,投入500万元现金和一套生产线设备,该生产线设备双方确认的价值为1 000万元,F公司已将现金收存银行,并已收到生产线设备。公司应做如下账务处理:

借:银行存款　　　　　　　　　　　　　　　　　　　　5 000 000
　　固定资产　　　　　　　　　　　　　　　　　　　　10 000 000
　　贷:实收资本　　　　　　　　　　　　　　　　　　　2 000 000
　　　　资本公积——资本溢价　　　　　　　　　　　　　13 000 000

▶ 2. 股份有限公司股本溢价的账务处理

对于股份有限公司溢价发行股票的,在收到现金等资金时,按实际收到的金额,借记"现金""银行存款"等科目,按股票面值和核定的股份总额的乘积计算的金额,贷记"股本"科目,按溢价部分,贷记"资本公积——股本溢价"科目。

对于股份有限公司发行股票时支付的手续费或佣金、股票印刷成本等,应首先减去发行股票冻结期间所产生的利息收入。溢价发行的,从股票发行的溢价收入中抵消;无溢价的,或溢价不足以支付的部分,作为长期待摊费用,分期摊销。

【例10-8】D股份有限公司(以下简称D公司)委托长江证券公司代理发行普通股1 000万股,每股面值1元,每股发行价格为5元。公司与证券公司约定,按发行收入的3%收取手续费,从发行收入中扣除。公司已将收到的股款存入银行。D公司应做如下账务处理:

公司收到的股款=1 000×5×(1−3%)=4 850(万元)
应计入"资本公积"科目的金额=溢价收入−发行手续费=1 000×4−150=3 850(万元)

借:银行存款　　　　　　　　　　　　　　　　　　　　48 500 000
　　贷:股本　　　　　　　　　　　　　　　　　　　　　10 000 000
　　　　资本公积——股本溢价　　　　　　　　　　　　　38 500 000

六、股权投资准备的核算

(一)股权投资准备形成的原因

在企业长期股权投资采用权益法核算时,长期股权投资账面余额应随着被投资单位所有者权益的变动而变动,所以,当被投资单位因增资扩股等原因增加资本公积时,其所有者权益便得到了相应增加,这样,投资企业就应按其在被投资企业注册资本中所占的投资比例计算并调增长期股权投资账面价值,并相应调增资本公积。

(二)股权投资准备的账务处理

根据长期股权投资权益法核算的基本方法,被投资企业因增资扩股等原因增加资本公积的,企业应按其在被投资企业注册资本中所占的投资比例计算其应享有的份额,借记"长期股权投资——股票投资(股权投资准备)"科目,贷记"资本公积——股权投资准备"科目。

当投资企业处置其所持股权时,再按原计入股投资准备的部分,借记"资本公积——股权投资准备"科目,贷记"资本公积——其他资本公积"科目。

七、其他资本公积

其他资本公积是指除上述各项资本公积以外所形成的资本公积,以及从资本公积各准备项目转入的金额。其中包括债权人豁免的债务。

企业因除上述资本公积来源之外形成资本公积的，应借记有关科目，贷记"资本公积——其他资本公积"科目；企业发生从"接受捐赠非现金资产准备""股权投资准备"等资本公积准备项目转入"其他资本公积"的，应借记"资本公积——接受捐赠非现金资产准备""资本公积——股权投资准备"等科目，贷记"资本公积——其他资本公积"科目；企业获得债权人豁免的债务时，应按照豁免的债务金额，借记"应付账款""其他应付款""短期借款""长期借款"等科目，贷记"资本公积——其他资本公积"科目。

第三节 留存收益

留存收益是指企业从历年实现的净利润中提取或形成的留存于企业内部的积累，是由企业内部所形成的资本。它来源于公司的生产经营活动所实现的净利润，在性质上与投资者投入资本一样属于所有者权益。

一、留存收益的内容

企业利润总额扣除按国家规定上交的所得税后，一般称为税后利润或净利润。税后利润在分配时，一方面应按照国家的规定提取盈余公积，将当年实现的利润留存于企业，形成内部积累，成为留存收益的组成部分；另一方面向投资者分配利润或股利，分配利润或股利后的剩余部分作为未分配利润。未分配利润同样成为企业留存收益的组成部分。

（一）盈余公积

为了总括反映企业各项盈余公积的提取和使用情况，在会计核算上应设置"盈余公积"科目。该科目属所有者权益类科目，贷方登记提取的盈余公积，借方登记用于转增资本（股本）、弥补亏损、发放现金股利等减少的盈余公积，期末余额在贷方，反映盈余公积的结存数。该科目下应按盈余公积的构成内容设置明细账进行明细核算。

▶ 1. 盈余公积包括的具体项目

盈余公积是指企业按照规定从净利润中提取的各种积累资金，属于所有者权益。盈余公积按照其用途不同分为法定盈余公积、任意盈余公积和法定公益金三类。法定盈余公积和任意盈余公积也称为一般盈余公积，主要用于弥补以前年度发生的亏损和按国家有关规定转增的资本金。

▶ 2. 盈余公积的提取

法定盈余公积金是企业按国家规定的比例计算提取的盈余公积金，按税后利润的10%提取，当企业的法定盈余公积超过其资本金总额的50%时，可不再提取。任意盈余公积金是根据企业自身发展需要，按公司章程或股东大会决议提取的盈余公积金，任意盈余公积金的提取比例按公司章程或股东大会确定的比例计算。企业用盈余公积金转增资本时，转增资本金后留存于企业的盈余公积不得少于注册资金的25%。

法定公益金按税后利润的5%～10%提取，专门用于企业职工的集体福利设施，如兴建职工住房、理发室、浴池、托儿所等。企业按规定从净利润中提取盈余公积金和法定公益金时,借记"利润分配(提取法定盈余公积、提取法定公益金、提取任意盈余公积)"科目,贷记"盈余公积(法定盈余公积、任意盈余公积、法定公益金)"科目。

此外,外商投资企业提取的储备基金和企业发展基金,中外合作经营企业用利润返还的投资,也在"盈余公积(储备基金、企业发展基金、利润返还投资)"科目核算。

(二)未分配利润

在会计核算上,未分配利润是通过"利润分配"科目进行核算的,具体来说是通过"利润分配"科目下的"未分配利润"明细科目进行核算的。企业在生产经营过程中取得的收入和发生的费用成本,最终通过"本年利润"科目进行归集,计算确定出当年实现的净利润或亏损,然后转入"利润分配——未分配利润"科目进行分配,其结存于"利润分配——未分配利润"科目的贷方余额,表示为未分配利润;如为借方余额,则表示为未弥补亏损。年度终了,再将利润分配下的其他明细科目(提取法定盈余公积、提取法定公益金、提取任意盈余公积、应付普通股股利、应付优先股股利、转作股本的普通股股利、盈余公积转入等)的余额,转入"未分配利润"明细科目。结转后,"未分配利润"明细科目的贷方余额,就是未分配利润的累计数额。如为借方余额则为未弥补亏损的数额。

二、留存收益的核算举例

(一)盈余公积的核算举例

【例10-9】某企业本年实现净利润10 000元,本年提取法定盈余公积1 000元,提取法定公益金500元。其有关账务处理如下:

```
借:利润分配——提取法定盈余公积                    1 000
         ——提取法定公益金                          500
    贷:盈余公积——法定盈余公积                      1 000
             ——法定公益金                          500
```

注意:这是所有者权益内部一个增加一个减少。

(二)未分配利润的会计处理

由于未分配利润是对累计可供分配的利润分配后的结果。因此对未分配利润的核算是与利润分配的核算密不可分的,利润分配是过程,未分配利润是对利润进行分配后的结果。因为企业利润分配是按先后顺序进行的,所以其会计处理也应按顺序进行。

▶ 1. 弥补亏损

企业发生的亏损应由企业自行弥补。企业弥补亏损的渠道有三条:①用以后年度税前利润弥补;②用以后年度税后利润弥补;③用盈余公积弥补。

用利润弥补亏损,在会计核算上,无论是以税前利润还是以税后利润弥补亏损,其会计处理方法相同,都不需要进行专门的账务处理。这是因为,企业在当年发生亏损的情况下,应将本年发生的亏损从"本年利润"科目的贷方,转入"利润分配——未分配利润"科目的借方;在以后年度实现净利润的情况下,应将本年度实现的利润从"本年利润"科目的借方,转入"利润分配——未分配利润"科目的贷方,其贷方发生额(即实现的利润)与借方余额(未弥补亏损额)自然抵销,自然就弥补了亏损,无须专门做会计分录。

【例10-10】A公司在2015年发生亏损1 200 000万元,在年度终了时,企业应当结转本年发生的亏损。应做如下会计分录:

借：利润分配——未分配利润　　　　　　　　　　　　　　　1 200 000
　　贷：本年利润　　　　　　　　　　　　　　　　　　　　　　　　1 200 000

假设2013—2017年，A公司每年实现利润200万元，按现行制度规定，公司在发生亏损以后的五年内可以用税前利润弥补亏损，超过五年仍未弥补完的亏损则用税后利润弥补。假设不考虑其他因素，该公司应做如下会计分录：

(1) 2012—2016年按规定用税前利润弥补亏损时，每年应做如下会计分录：

借：本年利润　　　　　　　　　　　　　　　　　　　　　　2 000 000
　　贷：利润分配——未分配利润　　　　　　　　　　　　　　　　2 000 000

(2) 2017年用税后利润弥补亏损时，应先按当年实现利润计算缴纳所得税500 000 (2 000 000×25%)元，再用税后利润1 500 000(2 000 000－500 000)元弥补亏损。

借：所得税　　　　　　　　　　　　　　　　　　　　　　　500 000
　　贷：应交税金——应交所得税　　　　　　　　　　　　　　　　500 000
借：本年利润　　　　　　　　　　　　　　　　　　　　　　　500 000
　　贷：所得税　　　　　　　　　　　　　　　　　　　　　　　　500 000
借：本年利润　　　　　　　　　　　　　　　　　　　　　　1 500 000
　　贷：利润分配——未分配利润　　　　　　　　　　　　　　　　1 500 000

从例10-10可看出，企业无论是税前补亏还是税后补亏，其会计处理方法是完全相同的。区别就在于两者计算缴纳所得税时的处理不同。在以税前利润补亏的情况下，其用于补亏的利润数额可以抵扣当期企业的应纳税所得额；而在以税后利润补亏的情况下，其用于补亏的利润数额不得抵扣应纳税所得额。

▶ 2. 支付优先股股利

企业的净利润在弥补以前年度亏损、提取法定盈余公积和公益金后的余额，加上以前年度未分配利润，即为可供股东分配的利润。按照国家有关规定，可先分配优先股股利。在向优先股股东分配股利时，通常采用现金股利的方式。企业在支付优先股股利时，应按分配给股东的现金股利，借记"利润分配——应付优先股股利"科目，贷记"应付股利"科目；实际发放现金股利时，借记"应付股利"科目，贷记"银行存款"或"现金"科目。

【例10-11】D公司经股东大会决议，宣告发放优先股现金股利400万元，本公司占10%，并于宣告之日起10天后，以银行存款发放股利款。应做如下会计分录。

(1) 宣告发放股利时：

借：利润分配——应付优先股股利　　　　　　　　　　　　　400 000
　　贷：应付股利　　　　　　　　　　　　　　　　　　　　　　400 000

(2) 发放股利款时：

借：应付股利　　　　　　　　　　　　　　　　　　　　　　400 000
　　贷：银行存款　　　　　　　　　　　　　　　　　　　　　　400 000

▶ 3. 支付普通股股利

企业可供分配的利润，在按上述顺序进行分配后，可由股东大会决议向普通股股东分配股利。在分配股利时可采用现金股利和股票股利两种方式。其中以股票股利方式发放股利的账务处理前已述及。在此不再赘述。

根据《企业会计准则》的规定，企业经股东大会决议分配给普通股股东现金股利时，应借记"利润分配——应付普通股股利"科目，贷记"应付股利"科目，发放现金股利时，借记"应付股利"科目，贷记"银行存款"科目。

同步检测练习

一、名词解释

所有者权益　留存收益　股本　资本公积

二、单项选择题

1. 股份有限公司注册资本的最低限额是（　　）万元。
   A. 1 000　　　　　　　　　　　　B. 1 500
   C. 500　　　　　　　　　　　　　D. 2 000

2. 我国目前实行的是注册资本制度，要求企业的（　　）与其注册资本相一致。
   A. 盈余公积　　　　　　　　　　　B. 新增资本
   C. 实收资本　　　　　　　　　　　D. 资本公积

3. 企业计提的法定盈余公积，当其累计金额达到企业注册资本的（　　）以上时可以不再提取。
   A. 30%　　　　　　　　　　　　　B. 40%
   C. 50%　　　　　　　　　　　　　D. 60%

4. 企业接受捐赠的资产属于（　　）。
   A. 利润总额　　　　　　　　　　　B. 实收资本
   C. 资本公积　　　　　　　　　　　D. 盈余公积

5. 下列各项中，属于外商投资企业盈余公积内容的是（　　）。
   A. 法定公益金　　　　　　　　　　B. 利润归还投资
   C. 任意盈余公积　　　　　　　　　D. 法定盈余公积

6. 企业没有指定用途的净利润是指（　　）。
   A. 公益金　　　　　　　　　　　　B. 盈余公积
   C. 利润总额　　　　　　　　　　　D. 未分配利润

7. 企业投资人在企业资产中所享有的经济利益是指（　　）。
   A. 利润总额　　　　　　　　　　　B. 亏损总额
   C. 所有者权益　　　　　　　　　　D. 未分配利润

8. 企业在筹集资金的过程中，投资人投入资本超过其注册资金数额的部分属于（　　）。
   A. 资本溢价　　　　　　　　　　　B. 股票溢价
   C. 实收资本　　　　　　　　　　　D. 盈余公积

9. 下列各项中，属于所有者权益内容的是（　　）。
   A. 应付股利　　　　　　　　　　　B. 应付福利费
   C. 未分配利润　　　　　　　　　　D. 利润分配

10. 下列各项中，属于未分配利润含义的是（　　）。
    A. 没有指定用途的利润　　　　　　B. 没有指定用途的营业利润
    C. 没有指定用途的利润总额　　　　D. 没有指定用途的净利润

三、多项选择题

1. 下列各项中,属于投资者可以作为资本投入企业的有( )。
   A. 银行存款　　　　　B. 机器设备
   C. 专利权　　　　　　D. 短期借款　　　　E. 应付福利费
2. 下列各项中,属于外商投资企业盈余公积内容的有( )。
   A. 储备基金　　　　　B. 法定盈余公积
   C. 利润归还投资　　　D. 任意盈余公积　　E. 企业发展基金
3. 下列各项中,属于企业所有者权益内容的有( )。
   A. 实收资本　　　　　B. 利润总额
   C. 资本公积　　　　　D. 未分配利润　　　E. 盈余公积
4. 下列各项中,属于一般企业和股份有限公司盈余公积用途的有( )。
   A. 弥补亏损　　　　　B. 归还投资者
   C. 发展生产　　　　　D. 转增资本　　　　E. 转增股本
5. 下列各项中,属于资本公积核算内容的有( )。
   A. 股本溢价　　　　　B. 接受现金捐赠
   C. 接受技术改造拨款　D. 外币资本折算差额　E. 债权人豁免的债务
6. 下列各项中,表述正确的有( )。
   A. 企业资本(或股本)不得变动
   B. 我国目前实行的是注册资本制度
   C. 企业的实收资本与其注册资本相一致
   D. 公司法对各类公司注册资本的最低限额都有明确规定
   E. 股份有限公司注册资本的最低限额为人民币1 000万元
7. 在企业持续盈利时,下列项目中应按净利润的一定比例提取的有( )。
   A. 法定盈余公积　　　B. 任意盈余公积
   C. 应付股利　　　　　D. 法定公益金　　　E. 所得税
8. 下列各项中,属于净利润中留在企业的部分有( )。
   A. 资本公积　　　　　B. 盈余公积
   C. 未分配利润　　　　D. 弥补亏损　　　　E. 发展生产
9. 企业筹集的资本金按照投资主体分类,可以分为( )。
   A. 个人资本金　　　　B. 企业资本金
   C. 外商资本金　　　　D. 国家资本金　　　E. 法人资本金

四、判断题

1. 所有者权益是投资者对企业全部资产的要求权。　　　　　　　　　　( )
2. 对于接受捐赠资产的价值,应当作为营业外收入处理。　　　　　　　( )
3. 年终结转利润后,除"未分配利润"明细账外,"利润分配"中其他所有明细账均无余额。　　　　　　　　　　　　　　　　　　　　　　　　　　　　　　　　　( )
4. 当企业的负债增加时,企业的所有者权益也增加。　　　　　　　　　( )
5. 企业负债和所有者权益的性质是一样的,都叫权益。　　　　　　　　( )
6. 投资人投入的资本金,在一定的投资期限内,具有不可偿还性。　　　( )

7. 盈余公积金转增资本后，按规定保留的余额不应少于注册资本的20％。　　（　）

8. 接受捐赠资产是企业从外部无偿取得的资产。　　　　　　　　　　　（　）

9. 新设立的企业必须有一定数量的资本金，但不得低于国家规定的最低限额。

（　）

10. 注册资金与实收资本一定相等。　　　　　　　　　　　　　　　　（　）

五、简答题

1. 简述所有者权益的意义及其特征。

2. 依照公司法设立的公司有哪两种？各自的特征是什么？

3. 普通股和优先股在权利上有何不同？

4. 什么是资本溢价？为什么会发生资本溢价？

六、业务处理题

1. 东方公司采用人民币作为记账本位币，其中2017年度接受投资的投资如下：

（1）接受A企业以银行存款投入资金100 000元。

（2）接受B公司以专利权投资，双方协议确定价值为200 000元。

（3）接受C公司投入机器设备一台，账面原值为150 000元，双方协议确定价值为130 000元。

（4）接受D公司投入厂房一幢，原值280 000元，双方协议确定价值为270 000元。

（5）收到乙公司投入的厂房一幢，原价为500 000元，经评估确认价值为330 000元，占注册资本的60％；

要求：根据以上资料编制会计分录。

2. 兴业公司为股份有限公司，采用人民币作为记账本位币，其2017年度有关资本公积的业务如下：

（1）接受外商投资100 000美元，合同约定的汇率为1美元＝6.6元人民币，投入当天的市场汇率为1美元＝6.7元人民币。

（2）公司2017年1月1日溢价发行普通股股票600 000股，每股面值10元，优先股股票50 000股，每股面值12元，普通股以每股11元出售，优先股以每股14元出售，支付发行费60 000元，相关款项已用银行存款结清。

（3）接受某单位捐赠人民币现金10 000元，存入银行。

（4）公司2016年12月31日接受一项设备捐赠，确认价值为100 000元。2017年12月31日予以出售，出售收入95 000元，所得价款存入银行。出售时已提折旧10 000元，没有发生其他相关税费，所得税税率25％。

（5）经批准资本公积500 000元转增资本。

要求：根据以上资料编制会计分录。

3. 华兴公司采用人民币作为记账本位币，其2017年度有关所有者权益的业务如下：

（1）本年实现利润1 000 000元，所得税税率为25％。

（2）公司经批准，决定用任意盈余公积100 000元弥补以前年度亏损。

（3）分别按10％、5％提取法定盈余公积和法定公积金。

（4）向投资者分派现金股利100 000元。

（5）将"利润分配"账户下的其他明细账余额转入"未分配利润"。

(6) 经批准用任意盈余公积 100 000 元，法定盈余公积 100 000 元转增资本。

要求：根据以上资料编制会计分录。

4. 甲公司年初未分配利润为 1 000 000 元，本年利润总额为 3 900 000 元，适用的企业所得税税率 25%。按税法规定，本年度准予扣除的业务招待费为 200 000 元，实际发生业务招待费 300 000 元。除此之外，不存在其他纳税调整因素。

(1) 按税后利润的 10% 提取法定盈余公积。

(2) 提取任意盈余公积 100 000 元。

(3) 向投资者宣告分配现金股利 400 000 元。

要求：

(1) 计算甲公司本期所得税费用，并编制相应的会计分录。

(2) 编制甲公司提取法定盈余公积的会计分录。

(3) 编制甲公司提取任意盈余公积的会计分录。

(4) 编制甲公司向投资者宣告分配现金股利的会计分录。

(5) 计算年末未分配利润。

5. 甲公司原由投资者 A 和投资者 B 共同出资成立，每人出资 200 000 元，各占 50% 的股份。经营两年后，投资者 A 和投资者 B 决定增加公司资本，此时有一个新的投资者 C 要求加入甲公司。经有关部门批准后，甲公司实施增资，将实收资本增加到 900 000 元。经三方协商，一致同意，完成下述投资后，三方投资者各拥有甲公司 300 000 元实收资本，并各占甲公司 1/3 的股份。各投资者的出资情况如下：

(1) 投资者 A 以一台设备投入甲公司作为增资，该设备原价 180 000 元，已计提折旧 95 000 元，评估确认原价 180 000 元，评估确认净值 126 000 元。

(2) 投资者 B 以一批原材料投入甲公司作为增资，该批材料账面价值 105 000 元，评估确认价值 110 000 元，税务部门认定应交增值税专用发票。

(3) 投资者 C 以银行存款投入甲公司 390 000 元。

要求：根据以上资料，分别编制甲公司接受投资者 A、投资者 B 增资时，以及投资者 C 初次出资时的会计分录。

第十一章 财务会计报告

引导案例

巴菲特教你读财务报表

巴菲特通过财务报表，挖掘出具有持久竞争力的优质企业。企业的财务报表可以反映出这是一个会让你一贫如洗的平庸企业，还是一个拥有持久竞争优势、让你腰缠万贯的企业。

财务报表分为以下三类。

第一，损益表。损益表反映企业在一定会计期间内的经营成果。一般来说，在每个会计期间，企业的会计人员会为股东编制季度和年度损益表。通过阅读和分析损益表，巴菲特能对企业的财务信息进行判断，如利润率、股权收益、利润的稳定性和发展趋势（这一点尤其重要）。在判断一个企业是否得益于持久竞争优势时，所有的这些因素都是必不可少的。

第二，资产负债表。资产负债表反映企业的资产和负债情况。从资产中扣除负债，我们就能算出这个企业的净资产。企业可以编制一年中任何一天的资产负债表——它能反映出企业在特定日期所持有的资产和承担的负债，以及当天的净资产。

通常的情况下，企业为股东编制每个季度和每个会计年度的资产负债表。巴菲特通过分析资产负债表中的各个项目，如现金资产和长期债务，可以判断该企业是否具有持续的竞争优势。

第三，现金流量表。现金流量表反映企业的现金流入和流出情况，有利于我们了解企业在改善资本结构方面所花费的资金。它同样能反映出债券和股票的销售情况，以及股票回购情况。企业通常会将现金流量表同其他财务报表一起公布。

至此，我们已经详细探讨了损益表、资产负债表和现金流量表的科目和指标——巴菲特正是通过分析它们，来判断一个企业是否具有持久竞争优势。历经时日，企业的持久竞争优势总能给他带来丰厚收益。

1. 毛利率：巴菲特认为，只有具备某种可持续性竞争优势的公司才能在长期运营中一直保持盈利，尤其是毛利率在40%及其以上的公司，应该查找公司在过去10年的年毛利率以确保是否具有"持续性"。

2. 销售费用及一般管理费用占销售收入的比例：销售费用及一般管理费用越少越好，其占销售毛利的比例保持在30％以下最好。

3. 研发开支：巴菲特总是回避那些经常必须花费巨额研发开支的公司，尤其是高科技公司，巨额研发一旦失败，其长期经营前景将受到很大影响，这意味着公司业务未来长期并不稳定，持续性不强。

4. 折旧费用：巴菲特发现那些具有持续性竞争优势的公司相对那些陷入过度竞争困境的公司而言，其折旧费占毛利润的比例较低。

5. 利用费用：具有持续性竞争优势的公司几乎不需要支付利息，甚至没有任何利息支出。在消费品类领域，巴菲特所钟爱的那些具有持续竞争优势的公司，其利息支出均小于其营业利润的15％。

6. 税前利润：税前利润里指将所有费用开支扣除之后但在所得税被扣减之前的利润。巴菲特经常谈到税前条件下的公司利润，这使他能在同等条件下将一家公司的投资与另一项投资进行比较，税前利润也是他计算投资回报率常用的一个指标。

7. 净利润：净利润是否能保持长期增长态势；净利润占总收入的比例是否明显高于它们的竞争对手；净利润是否一直保持在总收入的20％以上。

8. 每股收益：连续10年的每股收益数据就足以判断出公司是否具有长期竞争优势。巴菲特所寻找的就是那些每股收益连续10年或者10年以上都表现出持续上涨态势的公司。

讨论与思考：
1. 什么是财务会计报告？
2. 财务会计报告由哪些内容构成？
3. 财务会计报告与会计报表的关系怎样？

第一节 资产负债表

一、资产负债表概述

▶ 1. 资产负债表的定义

资产负债表之所以如此命名，是因为该表反映的内容是企业拥有的资产状况和承担的"负债"状况。在这里，"负债"应该理解为广义的概念，即企业对股东及债权人承担的经济责任。

由于资产负债表所反映的内容，总是一种"资产"与"权益"之间平衡关系的体现，因此，该表又可称为平衡表。同样的，由于该表所反映的内容，事实上是关于企业在某一特定时点的财务状况，故也称为财务状况表。

▶ 2. 资产负债表的格式

资产负债表的格式可以是账户式，也可以是报告式。账户式的资产负债表，左边列示资产，右边列示负债和所有者权益。在我国，资产负债表采用账户式，每个项目又分为"年初数"和"年末数"两栏分别填列，如表11-1所示。

表11-1 资产负债表

编制单位： 　　　　　　　　　　年　月　日　　　　　　　　　　　会企01表
单位：元

资产	行次	期末余额	年初余额	负债和所有者权益（或股东权益）	行次	期末余额	年初余额
流动资产：				流动负债：			
货币资金				短期借款			
交易性金融资产				交易性金融负债			
应收票据				应付票据			
应收账款				应付账款			
预付账款				预收账款			
应收股利				应付职工薪酬			
应收利息				应交税费			
其他应收款				应付利息			
存货				应付股利			
其中：消耗性生物资产				其他应付款			
待摊费用				预提费用			
一年内到期的非流动资产				预计负债			
其他流动资产				一年内到期的非流动负债			
流动资产合计				其他流动负债			
非流动资产：				流动负债合计			
可供出售金融资产				非流动负债：			
持有至到期投资				长期借款			
投资性房地产				应付债券			
长期股权投资				长期应付款			
长期应收款				专项应付款			
固定资产				递延所得税负债			
在建工程				其他非流动负债			
工程物资				非流动负债合计			

续表

资　　产	行次	期末余额	年初余额	负债和所有者权益（或股东权益）	行次	期末余额	年初余额
固定资产清理				负债合计			
生产性生物资产				所有者权益（或股东权益）：			
油气资产				实收资本（或股本）			
无形资产				资本公积			
开发支出				盈余公积			
商誉				未分配利润			
长摊待摊费用				减：库存股			
递延所得税资产				所有者权益（或股东权益）合计			
其他非流动资产							
非流动资产合计							
资产总计				负债和所有者（或股东权益）合计			

二、资产负债表的编制

资产负债表项目分为资产、负债、所有者权益和若干小类。报表中的"年初数"栏内各项数字，应根据上年末资产负债表"期末数"填列；对于"期末数"，一般情况下，各项目的数额根据企业总分类账和明细分类账的期末余额填列，个别项目按有关账户的余额调整后填列。

（一）资产项目

任何企业只有具备一定的资产，才能进行各项经济事项或者经营活动。资产是企业拥有或控制的，能以货币计量的、能为企业带来未来经济利益的经济资源。在资产负债表中，资产按其流动性划分为以下项目。

(1)"货币资金"项目，是企业资产中流动性最强的一种资产，是指可以立即投入流通，用以购买商品或劳务，或用以偿还债务的交换媒介。资产负债表中反映的货币资金包括企业的库存现金、银行存款，以及其他货币资金余额的合计数。

(2)"交易性金融资产"项目，反映企业为交易目的所持有的债券投资、股票投资、基金投资等交易性金融资产的公允价值；企业持有的直接指定为以公允价值计量且其变动计入当期损益的金融资产，也在本科目核算。

(3)"应收票据"项目，反映企业收到的未到期的也未向银行贴现的应收商业票据，包括商业承兑汇票和银行承兑汇票。企业持有的应收票据不得计提坏账准备，只有到期不能收回的应收票据转入应收账款，才按规定计提坏账准备。在资产负债表上，应收票据反映的仅是票面金额价值。

（4）"应收账款"项目，反映企业对外赊销商品、材料、提供劳务等主要经济业务，应向购货单位或接受劳务单位收取的款项，减去已计提的坏账准备后的净额。

（5）"预付款项"项目，反映企业按合同规定预付的款项。会计期末，"应付账款"科目和"预付账款"科目所属的明细科目中，有的可能是借方余额，有的可能是贷方余额。其中借方余额合计，列示于资产负债表的预付款项项目；贷方余额合计，列示于资产负债表的应付账款项目。

（6）"应收利息"项目，反映企业因债权投资而应收取的利息。企业购入到期还本付息债券应收的利息，不包括在本项目内。本项目根据"应收利息"科目的期末余额填列。

（7）"应收股利"项目，反映企业应收取的现金股利和应收取其他单位分配的利润。本项目根据"应收股利"科目的余额填列。

（8）"其他应收款"项目，反映企业除应收账款外的其他应收和暂付款项，减去已计提的坏账准备后的净额。本项目根据"其他应收款"科目的期末余额，减去"坏账准备"中有关其他应收款计提的坏账准备期末余额后的金额填列。

（9）"存货"项目，反映企业期末在库、在途和在加工中的各项存货的实际成本，包括各种材料、商品、在产品、半成品、包装物、低值易耗品、分期收款发出商品、委托代销商品、受托代销商品等。本项目应根据"物资采购""原材料""低值易耗品""自制半成品""库存商品""包装物""分期收款发出商品""委托加工物资""委托代销商品""受托代销商品""生产成本"等科目的期末余额合计，减去"代销商品款""存货跌价准备"科目期末余额后的金额填列。材料采用计划成本核算，以及库存商品采用计划成本或销价核算的企业，还应按加或减材料成本差异、商品进销差价后的金额填列。

（10）"一年内到期的非流动资产"项目，反映企业将于一年内到期的非流动资产金额。本项目应根据有关科目的期末余额分析填列。

（11）"其他流动资产"项目，反映企业除以上流动资产项目外的其他流动资产，本项目应根据有关科目的期末余额填列。如其他流动价值较大的，应在会计报表附注中披露其内容和金额。

（12）"可供出售金融资产"项目，反映企业持有的以公允价值计量的可供出售的股票投资、债券投资等金融资产。本项目应根据"可供出售金融资产"科目的期末余额，减去"可供出售金融资产减值准备"科目期末余额后的金额填列。

（13）"持有至到期投资"项目，反映企业持有的到期日固定、回收金额固定或可确定，且企业有明确意图和能力持有至到期的非衍生金融资产。本项目应根据"持有至到期投资"科目的期末余额填列。

（14）"长期应收款"项目，本科目核算企业的长期应收款项，包括融资租赁产生的应收款项、采用递延方式具有融资性质的销售商品和提供劳务等产生的应收款项等。实质上构成对被投资单位净投资的长期权益，也通过本科目核算。

（15）"长期股权投资"项目，反映企业不准备在一年内（含一年）变现的各种股权性质的投资的可收回金额。本项目应根据"长期股权投资"科目的期末余额，减去"长期股权投资减值准备"科目期末余额后的金额填列。

（16）"投资性房地产"项目，反映企业期末持有的投资性房地产的实际价值，包括采用成本模式计量的投资性房地产和采用公允价值模式计量的投资性房地产。本项目应根据"投资性房地产"科目的期末余额，减去"投资性房地产减值准备"科目期末余额后填列。

（17）"固定资产"项目，反映企业期末持有的固定资产的实际价值。本项目应根据"固定资产"科目的期末余额，减去"累计折旧"和"固定资产减值准备"科目的期末余额后填列。

（18）"在建工程"项目，反映期末企业基建、更新改造等在建工程发生的价值。本项目应根据"在建工程"科目的期末余额，减去"在建工程减值准备"科目期末余额后填列。

（19）"工程物资"项目，反映企业为在建工程准备的各种物资的价值，包括工程用材料、尚未安装的设备及为生产准备的工器具等的期末价值。本项目应根据"工程物资"科目的期末余额填列。计提了减值准备的，还应扣减累计计提的减值准备的金额。

（20）"固定资产清理"项目，反映企业因出售、报废、毁损等原因转入清理但尚未清理完毕的固定资产的账面价值，以及固定资产清理过程中所发生的清理费用和变价收入等各项金额的差额。本项目应根据"固定资产清理"科目的期末借方余额填列。如"固定资产清理"科目期末为贷方余额，以"－"号填列。

（21）"无形资产"项目，反映企业各项无形资产的期末可收回金额。本项目应根据"无形资产"科目的期末余额减去"无形资产减值准备"科目期末余额后的金额填列。

（22）"开发支出"项目，反映企业进行研究与开发无形资产过程中发生的各项支出的期末价值。本项目应根据"研发支出"科目的期末余额填列。

（23）"商誉"项目，反映企业合并形成的商誉的期末价值。本项目应根据"商誉"科目的期末余额填列。如果企业单独设置"商誉减值准备"科目核算商誉发生的减值，则本项目应根据"商誉"科目的期末余额扣减"商誉减值准备"科目的余额后填列。

（24）"长期待摊费用"项目，反映企业已经发生但应由本期和以后各期负担的分摊期限在一年以上的各项费用。"长期待摊费用"科目中将于一年内摊销的部分，应在"一年内到期的非流动资产"项目中反映。

（25）"递延所得税资产"项目，反映企业根据所得税准则确认的可抵扣暂时性差异产生的所得税资产的期末价值。根据税法规定可以在以后年度税前利润弥补亏损产生的所得税资产，也在本项目反映。本项目应根据"递延所得税资产"科目的期末余额填列。

（26）"其他非流动资产"项目，反映企业除上述资产以外的其他非流动资产。

（二）负债项目

（1）"短期借款"项目，反映企业向银行或其他金融机构等借入的期限在一年以下（含一年）的各种借款。本项目应根据"短期借款"科目的期末余额填列。

（2）"交易性金融负债"项目，反映企业承担的交易性金融负债的公允价值和企业持有的直接指定为以公允价值计量且其变动计入当期损益的金融负债。本项目应根据"交易性金融负债"科目的期末余额填列。

（3）"应付票据"项目，反映企业为了抵付货款等而开出并承兑的尚未到期付款的应付票据，包括银行承兑汇票和商业承兑汇票。本项目应根据"应付票据"科目的期末余额填列。

（4）"应付账款"项目，反映企业因购买材料、商品和接受劳务供应等应付给供应单位的款项。本项目应根据"应付账款"科目的期末余额填列。

（5）"预收款项"项目，反映企业按照合同规定向购货单位预收的款项。本项目应根据

"预收账款"科目的期末贷方余额填列；如"应收账款"科目所属明细科目有贷方余额的，也应在本项目内反映。

（6）"应付职工薪酬"项目，反映企业根据有关规定应付给职工的各种薪酬。本项目应根据"应付职工薪酬"科目的期末余额填列。

（7）"应交税费"项目，反映企业根据税法规定计算应缴纳的各种税费。企业代扣代缴的个人所得税，也通过本项目反映。企业不需要预计应交数所缴纳的税金，如印花税、耕地占用税等，不在本项目反映。本项目应根据"应交税费"科目的期末余额填列。

（8）"应付利息"项目，反映企业按照合同约定应支付的长期借款、企业债券等应支付的利息。本项目应根据"应付利息"科目的期末余额填列。

（9）"应付股利"项目，反映企业尚未支付的现金股利或利润。本项目应根据"应付股利"科目的期末余额填列。

（10）"其他应付款"项目，反映企业除应付账款、应付票据、预收账款、应付职工薪酬、应付股利、应付利息、应交税费和长期应付款等以外的其他各项应付、暂收的款项。本项目应根据"其他应付款"科目的期末余额填列。

（11）"其他流动负债"项目，反映企业除以上流动负债以外的其他流动负债。本项目应根据有关科目的期末余额填列。

（12）"长期借款"项目，反映企业向银行或其他金融机构借入的期限在一年以上（不含一年）的各项借款。本项目应根据"长期借款"科目的期末余额填列。

（13）"应付债券"项目，反映企业发行的尚未偿还的各种长期债券的本息。发行一年期及一年期以内的短期债券，在"交易性金融负债"项目反映，不在本项目反映。本项目应根据"应付债券"科目的期末余额填列。

（14）"长期应付款"项目，反映企业除长期借款和企业债券以外的其他各种长期应付款项。本项目应根据"长期应付款"科目的期末余额减去"未确认融资费用"科目期末余额填列。

（15）"专项应付款"项目，反映企业取得国家（政府）作为所有者投入的具有专项或特定用途的款项。本项目应根据"专项应付款"科目的期末余额填列。

（16）"预计负债"项目，反映企业根据或有事项等相关准则确认的各项预计负债。本项目应根据"预计负债"科目的期末余额填列。

（17）"递延所得税负债"项目，反映企业根据所得税准则确认的应纳税暂时性差异产生的所得税负债。本项目应根据"递延所得税负债"科目的期末余额填列。

（18）"其他非流动负债"项目，反映企业除上述非流动负债以外的负债。本项目应根据有关科目的期末余额填列。

(三) 所有者权益项目

（1）"实收资本"项目，反映企业接受投资者实际投入的资本（股本）总额。本项目应根据"实收资本（或股本）"科目的期末余额填列。

（2）"资本公积"项目，反映企业收到投资者出资超出其在注册资本或股本中所占份额的部分，以及直接计入所有者权益的利得和损失等的期末余额。本项目应根据"资本公积"科目的期末余额填列。

（3）"库存股"项目，反映企业收购、转让或注销的本公司股份金额。本项目应根据

"库存股"科目的期末余额填列。

（4）"盈余公积"项目，反映企业从净利润中提取的盈余公积的期末余额。本项目应根据"盈余公积"科目的期末余额填列。

（5）"未分配利润"项目，反映企业尚未分配的利润。本项目应根据"利润分配——未分配利润"明细科目的期末余额填列。期末累计未分配利润为负数的，以"－"号填列。

三、资产负债表编制举例

【例 11-1】假设某公司 2017 年 12 月 31 日总账账户余额如表 11-2 所示。

表 11-2 某公司总账账户余额

2017 年 12 月 31 日   单位：元

账户名称	借方余额	账户名称	贷方余额
库存现金	15 000	坏账准备	1 300
银行存款	80 000	存货跌价准备	13 300
交易性金融资产	56 000	累计折旧	52 000
应收账款	12 000	短期借款	34 000
其他应收款	1 300	应付账款	14 000
生产成本	57 000	应付票据	20 000
原材料	23 000	应付职工薪酬	11 400
库存商品	68 000	应付股利	8 000
应收票据	5 700	应交税费	5 000
长期股权投资	80 000	长期借款	12 000
固定资产	920 000	应付债券	200 000
无形资产	20 000	实收资本	800 000
预付账款	24 000	资本公积	28 000
预收账款	13 000	盈余公积	56 000
在建工程	200 000	未分配利润	320 000
合计	1 575 000	合计	1 575 000

其中，长期借款 12 000 元将于 2018 年 5 月 1 日到期。

此外，"应收账款""预收账款""应付账款""预付账款"明细账户余额如表 11-3 所示。

表 11-3 各明细账户余额

账户名称	余 额	
应收账款	甲公司：48 000 元（借方）	乙公司：36 000 元（贷方）
预收账款	丙公司：12 000 元（贷方）	丁公司：25 000 元（借方）
应付账款	A 公司：32 000 元（贷方）	B 公司：18 000 元（借方）
预付账款	C 公司：30 000 元（借方）	D 公司：6 000 元（贷方）

根据上述所给资料，编制该公司 2017 年 12 月 31 日的资产负债表（期末栏数），如表 11-4 所示。

表 11-4　资产负债表

编制单位：某公司　　　　　　2017 年 12 月 31 日　　　　　　会企 01 表　单位：元

资　　产	期末余额	年初余额	负债和所有者权益	期末余额	年初余额
流动资产：			流动负债：		
货币资金	95 000		短期借款	34 000	
交易性金融资产	56 000		交易性金融负债		
应收票据	5 700		应付票据	20 000	
应收账款	71 700		应付账款	38 000	
预付账款	48 000		预收账款	48 000	
应收股利			应付职工薪酬	11 400	
应收利息			应交税费	5 000	
其他应收款	1 300		应付利息		
存货	134 700		应付股利	8 000	
待摊费用			预提费用		
其他流动资产			一年内到期的非流动负债	12 000	
流动资产合计	412 400		其他流动负债		
非流动资产：			流动负债合计	176 400	
可供出售金融资产			非流动负债：		
持有至到期投资			长期借款		
投资性房地产			应付债券	200 000	
长期股权投资	80 000		长期应付款		
长期应收款			专项应付款		
固定资产	868 000		递延所得税负债		
在建工程			其他非流动负债		
工程物资	200 000		非流动负债合计	200 000	
固定资产清理			负债合计	376 400	
生产性生物资产			所有者权益（或股东权益）：		
油气资产			实收资本（或股本）	800 000	
无形资产	20 000		资本公积	28 000	

续表

资　　产	期末余额	年初余额	负债和所有者权益	期末余额	年初余额
开发支出			盈余公积	56 000	
商誉			未分配利润	320 000	
长期待摊费用			减：库存股		
递延所得税资产			所有者权益（或股东权益）合计	1 204 000	
其他非流动资产					
非流动资产合计	1 168 000				
资产总计	1 580 400		负债和所有者合计	1 580 400	

上述资产负债表中的有关项目的填列计算如下：

货币资金＝库存现金＋银行存款＝15 000＋80 000＝95 000（元）

应收账款＝应收账款明细账户余额（借方）＋预收账款明细账余额（借方）－坏账准备
　　　　＝48 000＋25 000－13 000＝71 700（元）

预付款项＝预付账款明细账户借方余额＋应付账款明细账户借方余额
　　　　＝30 000＋18 000＝48 000（元）

应付账款＝应付账款明细账户贷方余额＋预付账款明细账户贷方余额
　　　　＝32 000＋6 000＝38 000（元）

预收款项＝应收账款明细账户贷方余额＋预收账款明细账户贷方余额
　　　　＝36 000＋12 000＝48 000（元）

存货＝生产成本＋原材料＋库存商品－存货跌价准备
　　＝57 000＋23 000＋68 000－13 300＝134 700（元）

固定资产＝固定资产－累计折旧－固定资产减值准备
　　　　＝920 000－52 000－0＝868 000（元）

第二节　利　润　表

一、利润表概述

▶1. 利润表的定义

利润表又称"经营情况表"，旨在报告企业在特定时期所实现的净收益及其过程。与资产负债表不同，利润表是一张动态报表，反映的是一个"过程"中而非是"时点"上的经营情况或经营成果。

▶2. 利润表的格式

利润表中各项目均设"本月数""本年累积数"两栏，年度利润表则设"上年数"和"本年累积数"两栏。我国利润表的格式如表11-5所示。

表 11-5 利 润 表

会企 02 表

编制单位： 单位：元

项　　目	行　次	本年金额	上年金额
一、营业收入			
减：营业成本			
营业税金及附加			
销售费用			
管理费用			
财务费用（收益以"－"号填列）			
资产减值损失			
加：公允价值变动净收益（净损失以"－"号填列）			
投资净收益（净损失以"－"号填列）			
二、营业利润（亏损以"－"号填列）			
加：营业外收入			
减：营业外支出			
其中：非流动资产处置净损失（净收益以"－"号填列）			
三、利润总额（亏损总额以"－"号填列）			
减：所得税			
四、净利润（净亏损以"－"号填列）			
五、每股收益			
（一）基本每股收益			
（二）稀释每股收益			

二、利润表的编制

我国目前一般采用多步式利润表格式，报表中所反映的无论是收入还是支出，都是报告期内所发生的累积数。

（一）利润表的填列规则

利润表是动态报表，因而填列依据主要是各类损益科目的本期发生额。各收入类项目根据相应的收入类会计科目的贷方发生额填列，各费用类项目则应根据相应的费用类会计科目的借方发生额填列。利润表中的收入项目和费用项目的金额应以总额列示，除相关会计准则规定允许抵销的项目外，不能以相关项目相互抵销的金额列示。

（二）利润表各项目的内容及填列

（1）"营业收入"项目，反映企业经营主要业务和其他业务所确认的收入总额。本项目应根据"主营业务收入"和"其他业务收入"科目的发生额分析填列。

（2）"营业成本"项目，反映企业经营主要业务和其他业务发生的实际成本总额。本项目应根据"主营业务成本"和"其他业务成本"科目的发生额分析填列。

（3）"营业税金及附加"项目，反映企业经营业务应负担的消费税、城市维护建设税、资源税、土地增值税和教育费附加等。本项目应根据"营业税金及附加"科目的发生额分析填列。

（4）"销售费用"项目，反映企业在销售商品过程中发生的包装费、广告费等费用和为销售本企业商品而专设的销售机构的职工薪酬、业务费等经营费用。本项目应根据"销售费用"科目的发生额分析填列。

（5）"管理费用"项目，反映企业为组织和管理生产经营发生的管理费用。本项目应根据"管理费用"科目的发生额分析填列。

（6）"财务费用"项目，反映企业筹集生产经营所需资金等而发生的筹资费用。本项目应根据"财务费用"科目的发生额分析填列。

（7）"资产减值损失"项目，反映企业各项资产发生的减值损失。本项目应根据"资产减值损失"科目的发生额分析填列。

（8）"公允价值变动损益"项目，反映企业按照相关准则规定应当计入当期损益的资产或负债公允价值变动净收益，如交易性金融资产当期公允价值的变动额。如为净损失，以"－"号填列。

（9）"投资收益"项目，反映企业以各种方式对外投资所得的收益。如为净损失，以"－"号填列。

（10）"营业外收入"项目，反映企业发生的与其经营活动无直接关系的各项收入。本项目应根据"营业外收入"科目的发生额分析填列。

（11）"营业外支出"项目，反映企业发生的与经营活动无直接关系的各项支出。本项目应根据"营业外支出"科目的发生额分析填列。

（12）"利润总额"项目，反映企业实现的利润总额。如为亏损总额，以"－"号填列。

（13）"所得税费用"项目，反映企业根据所得税准则确认的应从当期利润总额中扣除的所得税费用。本项目应根据"所得税费用"科目的发生额分析填列。

（14）"净利润"项目，反映企业缴纳所得税后的净利润。如为净亏损，则以"－"号填列。

（15）"基本每股收益"项目，应当根据每股收益准则规定计算的金额填列。企业应当按照归属于普通股股东的当期净利润，除以发行在外普通股的加权平均数计算每股基本收益。

（16）"稀释每股收益"项目，应当根据每股收益准则规定计算的金额填列。

三、利润表编制举例

【例11-2】某公司2017年结账前有关损益类账户发生额及净额如表11-6所示。

表 11-6 某公司 2017 年损益类账户   单位：元

账户名称	借方	贷方
主营业务收入		280 000 000
主营业务成本	120 000 000	
营业税金及附加	50 000 000	
销售费用	32 000 000	
管理费用	48 000 000	
财务费用	16 000 000	
其他业务收入		86 000 000
资产减值损失	6 000 000	
其他业务成本	45 000 000	
投资收益	32 000 000	
公允价值变动损益		2 000 000
营业外收入		3 000 000
营业外支出	2 000 000	

假设公司依据税法规定调整计算出本期所得税费用为 4 000 000 元，假设该公司发行在外普通股加权平均数为 20 000 000 股，并假设该公司未发行可转换债券、认股权证和股份期权等潜在普通股。公司根据以上资料编制 2017 年利润表如表 11-7 所示。

表 11-7 利 润 表

编制单位：某公司   2017 年   会企 02 表
                                              单位：元

项目	本年金额	上年金额
一、营业收入	366 000 000	（略）
减：营业成本	165 000 000	
营业税金及附加	50 000 000	
销售费用	32 000 000	
管理费用	48 000 000	
财务费用（收益以"—"号填列）	16 000 000	
资产减值损失	6 000 000	
加：公允价值变动净收益（净损失以"—"号填列）	2 000 000	
投资净收益（净损失以"—"号填列）	－32 000 000	
二、营业利润（亏损以"—"号填列）	19 000 000	
加：营业外收入	3 000 000	
减：营业外支出	2 000 000	
其中：非流动资产处置净损失（净收益以"—"号填列）		
三、利润总额（亏损总额以"—"号填列）	20 000 000	
减：所得税	4 000 000	
四、净利润（净亏损以"—"号填列）	16 000 000	
五、每股收益		
（一）基本每股收益	0.8 元/股	
（二）稀释每股收益	0.8 元/股	

第三节 现金流量表

一、现金流量表概述

▶ 1. 现金流量表的定义

现金流量表是以现金为基础编制的财务状况变动表。它以现金的流入和流出反映企业在一定时期内的经营活动、投资活动和筹资活动的动态情况，反映企业现金流入和流出的全貌。

▶ 2. 现金流量表的格式（见表11-8）

表11-8 现金流量表

编制单位：　　　　　　　　　　　年　月　　　　　　　　　　会企03表
　　　　　　　　　　　　　　　　　　　　　　　　　　　　　　单位：元

项　目	行　次	金　额
一、经营活动产生的现金流量		
销售商品、提供劳务收到的现金		
收到的税费返还		
收到的其他与经营活动有关的现金		
现金流入小计		
购买商品接受劳务支付的现金		
支付给职工以及为职工支付的现金		
支付的各项税费		
支付的其他与经营活动有关的现金		
现金流出小计		
经营活动产生的现金流量净额		
二、投资活动产生的现金流量		
收回投资所收到的现金		
取得投资收益所收到的现金		
处置固定资产、无形资产和其他长期资产所收回的现金净额		
收到的其他与投资活动有关的现金		
现金流入小计		
购建固定资产、无形资产和其他长期资产所支付的现金		
投资所支付的现金		
支付的其他与投资活动有关的现金		

续表

项　目	行　次	金　额
现金流出小计		
投资活动产生的现金流量净额		
三、筹资活动产生的现金流量		
吸收投资所收到的现金		
取得借款所收到的现金		
收到的其他与筹资活动有关的现金		
现金流入小计		
偿还债务所支付的现金		
分配股利、利润和偿付利息所支付的现金		
支付的其他与筹资活动有关的现金		
现金流出小计		
筹资活动产生的现金流量净额		
四、汇率变动对现金的影响		
五、现金及现金等价物净增加额		

二、现金流量表的编制

（一）经营活动产生的现金流量

经营活动是指企业投资活动和筹资活动以外的所有交易和事项，包括销售商品或提供劳务、经营性租赁、购买货物、接受劳务、制造产品、广告宣传、推销产品、缴纳税款等。经营活动产生的现金流量是企业通过运用所拥有或控制获得的现金流量，主要是与企业净利润有关的现金流量。

（1）"销售商品、提供劳务收到的现金"项目，反映企业销售商品、提供劳务实际收到的现金（包括应向购买者收取的增值税销项税额），包括本期销售商品、提供劳务收到的现金，以及前期销售商品、提供劳务收到的现金和本期预收的款项，减去本期退回的本期销售的商品和前期销售本期退回的商品支付的现金。企业销售材料和代购代销业务收到的现金也在本项目反映。本项目可以根据"库存现金""银行存款""应收账款""应收票据""预收账款""主营业务收入""其他业务收入"等科目的记录分析填列。

（2）"收到的税费返还"项目，反映企业收到的各种税费，包括收到返还的增值税、消费税、关税、所得税、教育费附加等。本项目根据"库存现金""银行存款""营业收入""其他应收款"等科目的记录分析填列。

（3）"收到的其他与经营活动有关的现金"项目，反映企业除了上述各项目以外所收到的其他与经营活动有关的现金，如罚款、流动资产损失中由个人赔偿的现金、经营租赁租金等。若某项其他与经营活动有关的现金流入金额较大，应单列项目反映。本项目可以根据"库存现金""银行存款""营业外收入"等科目的记录分析填列。

(4)"购买商品、接受劳务支付的现金"项目,反映企业购买商品、接受劳务支付的现金(包括增值税进项税额),包括本期购买材料、商品、接受劳务支付的现金,以及本期支付前期购买商品、接受劳务的未付款项,以及本期预付款项,减去本期发生的购货退回收到的现金。企业代购代销业务支付的现金,也在本项目反映。本项目可以根据"库存现金""银行存款""应付账款""应付票据""预付账款""主营业务成本""其他业务成本"等科目的记录分析填列。

(5)"支付给职工及为职工支付的现金"项目,反映企业实际支付给职工,以及为职工支付的现金,包括本期实际支付给职工的工资、奖金、各种津贴和补贴等,以及为职工支付的其他费用。企业代扣代缴的职工个人所得税,也在本项目反映。本项目不包括支付给离退休人员的各项费用及支付给在建工程人员的工资及其他费用。企业支付给离退休人员的各项费用(包括支付的统筹退休金及未参加统筹的退休人员的费用),在"支付的其他与经营活动有关的现金"项目反映;支付给在建工程人员的工资及其他费用,在"购建固定资产、无形资产和其他长期资产支付的现金"项目反映。本项目可以根据"应付职工薪酬""库存现金""银行存款"等科目的记录分析填列。

(6)"支付的各项税费"项目,反映企业按规定支付的各项税费,包括企业本期发生并支付的税费,以及本期支付以前各期发生的税费和本期预交的税费,包括所得税、增值税、消费税、印花税、房产税、土地增值税、车船税、教育费附加、矿产资源补偿费等,但不包括计入固定资产价值、实际支付的耕地占用税,也不包括本期退回的增值税、所得税。本期退回的增值税、所得税在"收到的税费返还"项目反映。本项目可以根据"应交税费""库存现金""银行存款"等科目的记录分析填列。

(7)"支付的其他与经营活动有关的现金"项目,反映企业除上述各项目所支付的其他与经营活动有关的现金,如经营租赁支付的租金、支付的罚款、差旅费、业务招待费、保险费等,若其他与经营活动有关的现金流出金额较大,应单列项目反映。本项目可以根据"库存现金""银行存款""管理费用""营业外支出"等科目的记录分析填列。

(二)投资活动产生的现金流量

(1)"收回投资收到的现金"项目,反映企业出售、转让或到期收回除现金等价物以外的对其他企业的权益工具、债务工具和合营中的权益等投资收到的现金。收回债务工具实现的投资收益、处置子公司及其他营业单位收到的现金净额不包括在本项目内。本项目可以"可供出售金融资产""持有至到期投资""长期股权投资""库存现金""银行存款"等科目的记录分析填列。

(2)"取得投资收益收到的现金"项目,反映企业除现金等价物以外的对其他企业的权益工具、债务工具和合营中的权益投资分回的现金股利和利息等,不包括股票股利。本项目可以根据"库存现金""银行存款""投资收益"等科目的记录分析填列。

(3)"处置固定资产、无形资产和其他长期资产收回的现金净额"项目,反映企业出售、报废固定资产、无形资产和其他长期资产收到的现金(包括因资产毁损收到的保险赔偿款),减去为处置这些资产而支付的有关费用后的净额。如所收回的现金净额为负数,则应在"支付的其他与投资活动有关的现金"项目反映。本项目可以根据"固定资产清理""库存现金""银行存款""投资收益"等科目的记录分析填列。

(4)"处置子公司及其他营业单位收到的现金净额"项目,反映企业处置子公司及其他营业单位所取得的现金,减去相关处置费用及子公司与其他营业单位持有的现金和现金等价物后的净额。本项目可以根据"长期股权投资""银行存款""库存现金"等科目的记录分析填列。

(5)"收到其他与投资活动有关的现金"项目,反映企业除了上述各项目以外,所收到的其他与投资活动有关的现金流入。例如,企业收回购买股票和债券时支付的已宣告但尚未领取的现金股利或已到付息期但尚未领取的债券利息。若其他与投资活动有关的现金流入金额较大,应单列项目反映。本项目可以根据"应收股利""应收利息""银行存款""库存现金"等科目的记录分析填列。

(6)"购建固定资产、无形资产和其他长期资产支付的现金"项目,反映企业本期购买、建造固定资产、取得无形资产和其他长期资产实际支付的现金,以及用现金支付的应由在建工程和无形资产负担的职工薪酬,不包括为购建固定资产而发生的借款利息资本化部分,以及融资租入固定资产支付的租赁费。企业支付的借款利息和融资租入固定资产支付的租赁费,在筹资活动产生的现金流量中反映。本项目可以根据"固定资产""在建工程""无形资产""库存现金""银行存款"等项目的记录分析填列。

(7)"投资支付的现金"项目,反映企业取得除现金等价物以外的对其他企业的权益工具、债务工具和合营中的权益投资所支付的现金,以及支付的佣金、手续费等交易费用,但取得子公司及其他营业单位支付的现金净额除外。本项目可以根据"可供出售金融资产""持有至到期投资""长期股权投资""库存现金""银行存款"等科目的记录分析填列。

(8)"取得子公司及其他营业单位支付的现金净额"项目,反映企业购买子公司及其他营业单位购买出价中以现金支付的部分,减去子公司及其他营业单位持有的现金和现金等价物后的净额。本项目可以根据"长期股权投资""库存现金""银行存款"等科目的记录分析填列。

(9)"支付的其他与投资活动有关的现金"项目,反映企业除上述各项以外所支付的其他与投资活动有关的现金流出,如企业购买股票时实际支付的价款中包含的已宣告而尚未领取的现金股利,购买债券时支付的价款中包含的已到期而尚未领取的债券利息等。若某项其他与投资活动有关的现金流出金额较大,应单列项目反映。本项目可以根据"应收股利""应收利息""银行存款""库存现金"等科目的记录分析填列。

(三)筹资活动产生的现金流量

(1)"吸收投资收到的现金"项目,反映企业以发行股票、债券等方式筹集资金实际收到的款项,减去直接支付的佣金、手续费、宣传费、咨询费、印刷费等发行费用后的净额。本项目可以根据"实收资本(或股本)""库存现金""银行存款"等科目的记录分析填列。

(2)"取得借款收到的现金"项目,反映企业举借各种短期、长期借款实际收到的现金。本项目可以根据"短期借款""长期借款""库存现金""银行存款"等科目的记录分析填列。

(3)"收到其他与筹资活动有关的现金"项目,反映企业除上述各项目外所收到的其他与筹资活动有关的现金流入等。若某项其他与筹资活动有关的现金流入金额较大,应单列项目反映。本项目可根据"银行存款""营业外收入"等科目的记录分析填列。

(4)"偿还债务支付的现金"项目,反映企业偿还债务本金所支付的现金,包括偿还金融企业的借款本金、偿还债券本金等。企业支付的借款利息和债券利息在"分配股利、利润或偿付利息支付的现金"项目反映,不包括在本项目内。本项目可以根据"短期借款""长期借款""应付债券""库存现金""银行存款"等科目的记录分析填列。

(5)"分配股利、利润或偿付利息支付的现金"项目,反映企业实际支付的现金股利、支付给其他投资单位的利润或用现金支付的借款利息、债券利息等。本项目可以根据"应付股利""应付利息""财务费用""库存现金""银行存款"等科目的记录分析填列。

(6)"支付其他与筹资活动有关的现金"项目,反映企业除上述各项目外所支付的其他与筹资活动有关的现金流出,如融资租入固定资产支付的租赁费等。若某项其他与筹资活动有关的现金流出金额较大,应单列项目反映。本项目可根据"营业外支出""长期应付款""银行存款""库存现金"等科目的记录分析填列。

(四)汇率变动对现金及现金等价物的影响

该项目反映企业外币现金流量及境外子公司的现金流量折算为人民币时,所采用的现金流量发生日的即期汇率或按照系统合理的方法确定的、与现金流量发生日即期汇率近似汇率折算的人民币金额与"现金及现金等价物净增加额"中的外币现金净增加额按期末汇率折算的人民币金额之间的差额。

在编制现金流量表时,可逐笔计算外币业务发生的汇率变动对现金的影响,也不必逐笔计算而采用简化的计算方法,即通过现金流量表补充资料中"现金及现金等价物净增加额"数额与现金流量表中"经营活动产生的现金流量净额""投资活动产生的现金流量净额""筹资活动产生的现金流量净额"三项之和比较,其差额即为"汇率变动对现金及现金等价物的影响"项目的金额。

(五)现金流量表补充资料

除现金流量表反映的信息外,企业还应在附注中披露将净利润调节为经营活动现金流量、不涉及现金收支的重大投资和筹资活动、现金及现金等价物净变动情况等信息。

三、现金流量表编制举例

【例11-3】某公司2017年编制现金流量表和补充资料如表11-9所示。

表11-9 现金流量表

会企03表

编制单位:某公司　　　　　2017年12月31日　　　　　单位:元

项　目	行　次	金　额
一、经营活动产生的现金流量		
销售商品、提供劳务收到的现金	1	124 999 006.99
收到的税费返还	3	
收到的其他与经营活动有关的现金	8	3 621 880.97
现金流入小计	9	128 620 887.96
购买商品接受劳务支付的现金	10	118 378 581.62
支付给职工及为职工支付的现金	12	5 000.00
支付的各项税费	13	1 379 597.39

续表

项　目	行　次	金　额
支付的其他与经营活动有关的现金	18	12 716 599.00
现金流出小计	20	132 479 778.01
经营活动产生的现金流量净额	21	−3 858 890.05
二、投资活动产生的现金流量		
收回投资所收到的现金	22	
取得投资收益所收到的现金	23	
处置固定资产、无形资产和其他长期资产所收回的现金净额	25	
收到的其他与投资活动有关的现金	28	
现金流入小计	29	
购建固定资产、无形资产和其他长期资产所支付的现金	30	1 842 524.90
投资所支付的现金	31	
支付的其他与投资活动有关的现金	35	
现金流出小计	36	1 842 524.90
投资活动产生的现金流量净额	37	−1 842 524.90
三、筹资活动产生的现金流量		
吸收投资所收到的现金	38	5 000 000.00
取得借款所收到的现金	40	666 666.67
收到的其他与筹资活动有关的现金	43	
现金流入小计	44	5 666 666.67
偿还债务所支付的现金	45	
分配股利、利润和偿付利息所支付的现金	46	1 093 308.14
支付的其他与筹资活动有关的现金	52	
现金流出小计	53	1 093 308.14
筹资活动产生的现金流量净额	54	4 573 358.53
四、汇率变动对现金的影响	55	
五、现金及现金等价物净增加额	56	−1 128 056.42

补充资料	行　次	金　额
1.将净利润调节为经营活动现金流量		
净利润	57	2 188 825.56
加：计提的资产减值准备	58	
固定资产折旧	59	545 855.73
无形资产摊销	60	
长期待摊费用摊销	61	
待摊费用减少(减：增加)	64	
预提费用增加(减：减少)	65	
处置固定资产、无形资产和其他长期资产的损失(减：收益)	66	
固定资产报废损失	67	

续表

补充资料	行次	金额
财务费用	68	1 093 308.14
投资损失（减：收益）	69	
递延税款贷项（减：借项）	70	86 805.30
存货的减少（减：增加）	71	−2 780 440.86
经营性应收项目的减少（减：增加）	72	−11 138 457.67
经营性应付项目的增加（减：减少）	73	6 145 213.75
其他	74	
经营活动产生的现金流量净额	75	−3 858 890.05
2. 不涉及现金收支的投资和筹资活动		
债务转为资本	76	
一年内到期的可转换公司债券	77	
融资租入固定资产	78	
3. 现金及现金等价物净增加情况		
现金的期末余额	79	1 330 844.38
减：现金的期初余额	80	2 458 900.80
加：现金等价物的期末余额	81	
减：现金等价物的期初余额	82	
现金及现金等价物净增加额	83	−1 128 056.42

第四节 所有者权益变动表

一、所有者权益变动表概述

▶ 1. 所有者权益变动表的定义

所有者权益变动表是反映企业构成所有者权益的各组成部分当期的增减变动情况的报表。它能全面地反映企业一定时期所有者权益变动的情况，不仅包括所有者权益总量的增减变动情况，还包括所有者权益变动的重要结构方面的信息，特别是能反映企业直接计入所有者权益的利润和损失，让报表的使用者能准确了解企业所有者权益增减变动的原因。

▶ 2. 所有者权益变动表的格式（见表11-10）

二、所有者权益变动表的编制

在所有者权益变动表中，企业至少应当单独列示反映下列信息的项目：①净利润；②直接计入所有者权益的利得和损失项目及其总额；③会计政策变更和差错更正的累积影响金额；④所有者投入资本和向所有者分配利润等；⑤提取的盈余公积；⑥实收资本或股本、资本公积、盈余公积、未分配利润的期初和期末余额及其调节情况。

表 11-10 所有者权益变动表

编制单位：　　　　　　　　　　　　　年度　　　　　　　　　　　　　　　　　　　　　　　　　　　会企 04 表
单位：元

项　　目	行次	本年金额							上年金额						
		实收资本（或股本）	资本公积	盈余公积	未分配利润	库存股（减项）	所有者权益合计		实收资本（或股本）	资本公积	盈余公积	未分配利润	库存股（减项）	所有者权益合计
一、上年年末余额														
1. 会计政策变更														
2. 前期差错更正														
二、本年年初余额														
三、本年增减变动金额（减少以"一"号填列）														
（一）本年净利润														
（二）直接计入所有者权益的利得和损失														
1. 可供出售金融资产公允价值变动净额														
2. 现金流量套期工具公允价值变动净额														
3. 与计入所有者权益项目相关的所得税影响														
4. 其他														
小计														

续表

项目	行次	本年金额							上年金额						
		实收资本（或股本）	资本公积	盈余公积	未分配利润	库存股（减项）	所有者权益合计		实收资本（或股本）	资本公积	盈余公积	未分配利润	库存股（减项）	所有者权益合计
（三）所有者投入资本														
1. 所有者本期投入资本														
2. 本年购回库存股														
3. 股份支付计入所有者权益的金额														
（四）本年利润分配														
1. 对所有者（或股东）的分配														
2. 提取盈余公积														
（五）所有者权益内部结转														
1. 资本公积转增资本														
2. 盈余公积转增资本														
3. 盈余公积弥补亏损														
四、本年年末余额														

所有者权益变动表的填列方法如下。

(一)"上年年末余额"项目

"上年年末余额"项目,反映企业上年资产负债表中实收资本(或股本)、资本公积、库存股、盈余公积、未分配利润的年末余额。

"会计政策变更"和"前期差错更正"项目,分别反映企业采用追溯调整法处理的会计政策变更的累积影响金额和采用追溯重述法处理的会计差错更正的累积影响金额。

(二)"本年年初余额"项目

略。

(三)"本年增减变动额"项目

(1)"本年净利润"项目,反映企业当年实现的净利润(或净亏损)金额。

(2)"直接计入所有者权益的利得和损失"项目,反映企业当年直接计入所有者权利的利得和损失金额。

①"可供出售金融资产公允价值变动净额"项目,反映企业持有的可供出售金融资产当年公允价值变动的金额。

②"权益法下被投资单位其他所有者权益变动的影响"项目,反映企业对按照权益法核算的长期股权投资,在被投资单位除当年实现的净损益以外其他所有者权益当年变动中应享有的份额。

③"与计入所有者权益项目相关的所得税影响"项目,反映企业根据《企业会计准则第18号——所得税》规定应计入所有者权益项目的当年所得税影响金额。

(3)"所有者投入和减少资本"项目,反映企业当年所有者投入的资本和减少的资本。

①"所有者投入资本"项目,反映企业接受投资者投入形成的实收(或股本)和资本溢价或股本溢价。

②"股份支付计入所有者权益的金额"项目,反映企业处于等待其中的权益结算的股份支付当年计入资本公积的金额。

(四)"本年利润分配"项目

"本年利润分配"项目,反映企业当年的利润分配金额。

(1)"对所有者(或股东)的分配"项目,反映对所有者(或股东)分配的利润(或股利)金额。

(2)"提取盈余公积"项目,反映企业按照规定提取的盈余公积。

(五)"所有者权益内部结转"项目

"所有者权益内部结转"项目,反映企业构成所有者权益的组成部分之间的增减变动情况。

(1)"资本公积转增资本"项目,反映企业以资本公积转增资本或股本的金额。

(2)"盈余公积转增资本"项目,反映企业以盈余公积转增资本或股本的金额。

(3)"盈余公积弥补亏损"项目,反映企业以盈余公积弥补亏损的金额。

三、所有者权益变动表编制举例

【例 11-4】某公司编制所有者权益变动表如表 11-11 所示。

表 11-11 所有者权益变动表

2017 年度

编制单位：某公司　　　　　　　　　　　　　　　　　　　　　　　　　　会企 04 表　单位：元

项目	行次	本年金额						上年金额					
		实收资本	资本公积	盈余公积	未分配利润	库存股（减项）	所有者权益合计	实收资本	资本公积	盈余公积	未分配利润	库存股（减项）	所有者权益合计
一、上年末余额		1 800 000	5 000	142 500	97 800		2 045 300	（略）					
1. 会计政策变更													
2. 前期差错更正													
二、本年年初余额		1 800 000	5 000	142 500	97 800		2 045 300						
三、本年增减变动金额（减少以"-"号填列）							28 177						
（一）本年净利润					28 177								
（二）直接计入所有者权益的利得和损失													
1. 可供出售金融资产公允价值变动净额													
2. 现金流量套期工具公允价值变动净额													
3. 与计入所有者权益项目相关的所得税影响													
4. 其他													
小计					28 177		28 177						

续表

项目	行次	本年金额						上年金额					
		实收资本	资本公积	盈余公积	未分配利润	库存股（减项）	所有者权益合计	实收资本	资本公积	盈余公积	未分配利润	库存股（减项）	所有者权益合计
（三）所有者投入资本		300 000					300 000						
1. 所有者本期投入资本													
2. 本年购回库存股													
3. 股份支付计入所有者权益的金额													
（四）本年利润分配				2 818	−2 818		0						
1. 对所有者（或股东）的分配					−8 000		−8 000						
2. 提取盈余公积													
（五）所有者权益内部结转													
1. 资本公积转增资本													
2. 盈余公积转增资本													
3. 盈余公积弥补亏损													
四、本年末余额		2 100 000	5 000	145 318	115 159		2 365 477	1 800 000	5 000	142 500	97 800		2 045 300

同步检测练习

一、名词解释

财务会计报告　资产负债表　利润表　现金流量表　所有者权益变动表

二、单项选择题

1. 最关心企业的盈利情况的会计报表使用者是（　　）。
   A. 企业股东　　　　　　　　　　　　B. 货物供应商
   C. 企业职工　　　　　　　　　　　　D. 企业债权人
2. 最关心企业的偿债能力和支付利息能力的会计报表使用者是（　　）。
   A. 税务机关　　　　　　　　　　　　B. 企业的债权人
   C. 企业股东　　　　　　　　　　　　D. 企业职工
3. 下列会计报表中，反映企业在某一特定日期财务状况的是（　　）。
   A. 现金流量表　　　　　　　　　　　B. 利润表
   C. 资产负债表　　　　　　　　　　　D. 利润分配表
4. 资产负债表是反映企业特定（　　）财务状况的会计报表。
   A. 期间　　　　　　　　　　　　　　B. 时期
   C. 时间　　　　　　　　　　　　　　D. 日期
5. 资产负债表中，资产的排列顺序是（　　）。
   A. 收益率高的资产排在前　　　　　　B. 重要的资产排在前
   C. 流动性强的资产排在前　　　　　　D. 非货币性资产排在前
6. 根据我国统一会计制度的规定，企业资产负债表的格式是（　　）。
   A. 报告式　　　　　　　　　　　　　B. 账户式
   C. 多步式　　　　　　　　　　　　　D. 单步式
7. 在利润表中，从利润总额中减去（　　），为企业的净利润。
   A. 提取公益金　　　　　　　　　　　B. 股利分配数
   C. 提取盈余公积数　　　　　　　　　D. 所得税费用
8. 资产负债表和利润表及利润分配表项目的数据直接来源于（　　）。
   A. 原始凭证　　　　　　　　　　　　B. 记账凭证
   C. 日记账　　　　　　　　　　　　　D. 账簿记录
9. 资产负债表中的"存货"项目，是指（　　）的期末余额。
   A. 物资采购、原材料　　　　　　　　B. 库存商品、物资采购和原材料
   C. 生产成本　　　　　　　　　　　　D. 以上都是
10. 下列资产负债表项目中，应根据相应总账账户期末余额直接填列的项目是（　　）。
    A. 预收账款　　　　　　　　　　　　B. 固定资产
    C. 应付账款　　　　　　　　　　　　D. 货币资金

三、多项选择题

1. 按照编制时间的不同，财务会计报告可分为（　　）。
   A. 年度财务会计报告　　　　　　　　B. 季度财务会计报告
   C. 半年财务会计报告　　　　　　　　D. 月度财务会计报告

E. 汇总财务会计报告

2. 下列各项中，属于财务会计报告编制要求的有（　　）。
   A. 真实可靠　　　　B. 计算真实
   C. 全面完整　　　　D. 编报及时　　　　E. 数字真实

3. 资产负债表"存货"项目的内容有（　　）。
   A. 生产成本　　　　B. 原材料
   C. 物资采购　　　　D. 库存商品　　　　E. 其他应收款

4. 企业资产负债表所提供的信息主要包括（　　）。
   A. 企业拥有或控制的资源及其分布情况
   B. 企业所承担的债务
   C. 企业利润的形成
   D. 企业所有者权益份额及其结构
   E. 企业资金来源渠道和构成情况

5. 我国企业的利润表采用多步式，分步计算的利润指标有（　　）等。
   A. 主营业务利润　　B. 营业利润
   C. 利润总额　　　　D. 净利润　　　　　E. 主营业务收入

6. 下列资产负债表中的部分项目，属于所有者权益的有（　　）。
   A. 实收资本　　　　B. 资本公积
   C. 盈余公积　　　　D. 应付股利　　　　E. 未分配利润

7. 下列资产负债表各项目中，不能以总账余额直接填列的有（　　）。
   A. 应收票据　　　　B. 应收账款
   C. 货币资金　　　　D. 存货　　　　　　E. 累计折旧

8. 资产负债表"应收账款"项目应根据（　　）分析计算填列。
   A. 应收账款明细账借方余额　　　B. 应收账款明细账贷方余额
   C. 预收账款明细账借方余额　　　D. 坏账准备账户贷方余额
   E. 预收账款明细账贷方余额

9. 会计报表的使用者一般包括（　　）。
   A. 企业管理人员　　　　　　　　B. 政府有关部门
   C. 银行及其他商业债权人　　　　D. 债权人
   E. 社会公众

10. 会计报表的表头部分包括的要素有（　　）。
    A. 表名　　　　　　B. 制表人
    C. 编表单位　　　　D. 编表时间　　　　E. 货币计量单位

四、判断题

1. 资产负债表是反映企业在特定时期内财务状况的报表。（　　）
2. 会计报表应当根据经过审核的会计账簿记录和有关资料编制。（　　）
3. 会计报表附注是对会计报表的编制基础、编制依据、编制原则和方法及主要项目所做的解释，以便于会计报表使用者理解会计报表的内容。（　　）

4. 编制会计报表的主要目的就是为会计报表使用者提供决策相关的财务信息。（　　）

5. 报告式资产负债表中，资产项目是按重要性排列的。（　　）

6. 根据利润表，可以分析、评价企业的盈利状况，了解预测企业未来的损益变化趋势及获利能力。（　　）

7. 半年度财务会计报告是指在每年前六个月结束后对外提供的财务会计报告。（　　）

8. 资产负债表中的"流动资产"各项目是按照资产的流动性由弱到强排列的。（　　）

9. 对外提供的会计报表信息，与股东的债权人有关，与企业管理者无关。（　　）

10. 利润分配表最后项目"年末未分配利润"的数据应该与年终资产负债表的"未分配利润"项目的数据一致。（　　）

五、简答题

1. 财务报表的概念是什么？一套完整的财务报表应由哪些部分构成？
2. 企业编制财务报表主要为谁提供会计信息？
3. 什么是资产负债表？如何编制？
4. 什么是利润表？如何编制？
5. 什么是现金流量表？如何编制？
6. 什么是所有者权益变动表？如何编制？

六、业务处理题

1. 长川公司2017年12月31日总账各账户余额如表11-12所示。

表11-12　长川公司总账各账户余额

2017年12月31日　　　　　　　　　　　　　　　单位：元

账户名称	借方余额	账户名称	贷方余额
库存现金	35 000	坏账准备	5 000
银行存款	60 000	存货跌价准备	46 000
交易性金融资产	56 000	累计折旧	52 000
应收账款	64 000	短期借款	34 000
其他应收款	4 000	应付账款	14 000
预付账款	42 000	应付职工薪酬	57 000
应收股利	37 000	应付利息	7 000
生产成本	97 000	应付股利	8 000
原材料	96 000	应交税费	5 000
库存商品	78 000	应付票据	3 600
应收利息	13 000	预收账款	16 000
长期股权投资	90 000	长期借款	12 000
固定资产	820 000	股本	800 000
无形资产	60 000	资本公积	28 000
		盈余公积	56 000
		未分配利润	408 400
合计	1 552 000	合计	1 552 000

其中,有关的明细账户余额如表 11-13 所示。

表 11-13　明细账户余额　　　　　　　　　　　　　　　　　　　　单位:元

账户名称	余　　额
预付账款	A 公司:80 000元(借方)　B 公司:38 000元(贷方)
预收账款	C 公司:42 000元(贷方)　D 公司:26 000元(借方)
应收账款	E 公司:82 000元(借方)　F 公司:18 000元(贷方)

要求:
(1) 编制长川公司 2017 年 12 月 31 日的资产负债表。
(2) 列出需要调整和计算项目的计算过程。
2. 长宁公司 2017 年各损益类账户发生额或净额如表 11-14 所示。

表 11-14　长宁公司损益类账户发生额
2017 年　　　　　　　　　　　　　　　　　　　　　　　　　　　　单位:元

账户名称	借　　方	贷　　方
主营业务收入		5 600 000
主营业务成本	3 200 000	
营业税金及附加	600 000	
销售费用	720 000	
管理费用	680 000	
财务费用	360 000	
其他业务收入		960 000
其他业务成本	680 000	
投资收益		480 000
营业外收入		70 000
营业外支出	40 000	
资产减值损失	200 000	
所得税费用	50 000	

要求:编制长宁公司 2017 年的利润表。
3. 鸿飞股份有限公司 2017 年 12 月份有关账户的期初余额如表 11-15 所示。

表 11-15　2017 年 12 月份账户期初余额表　　　　　　　　　　　　单位:元

账户名称		期初借方余额	账户名称		期初贷方余额
一级账户	明细账户		一级账户	明细账户	
库存现金		924 500	坏账准备	应收账款	4 000
银行存款		7 524 280	存货跌价准备		6 000
其他货币资金		716 700	累计折旧		13 500 000
交易性金融资产	股票(成本)	500 000	累计摊销		60 000

续表

账户名称		期初借方余额	账户名称		期初贷方余额
一级账户	明细账户		一级账户	明细账户	
	股票（公允价值变动）	80 000	短期借款		200 000
应收账款		800 000	应付账款		860 000
应收票据		2 000 000	应付票据		900 000
其他应收款		3 000	应交税费		62 094
原材料		2 682 160	应付职工薪酬		646 146
周转材料		752 000	应付利息		36 000
材料采购		520 000	长期借款		30 000 000
材料成本差异		60 000	本年利润		980 000
库存商品		721 600	利润分配		2 400 000
固定资产		89 500 000	实收资本		50 000 000
无形资产		980 000	资本公积		3 460 000
			盈余公积		4 650 000

要求：根据上述资料编制2017年12月31日资产负债表（见表11-16），年初余额略。

表11-16 资产负债表

编制单位：　　　　　　　　　　　　年　月　日

会企01表
单位：元

资产	期末余额	年初余额	负债和所有者权益	期末余额	年初余额
流动资产			流动负债		
货币资金			短期借款		
交易性金融资产			交易性金融负债		
应收票据			应付票据		
应收账款			应付账款		
预付款项			预收款项		
应收利息			应付职工薪酬		
应收股利			应交税费		
其他应收款			应付利息		
存货			应付股利		
一年内到期的非流动资产			其他应付款		

续表

资　　产	期末余额	年初余额	负债和所有者权益	期末余额	年初余额
其他流动资产			一年内到期的非流动负债		
流动资产合计			其他流动负债		
非流动资产			流动负债合计		
可供出售金融资产			非流动负债		
持有至到期投资			长期借款		
长期应收款			应付债券		
长期股权投资			长期应付款		
投资性房地产			专项应付款		
固定资产			预计负债		
在建工程			递延所得税负债		
工程物资			其他非流动负债		
固定资产清理			非流动负债合计		
生产性生物资产			负债合计		
油气资产			所有者权益		
无形资产			实收资本（或股本）		
开发支出			资本公积		
商誉			减：库存股		
长期待摊费用			盈余公积		
递延所得税资产			未分配利润		
其他非流动资产			所有者权益（或股东权益）合计		
非流动资产合计					
资产总计			负债及所有者权益总计		

4. 万安公司 2017 年度利润表如表 11-17 所示。

表 11-17　利　润　表

编制单位：万安公司　　　　　　　　2017 年度　　　　　　　　　　单位：元

项　　目	行次	本期金额	上期金额
一、营业收入	1	6 249 600.00	5 624 640.00
减：营业成本	2	4 556 070.00	4 100 463.00
营业税金及附加	3	33 120.00	29 808.00
销售费用	4	207 000.00	186 300.00
管理费用	5	232 875.00	209 580.00
财务费用	6	82 800.00	74 520.00
资产减值损失	7	72 000.00	64 800.00

续表

项目	行次	本期金额	上期金额
加：公允价值变动收益（损失以"－"号填列）	8	54 000.00	48 600.00
投资收益（损失以"－"号填列）	9	－15 624.00	8 200.00
其中：对联营企业和合营企业的投资收益	10		
二、营业利润（亏损以"－"号填列）	11	1 104 111.00	1 015 969.00
加：营业外收入	12	226 800.00	204 120.00
减：营业外支出	13	191 475.00	172 329.00
其中：非流动资产处置损失	14		
三、利润总额（亏损总额以"－"号填列）	15	1 139 436.00	1 047 760.00
减：所得税费用	16	376 013.88	345 760.80
四、净利润（净亏损以"－"号填列）	17	763 422.12	701 999.20
五、每股收益：	18		
（一）基本每股收益	19		
（二）稀释每股收益	20		

万安公司2017年1—11月和12月有关损益类账户发生额如表11-18所示。

表11-18　万安公司2017年损益类账户发生额　　　　单位：元

账户名称	1—11月发生额		12月发生额	
	借方	贷方	借方	贷方
主营业务收入		6 120 000		600 000
其他业务收入		204 000		20 000
主营业务成本	4 473 000		426 000	
其他业务成本	149 100		14 200	
投资收益	58 800	42 840	5 600	4 200
销售费用	210 000		20 000	
财务费用	84 000		8 000	
营业税金及附加	33 600		3 200	
管理费用	236 250		22 500	
公允价值变动损益				60 000
资产减值损失			80 000	
营业外收入		229 500		22 500
营业外支出	194 250		18 500	
所得税	381 922		35 871	

要求：根据上述资料编制该公司2017年度利润表（见表11-19）。

表11-19 利 润 表

编制单位：　　　　　　　　　　　　年　月　　　　　　　　　　　　　　单位：元

项　　目	行次	本期金额	上期金额
一、营业收入	1		
减：营业成本	2		
营业税金及附加	3		
销售费用	4		
管理费用	5		
财务费用	6		
资产减值损失	7		
加：公允价值变动收益（损失以"－"号填列）	8		
投资收益（损失以"－"号填列）	9		
其中：对联营企业和合营企业的投资收益	10		
二、营业利润（亏损以"－"号填列）	11		
加：营业外收入	12		
减：营业外支出	13		
其中：非流动资产处置损失	14		
三、利润总额（亏损总额以"－"号填列）	15		
减：所得税费用	16		
四、净利润（净亏损以"－"号填列）	17		
五、每股收益：	18		
（一）基本每股收益	19		
（二）稀释每股收益	20		

参考文献

[1] 李迪. 基础会计学[M]. 北京：清华大学出版社，2016.
[2] 程培先. 会计学基础[M]. 北京：人民邮电出版社，2015.
[3] 张明明. 现代会计学基础[M]. 北京：高等教育出版社，2007.
[4] 胡玉明. 会计学[M]. 北京：中国人民大学出版社，2010.
[5] 尹美群. 会计学基础[M]. 北京：中国财政经济出版社，2012.
[6] 张捷. 基础会计[M]. 北京：中国人民大学出版社，2012.
[7] 许家林. 会计学原理[M]. 北京：科学出版社，2010.
[8] 陈国辉. 基础会计[M]. 大连：东北财经大学出版社，2007.
[9] 张劲松. 基础会计学[M]. 北京：科学出版社，2008.
[10] 李瑞生. 基础会计学[M]. 北京：中国财政经济出版社，2012.
[11] 吴国萍. 基础会计学[M]. 上海：上海财经大学出版社，2011.
[12] 崔智敏. 会计学基础[M]. 北京：中国人民大学出版社，2010.

财务会计（英文版·第11版）

本书特色
经典的财务会计教材，配有中文翻译版，课件齐全。

教辅材料
课件、习题库

书号：9787302561934
作者：[美]沃尔特·小哈里森 查尔斯·亨格瑞 威廉·托马斯 温迪·蒂兹
定价：115.00元
出版日期：2020.9

财务会计（第11版）

本书特色
经典的财务会计教材，配有英文影印版，教辅资源丰富，有中文课件。

教辅材料
课件、习题库、习题答案

书号：9787302508038
作者：[美]沃尔特·小哈里森 等 著，赵小鹿 译
定价：109.00元
出版日期：2018.9

数字财务

本书特色
内容前沿，案例丰富，四色印刷，实操性强。

教辅材料
教学大纲、课件

书号：9787302562931
作者：彭娟 陈虎 王泽霞 胡仁昱
定价：98.00元
出版日期：2020.10

财务会计学（第二版）

本书特色
体现最新会计准则和会计法规，实用性强，习题丰富，内容全面，课件完备。

教辅材料
教学大纲、课件

书号：9787302520979
作者：王秀芬 李现宗
定价：55.00元
出版日期：2019.3

中级财务会计（第二版）

本书特色
教材内容丰富，语言通俗易懂。编者均为教学第一线且教学经验丰富的教师，善于用通俗的语言阐述复杂的问题。教材的基本概念源于企业会计准则，比较权威，并根据作者的知识和见解加以诠释。

教辅材料
课件、习题

书号：9787302566793
作者：潘爱玲主编，张健梅 副主编
定价：69.00元
出版日期：2021.11

中级财务会计

本书特色
"互联网+"教材，按照新准则编写，结构合理，形式丰富，课件齐全，便于教学。

教辅材料
教学大纲、课件

书号：9787302532378
作者：仲伟冰 赵洪进 张云
定价：59.00元
出版日期：2019.8

○会计学○

中级财务会计

本书特色
根据最新会计准则编写,应用型高校和高职适用教材,案例丰富,结构合理,课件齐全。

教辅材料
课件、教学大纲、习题答案

书号:9787302505099
作者:曹湘平 陈益云
定价:52.50元
出版日期:2018.7

任课教师免费申请

中级财务会计实训教程

本书特色
"互联网+"教材,课件齐全,便于教学。

书号:9787302564089
作者:郑卫茂 郭志英 章雁
定价:55.00元
出版日期:2020.9

任课教师免费申请

中级财务会计(全两册)

本书特色
国家和北京市一流专业建设点所在团队编写,基于最新会计准则和税收法规,全书包含教材和习题共两册,内容全面,提供丰富的教辅资源,便于教学。

教辅材料
教学大纲、课件

获奖信息
国家级一流专业、国家级一流课程建设成果,北京高等学校优质本科教材课件

书号:9787302543015
作者:毛新述
定价:88.00元
出版日期:2020.2

任课教师免费申请

高级财务会计

本书特色
应用型本科教材,篇幅适中,课件齐全,销量良好。

教辅材料
教学大纲、课件

书号:9787302525042
作者:田翠香、李宜
定价:49.00元
出版日期:2019.6

任课教师免费申请

高级财务会计理论与实务(第2版)

本书特色
"互联网+"教材,配套课件及案例完备,结构合理,应用性强,多次重印。

教辅材料
课件

书号:9787302518617
作者:刘颖斐 余国杰 许新霞
定价:45.00元
出版日期:2019.3

任课教师免费申请

高级财务会计

本书特色
"互联网+"教材,应用性强,篇幅适中,结构合理,课件完备,便于教学。

教辅材料
课件

书号:9787302525721
作者:游春晖 王菁
定价:45.00元
出版日期:2019.4

任课教师免费申请

◦ 会计学 ◦

高级财务会计

本书特色
国家级一流专业、国家级一流课程建设成果、北京市优质教材、应用型本科教材、"互联网+"新形态教材,内容丰富,案例新颖,篇幅适中,结构合理,课件完备,便于教学。

教辅材料
课件

获奖信息
国家级一流专业、国家级特色专业建设成果

书号: 9787302564621
作者: 张宏亮
定价: 59.00 元
出版日期: 2021.11

任课教师免费申请

会计综合技能实训(第二版)

本书特色
应用性强、篇幅适中、结构合理、课件完备,便于教学。

教辅材料
教学大纲、课件

书号: 9787302537885
作者: 马智祥 郑鑫 等
定价: 28.00 元
出版日期: 2019.11

任课教师免费申请

企业会计综合实训(第二版)

本书特色
定位高职,实用性强,案例丰富,课件齐全。

教辅材料
教学大纲、课件

书号: 9787302571155
作者: 刘燕 等
定价: 20.00 元
出版日期: 2021.1

任课教师免费申请

成本会计实训教程

本书特色
应用型创新实践实训教材,注重实际操作,有效提升会计操作技能,提供教学课件、数据和参考答案,方便教学和自学。

教辅材料
教学大纲、课件

书号: 9787302571490
作者: 徐梅鑫 余良宇
定价: 45.00 元
出版日期: 2021.1

任课教师免费申请

管理会计导论(第16版)

本书特色
全球最畅销管理会计教材,原汁原味地反映了最新的会计教育理念,无任何删减,教辅资料配套齐全,便于教学使用。

教辅材料
教学大纲、课件

书号: 9787302487111
作者: 亨格瑞 著,刘俊勇 译
定价: 88.00 元
出版日期: 2019.1

任课教师免费申请

管理会计实践教程

本书特色
"互联网+"教材,课件齐全,便于教学。

书号: 9787302570394
作者: 肖康元
定价: 50.00 元
出版日期: 2021.1

任课教师免费申请

◦会计学◦

管理会计

本书特色
"互联网+"教材,配套资源丰富,课程思政特色鲜明,增设在线测试题。

教辅材料
教学大纲、课件

书号:9787302574897
作者:高樱 徐琪霞
定价:49.00 元
出版日期:2021.3

任课教师免费申请

会计信息系统(第二版)

本书特色
应用型本科教材,"互联网+"教材,郭道扬推荐,内容丰富,案例新颖,篇幅适中,结构合理,习题丰富,课件完备,便于教学。

教辅材料
教学大纲、课件、习题答案、试题库、模拟试卷、案例解析

书号:9787302553069
作者:杨定泉
定价:49.80 元
出版日期:2020.6

任课教师免费申请

会计学教程(第二版)

本书特色
浙江大学名师之作,"互联网+"教材,畅销教材,习题丰富,课件完备。

教辅材料
教学大纲、课件、习题答案、试题库、模拟试卷

书号:9787302548881
作者:徐晓燕 车幼梅
定价:49.80 元
出版日期:2020.6

任课教师免费申请

会计学(第三版)

本书特色
畅销教材,按新准则升级,新形态教材,南开大学倾力打造,教辅齐全,形式新颖。

教辅材料
教学大纲、课件、习题答案

获奖信息
国家级精品课配套教材

书号:9787302536574
作者:王志红 周晓苏
定价:59.00 元
出版日期:2019.9

任课教师免费申请

资产评估模拟实训

本书特色
"互联网+"教材,案例丰富新颖,教辅材料齐全,便于教学。

教辅材料
教学大纲、课件、习题答案、试题库、模拟试卷、案例解析、其他素材

书号:9787302558811
作者:闫晓慧 王琳 范雪梅 张莹
定价:52.00 元
出版日期:2020.9

任课教师免费申请

会计学原理

本书特色
"互联网+"教材,应用型本科教材,内容丰富,案例新颖,篇幅适中,结构合理,习题丰富,课件完备,便于教学。

教辅材料
课件

书号:9787302527169
作者:何玉润
定价:59.00 元
出版日期:2019.5

任课教师免费申请

○ 会计学 ○

基础会计学（第二版）

本书特色
应用型本科教材，内容丰富，案例新颖，篇幅适中，结构合理，课件完备，便于教学。

教辅材料
教学大纲、课件

书号：9787302545545
作者：李迪 等
定价：48.00元
出版日期：2019.12

任课教师免费申请

基础会计（第二版）

本书特色
刘永泽总主编，畅销教材，云南省精品教材，内容丰富，案例新颖，篇幅适中，结构合理，习题丰富，课件完备，便于教学。

教辅材料
教学大纲、课件、习题答案、试题库、模拟试卷

获奖信息
云南省精品课程配套教材

书号：9787302550846
作者：姚荣辉
定价：49.80元
出版日期：2020.4

任课教师免费申请

基础会计实训教程

本书特色
应用型本科教材，内容丰富，案例新颖，篇幅适中，结构合理，课件完备，便于教学。

教辅材料
教学大纲、课件

书号：9787302520047
作者：李红萍
定价：45.00元
出版日期：2019.1

任课教师免费申请

基础会计

本书特色
应用型本科教材，内容丰富，案例新颖，篇幅适中，结构合理，课件完备，便于教学。

教辅材料
教学大纲、课件

书号：9787302520030
作者：李红萍
定价：48.00元
出版日期：2019.1

任课教师免费申请

审计学原理

本书特色
定位高职，实用性强，案例丰富，课件齐全。

教辅材料
教学大纲、课件

书号：9787302556978
作者：祁红涛 等
定价：49.80元
出版日期：2020.7

任课教师免费申请

审计学

本书特色
国家级一流专业、国家级一流课程建设成果，应用型本科教材，"互联网+"教材，内容丰富，案例新颖，篇幅适中，结构合理，课件完备，便于教学。

教辅材料
课件

获奖信息
国家级一流专业、国家级特色专业建设成果。

书号：9787302563396
作者：赵保卿 主编，杨克智 副主编
定价：69.00元
出版日期：2021.1

任课教师免费申请

○会计学○

审计学（第二版）

本书特色

应用型本科教材，"互联网+"教材，郭道扬推荐，内容丰富，案例新颖，篇幅适中，结构合理，习题丰富，课件完备，便于教学。

教辅材料

教学大纲、课件、习题答案、试题库、模拟试卷

书号：9787302553076
作者：叶忠明
定价：49.80元
出版日期：2020.6

任课教师免费申请

税务会计（第三版）

本书特色

新形态教材，依据最新税收法规制度编写，配有丰富的教学资源。案例丰富，习题丰富，课件齐全。

教辅材料

课件、教学大纲、习题及答案、试题库、模拟试卷、案例解析、其他素材

书号：9787302556671
作者：王迪 臧建玲 马云平 华建新
定价：49.00元
出版日期：2020.8

任课教师免费申请

银行会计

本书特色

根据最新会计准则编写，应用型高校和高职适用教材，案例丰富，结构合理，课件齐全。

教辅材料

课件

书号：9787302501008
作者：汪运栋
定价：57.00元
出版日期：2018.6

任课教师免费申请

预算会计

本书特色

应用型本科教材，篇幅适中，课件齐全，销量良好。

教辅材料

教学大纲、课件

书号：9787302529064
作者：王悦 张南 焦争昌 赵士娇 刘亚芬 隋志纯 赵玉荣
定价：49.00元
出版日期：2019.6

任课教师免费申请

新编政府与非营利组织会计

本书特色

"互联网+"教材，配套资源丰富，增设在线测试题。

教辅材料

教学大纲、课件

书号：9787302558729
作者：董普 王晶
定价：49.00元
出版日期：2020.7

任课教师免费申请

商业伦理与会计职业道德

本书特色

时效性强，名师佳作，配套资源丰富，课程思政特色突出。

教辅材料

教学大纲、课件

书号：9787302557807
作者：叶陈刚 叶康涛 干胜道 王爱国 李志强
定价：49.00元
出版日期：2020.7

任课教师免费申请

○会计学○

高新技术企业账务实操

本书特色
搭配用友新道软件,定位高职,实用性强,案例丰富,课件齐全。

教辅材料
教学大纲、课件

书号: 9787302562771
作者: 杨彩华 吴凤霞
定价: 49.00 元
出版日期: 2020.10

任课教师免费申请

现代商贸企业账务实操

本书特色
搭配用友新道软件,定位高职,实用性强,案例丰富,课件齐全。

教辅材料
教学大纲、课件

书号: 9787302553618
作者: 石其彪
定价: 49.00 元
出版日期: 2020.8

任课教师免费申请

会计学(第二版)

本书特色
新形态教材,实操性强,案例丰富,配有大量教学资源。

教辅材料
教学大纲、课件、习题答案、试题库、模拟试卷、案例解析、其他素材

书号: 9787302588375
作者: 闫晓慧、王琳、范雪梅、张莹
定价: 59.80 元
出版日期: 2021.8

成本管理会计(第2版)

本书特色
最新改版,应用型本科教材,互联网+教材,习题丰富,课件齐全。

教辅材料
教学大纲、课件、习题答案、试题库、模拟试卷、案例解析

书号: 9787302548379
作者: 肖康元
定价: 59.80 元
出版日期: 2020.6

任课教师免费申请

会计学

本书特色
厦门大学名师大作,"互联网+"教材,权威、畅销教材,内容结构合理,习题配套丰富,课件齐全,非常便于教学。

教辅材料
教学大纲、课件、习题答案、试题库、模拟试卷

书号: 9787302487470
作者: 刘峰
定价: 39.00 元
出版日期: 2019.6

任课教师免费申请

财务会计学(第二版)

本书特色
体现最新会计准则和会计法规,实用性强,习题丰富,内容全面,课件完备。

教辅材料
教学大纲、课件、习题答案、试题库

书号: 9787302520979
作者: 王秀芬 李现宗
定价: 55.00 元
出版日期: 2019.3

任课教师免费申请

会计综合实验教程（第二版）

本书特色

应用型本科教材，内容丰富，案例新颖，篇幅适中，结构合理，习题丰富，课件完备，便于教学。

教辅材料

教学大纲、课件

书号：9787302524335
作者：王秀芬
定价：45.00 元
出版日期：2019.4

任课教师免费申请